D1671687

Über das Buch:
Gert Hofmann zählt zu den renommiertesten Autoren der deutschen Gegenwartsliteratur. Seit acht Jahren veröffentlicht er Bücher, bisher insgesamt sieben Romane und Erzählungsbände. Seine Texte gehören zu den von der Literaturkritik am ernsthaftesten besprochenen, sie wurden ausgezeichnet mit dem Ingeborg-Bachmann-Preis, mit dem Alfred-Döblin-Preis. Die »Zeit« stellte das Werk von Gert Hofmann auf die gleiche Stufe mit Vorbildern, von denen er sich indessen längst emanzipiert hat: Thomas Bernhard, Canetti, vor allem Beckett. Mit zwei Erzählungen und seiner Dankesrede zum »Hörspielpreis der Kriegsblinden« stellt sich Gert Hofmann selber vor. In Artikeln über den Autor und zu einzelnen seiner großen Romane und Erzählungen gibt dieser Band zum ersten Mal Einblick in die Arbeitsweise und die literarischen Absichten des Autors. Zur Anregung für die erste Lektüre, aber auch zum erneuten Lesen seines Werkes, entwirft dieser Band ein ebenso überraschendes wie detailliertes Porträt.

Über den Herausgeber:
Der Herausgeber, *Hans Christian Kosler*, geb. 1950 in Dresden, lebt als Literaturkritiker und Journalist in München. Er veröffentlichte u. a. »Peter Altenberg. Leben und Werk in Texten und Bildern« (1981 und 1984).

Gert Hofmann:

AUSKUNFT FÜR LESER

Herausgegeben
von Hans Christian Kosler

LUCHTERHAND

Originalausgabe
Sammlung Luchterhand, August 1987

Lektorat: Klaus Siblewski
Umschlaggestaltung: Christa Schwarzwälder
Herstellung: Petra Görg

© 1987 by Hermann Luchterhand Verlag GmbH & Co KG,
Darmstadt und Neuwied
Gesamtherstellung bei der
Druck- und Verlags-Gesellschaft mbH, Darmstadt
ISBN 3-472-61725-X

INHALT

Vorbemerkung

Sein Thema ist die Verelendung des Menschen im psychischen und moralischen Sinn. Dennoch kann man ihn nicht einen Moralisten oder Weltverbesserer nennen. Die in seinen Büchern dargestellte Welt zerfällt in Peiniger und Gepeinigte, ohne daß sie in Gut und Böse aufzuteilen wäre. Seine Figuren stehen am Rande des Wahnsinns, sie sind fragwürdig, gefährlich und lächerlich, sie sind positive ebensowenig wie sie negative Helden sind. Selten laden sie zur Identifikation ein, aber fast immer kann der Leser in ihnen einen Teil seines eigenen Wesens erkennen.

Die Schwierigkeiten, ein einheitliches Bild von dem Autor Gert Hofmann zu zeichnen, sind damit schon angedeutet. Nur wenige zeitgenössische Schriftsteller entziehen sich so wie er dem Versuch einer literarischen Zuordnung. Denn ein Realist, der unseren Alltag abschildert, ist Hofmann ebensowenig wie ein abgehobener Phantast. Eher ein Gratwanderer zwischen dem Denkbaren und Unwahrscheinlichen, zwischen dem Wirklichen und Paradoxen, der das Wirkliche ebenso absurd und das Absurde real erscheinen läßt.

Was immer sich als Meinung oder an den Leser gerichtete Botschaft von einem Werk abheben läßt, ist hinter Hofmanns Sätzen nicht zu entdecken. Nur soviel steht fest: hier schreibt ein radikaler Skeptiker, ein Demontierer und Querdenker, dem nichts verdächtiger ist als das Selbstverständliche. Ohne in ein unverbindliches l'art pour l'art zu verfallen, ist er in die Sprache und in das Labyrinth ihrer Bedeutungen verliebt – ein Artist und nicht zuletzt ein poeta doctus, der nur zu gut weiß, daß die Literatur nicht mit ihm begonnen hat. Die Erkenntnis, die er in einer Novelle dem halb fiktiven, am Ende seiner Kunst befindlichen Balzac in den Mund legt, daß nämlich alles schon gezeigt worden sei, die Liebe, die Politik, der Ehrgeiz und das Geld, daß sich das Publikum langweile und man folglich das Repertoire ändern müsse, gehört zu den Grundlagen seines Schreibens. Hofmanns erweitertes Repertoire heißt das Entsetzliche, das Abgrundhafte der menschlichen Existenz. Daß er den Schrecken zum Bestandteil der aberwitzigen Groteske machen kann, als die er unsere Welt sieht, erweitert dieses Repertoire als höchst ungewöhnliche und provokative Optik noch mehr. Ein Autor also, der verunsichert und Verwirrung stiftet –, darüber sind sich die Verfasser der hier versammelten Beiträge einig. Die unterschiedlichen Perspektiven, aus denen sie sich mit Hofmanns Büchern auseinandersetzen, können auch zusammengefaßt nur einem Teil dieses höchst raffinierten Werkes gerecht werden. Frag- und denkwürdig, vielschichtig und hintergründig bleiben Hofmanns Erzählungen selbst nach der strengsten Analyse, die angesichts der schwer dechiffrierbaren Mischung aus Vergnügen und Erschrecken, die diese Literatur bietet, meist nur ihre Ohnmacht eingestehen kann.

H. CH. K.

Gert Hofmann: Arno. Erzählung

Der Dichter mit dem langen weißen Bart nähert sich langsam dem Mietshaus, in dem er nun wohnt, schreibt Arno, dann legt er den Stift auf seinen Block. Er sitzt nicht mehr beim Fenster am Schreibtisch, er schreibt lieber im dunklen Hintergrund des Zimmers. Das war früher anders. Da saß er auf seinem mit Röllchen versehenen Schreibstuhl an seinem alten, aus dem Nachlaß einer Gewürzhandlung übernommenen Büroschreibtisch und schaute beim Schreiben über den Garten auf den Mietsblock Nummer 14, während er nun auf einem einfachen, an die Wand gerückten Küchenstuhl sitzt und auf seinen Knien schreibt. Er schreibt: Der Dichter in dem langen Mantel steht in seinem Wohnzimmer und atmet auf, weil er wieder allein ist. Dann legt Arno den Stift weg. An der Wand gegenüber hängt ein Bild seines verstorbenen Hundes Fritz, die Zeichnung einer kompliziert daliegenden Frau, ein abgelaufener Kalender, ein Thermometer. Darüber, ein Geschenk der Mutter, das Blechschild: Rauchen und Küssen verboten! Den Schreibblock auf dem Schoß, das Kinn in der Hand, möchte Arno weiterschreiben, doch fällt ihm nichts mehr ein. Denn mit seinem Schreiben steht es so. Nach vielen Versuchen, durch die Tätigkeit seiner Phantasie – eine phantastische Tätigkeit – sich in stiller Heimarbeit sein Dasein zu beweisen, hat er es aufgegeben, »von innen« zu schreiben. Er beschreibt nun Bilder. Und zwar die, die die Mutter für ihn aus der Illustrierten ausschneidet und durch den Türspalt zu ihm hineinschiebt. Als Übung, ruft sie durchs Schlüsselloch, bis wieder was von innen kommt. Arno klaubt die Bilder vom Boden auf, klemmt sie in seine Stahlklammer aus Hongkong und hängt sie neben sich an die Wand. Immer schreibt er irgendwas. Als der Dichter in seinem Zimmer steht, schreibt er zum Beispiel am nächsten Tag auf seinen Block, mehr fällt ihm nicht ein. Weil ich zwischen den einzelnen Wörtern zu viel aus dem Fenster schaue, das bringt mich so durcheinander, sagt er zu seiner Mutter. Und meint damit die Nummer 14, in die, nach seiner Entlassung aus dem Sanatorium, der alte Dichter eingezogen ist und sein Lebenswerk, wenn es auch nicht mehr gefragt ist, rasch noch einmal durchgehen will. Ja, der ist auch weg vom Fenster, sagt der Buchhändler Lieblich und lächelt. Da stellt sich Arno vor, wie der Dichter als Untermieter in seinem weißen Oberhemd in seinem Wohnblockzimmer, genauso wie er selber, nun auch nicht mehr am Fenster sitzt, sondern sich mit seinem Lebenswerk in den Zimmerhintergrund zurückgezogen hat. Die Mutter sagt, schau ihn dir an, das ist der letzte Dichter in unserer Gegend, wenn nicht auf der ganzen Erde, alle anderen sind nach und nach verstorben. Man sollte ihn in Watte wickeln oder, wie die jungen Bäume, wenigstens in Sackleinwand. Sein Handwerk ist ausgestorben, erst heute habe ich es wieder gelesen, sagt sie und klopft auf die Zeitung. Da hat Arno sich hingesetzt und einen Nachruf auf ihn angefangen, der liegt nun in seiner untersten Schreibtischlade rechts, wo auch seine Medikamente liegen, selbst den Umschlag hat er schon adressiert. Jetzt wartet er nur darauf, daß das Licht in der Dichterwohnung ausgeht. Dann wird Arno bei dem Hausverwalter des Mietsblocks anrufen, sich das Ableben des Dichters bestätigen lassen, mit dem Nachruf zum nächsten Briefkasten laufen und ihn an die wichtigste Zeitung Deutschlands schicken, die ihn sicher druckt. Schließlich kennt er den Dichter gut und ist oft mit ihm spazierengegangen. Jetzt muß Herr Quasener – so heißt der letzte Dichter – nur noch sterben, sagt Arno zu seiner Mutter und schaut auf die Uhr. Dann holt er den Nachruf aus der Lade und sucht nach Stellen, die er noch verbessern könnte, findet aber keine.

Wenn man Schriftsteller werden will und einen großen Dichter zum erstenmal als Gegenüber hat, hat man ein Gefühl von Unwirklichkeit, das bei jeder Begegnung zunimmt, sagt Arno.

Herr Quasener, wenn man mit ihm spazierengeht, macht kleine Schritte und sagt wenig, eigentlich nichts. Wenn man ihn fragt, wie es geht, sagt er entweder: Es ist nichts gewesen! Oder: Die Chinesen lesen!, Arno versteht ihn nicht gut. Vor dem Pavillon im Park merkt Arno, der rechte Schnürsenkel von Herrn Quasener ist aufgegangen und schleift über den Boden. Das ist eine Gelegenheit, ein Gespräch zu eröffnen, denkt Arno, doch wagt er sich nicht, ihn auf den Schnürsenkel aufmerksam zu machen oder sich vor ihm auf die Erde zu werfen und ihn zuzuknüpfen.

Einmal, auf dem Weg zur Post, hat Arno ihn lächeln sehen. Da hat er sich sogar entschuldigt, daß er so wenig sagt, es fällt ihm aber nichts ein. Die Briefe bringt er auf die Post, weil sie da schneller gehen, nur antwortet ihm leider keiner. Er gibt die Briefe Arno und läßt sie ihn in den Kasten werfen, vielleicht denkt er, daß ihm das Freude macht.

Arno weiß, die Frage ist, wie komme ich an ihn heran. Das ist schwierig, weil Herr Quasener so sensibel ist. Jedes Wort, das Arno sagt, kann das falsche sein und in eisiges Schweigen führen. Arno könnte natürlich viel sagen, aber er sagt lieber nichts.

In seinem Zimmer hängt der Dichter den Mantel an die Wand und macht die Tür zu, damit das Befürchtete draußen bleibt, schreibt Arno auf seinen Block.

So ein falsches Wort muß er einmal geäußert haben bei einem Spaziergang unter den alten hohen, nun vom Tod bedrohten und an ihren Stämmen von den Anarchisten mit weißen Sterbekreuzen versehenen Fichten, denn nach diesem Spaziergang, den Arno nicht vergessen kann, ist Herr Quasener noch abweisender. Arno fragt sich, ob er überhaupt noch mit ihm in den Park gehen soll. Dieser Spaziergang hat ihn gedemütigt wie sonst keiner, er wünschte damals fast, Herr Quasener wäre tot.

Sobald Arno von dem Spaziergang wieder zu Haus gewesen ist, hat er die Mutter, die dann immer wissen will, was Herr Quasener gesagt hat, in die Küche geschoben und sich wieder an den Nachruf gemacht. Der Dichter, nun ohne Mantel, schaut sich in seinem Mietsblockzimmer um, schreibt er. Die zwei wichtigsten Wörter unterstreicht er.

Trotzdem hat er sich Herrn Quasener auf seinem Gang in den Park auch *nach dem Wort* noch manchmal angeschlossen, wenn Herr Quasener auf seine Frage, ob er sich ihm anschließen darf, auch nie geantwortet hat. Arno hat sich einfach vor das Mietshaus gestellt und ist, als er aus der Tür kam, mit ihm mitgelaufen. Lange weiß er nicht, ob Herr Quasener ihn überhaupt wahrnimmt. So sind sie – in dem Abstand zwischen ihnen hätten drei dicke Männer Platz gehabt – verbissen in den Park.

Auf der anderen Seite des Parks, mit den Feldern vor ihnen, muß Herr Quasener ihn wahrgenommen haben, denn er hat gefragt: Was raucht denn da so im Land? Steht alles schon in Flammen? Arno hat über die Felder geschaut und gesagt: Die Kartoffelfeuer.

Einmal, aber das muß wohl ein Versehen gewesen sein, hat Herr Quasener auch kurz von sich gesprochen, kurz seine Existenz beklagt. Am meisten trifft ihn, daß er nicht mehr lesen kann – die

Wörter in den Büchern werden immer kleiner gedruckt – und daß ihn keiner mehr besuchen kommt. Gewiß, er wohnt etwas abgelegen . . . Einmal soll ein Journalist bei ihm gewesen sein, er war aber gerade nicht zu Haus. Auf jedes Gerücht von einem Besuch hin bereitet Herr Quasener sich wochenlang vor, aber dann kommt der Besuch immer nicht. Weil die, die mich noch besuchen möchten, schon tot sind, die anderen möchten nicht, sagt Herr Quasener. Und wenn er sie besuchen will . . . Einmal hat er das Grab eines schon zweihundert Jahre toten Freundes aufsuchen wollen, aber da ist ihm eingefallen, der liegt ja, wie die meisten deutschen Dichter, im Ausland begraben, und das war ihm zu weit. Auch vergißt er nun alles. Dreimal hat er an einem Tag den Namen seines Verlags vergessen, bis er ihn sich aufschreibt, aber dann vergißt er, wo er den Zettel hingelegt hat, da weiß er den Namen wieder nicht. Auch dichten will ich manchmal noch, aber mir fallen die entsprechenden Wörter nicht ein, sagt Herr Quasener.

Sie meinen von innen, fragt Arno.

Wie, fragt Herr Quasener, der auch nicht mehr gut hört.

Wie bei mir, will Arno sagen, doch dann sagt er es lieber nicht.

Beim Gehen, wenn Arno auf Bekannte stößt, geht Herr Quasener einfach weiter, Arno muß dann rasch laufen, um ihn wieder einzuholen. So, sagt Arno dann immer keuchend, jetzt habe ich Sie eingeholt.

Wenn ich mit ihm spazierengehe, ist er nie der Mensch, den ich erwarte, aber auf wechselnde Art, wahrscheinlich wechseln auch die Gründe, sagt Arno zu seiner Mutter.

Er hat einen Sohn bei Siemens, sagt sie, aber in Peru. Daß seine Tochter, die Vertretungslehrerin, schon zweimal geschieden ist, hat sie beim Fleischer gehört.

Dann der Tag, an dem Arno sich überwindet und mit großer Kraft und Entschlossenheit die Seiten mit dem Nachruf aus seiner Jackentasche zieht und ihren ganzen stummen Spaziergang über wie eine unterwegs aufgelesene tote Katze in der Hand trägt. Und die Seiten vor Aufregung dabei so durchschwitzt, daß er sie Herrn Quasener vor seinem Mietsblock, wie er vorgehabt hatte, unmöglich geben kann und sie wieder mit nach Hause nimmt.

Arno weiß also nicht, was Herr Quasener von seinem nun fast abgeschlossenen Nachruf und von ihm selber hält. Nach dem falschen Wort, das er im Park gesagt hat, soll er geäußert haben: Dieser Junge ist verloren! Gut, da bin ich eben verloren, hat Arno sich gesagt und sich trotzig hingesetzt und an dem Nachruf weitergeschrieben.

Die Mutter hat der Nachruf, als sie ihn an einem Sonntagmorgen gelesen hat, ganz traurig gemacht, sie hat ihn gar nicht zu Ende lesen wollen. Immer wieder hat Arno sie ermuntern müssen, lies doch, lies doch weiter! Zugegeben, mein Nachruf ist hart, aber glaube mir, er stimmt schon. Beim Weiterlesen hat die Mutter vor Schreck die Faust an den Mund legen müssen. Dabei kennt sie Herrn Quasener ja gar nicht so gut, er hätte beim Durchlesen seines Nachrufs ja noch viel mehr erschrecken müssen. Immerhin grüßt sie Herrn Quasener manchmal über den Zaun, aber Arno glaubt nicht, daß er sie erkennt, wer weiß, für wen er sie hält. (Obwohl er einmal, als Herr Quasener mit seinen schwachen Augen die Weißdornblüten in seinem Garten suchte, mit ihr vor ihn hingetreten ist und gesagt hat: Und das ist meine Mutter!) Die Mutter hat Mitleid mit Herrn Quasener, weil er vom vielen Rauchen nur noch eine Lunge hat und so ein gebildeter und alleinstehender alter Herr ist, ein Greis, aber würdig, sagt sie.

Aber es wäre kein Wunder, wenn Herr Quasener die Mutter nicht erkennt. Nicht nur er wird immer älter (und blinder, tauber, vergeßlicher), sondern die Mutter ja auch. Schon lange konnte sie nicht mehr knien, jetzt kann sie sich auch nicht mehr bücken. Wenn beide *noch* älter werden, erkennen sie einander gar nicht mehr, selbst in demselben Zimmer. Trotzdem hat sein Nachruf sie erschreckt. Über den Satz, den Arno über die Unmöglichkeit der Poesie auf unserer Welt geschrieben hat – wegen der Gemütsroheiten, Kriege, Krankheiten, Mißverständnisse, etcetera –, hat sie sogar geweint. Ja, jedes seiner Worte trifft, doch ist, das schwört er, alles wahr. Wir alle wissen, daß eine gute Dichtung heute nötig ist wie ein Schreinernagel im Kopf, hat Arno in seinem Nachruf beispielsweise geschrieben, aber das haben, als Herr Quasener mit seinen viel zu vielen Büchern bei uns einzog, die Nachbarn wirklich gesagt. Das zielte auf die Überflüssigkeit von Herrn Quaseners eigenen Dichtungen, die von südlichen Landschaften handeln und von den Menschen, die dort einmal lebten, aber nun alle tot sind. Und daß er seit Jahren »nicht mehr richtig wach« ist, hat Herr Quasener zu Arno, falls er ihn recht verstanden hat, selbst gesagt. Warum darf er einen Satz wie den nicht in seinem Nachruf bringen?

Ja, sagt die Mutter, du hast ihn zu spät kennengelernt, er ist nur noch ein Nachglanz von früher. Wenn du ihn früher kennengelernt hättest, hättest du einen anderen Eindruck von ihm.

Du meinst, dann hätte ich einen anderen Nachruf geschrieben? Wahrscheinlich.

Nun, denkt Arno, der beim Verfassen des Nachrufs natürlich bei der Wahrheit bleiben muß, und die ist nicht angenehm. Seine Dichtungen sind Larifari, das gibt Herr Quasener selber zu. Und dann denkt Arno an Herrn Lieblich, der zu ihm gesagt hat: Das Gesetz der Zeitgenossenschaft will es, daß du, Arno, über deinen Garten weg nicht Zeuge des Triumphes der Dichtung, sondern ihres Verfalls sein mußt.

Trotzdem, so direkt hättest du diesen Verfall nicht zu schildern brauchen, sagt die Mutter, man könnte denken, du bist herzlos. Aber nun genug davon. Wie ist denn das Wetter heut?

Ja, sein Verfall, denkt Arno. Dann gibt er sich einen Ruck und schreibt: Als der Dichter die Zimmertür geschlossen hat, greift er nach einem Stuhl. Weiter kommt er an dem Tag nicht, das Licht im Zimmer gegenüber irritiert ihn so. Er muß dann an den Menschen denken, der Herr Quasener vielleicht einmal war, aber wer kann diesen Menschen heute noch beweisen. Der heutige Herr Quasener ist der denkbar schlechteste Ausgangspunkt für einen solchen Beweis, er lenkt von dem früheren nur ab.

Das Interesse an Dichtungen ist infolge der Weiterentwicklung der Menschheit plötzlich wie weggeblasen, sagt der Dichter halblaut zu sich selber und setzt sich an seinen Tisch, schreibt Arno mit seinem alten Stift. Jedes Gespräch mit dem Buchhändler Lieblich wird das bestätigen, denkt er. Niemand hier – auch die Mutter oder Fräulein Passarge nicht – kauft noch Dichtungen oder denkt über sie nach, alle verachten sie oder nehmen sie gar nicht mehr wahr. Die wenigen Dichtungen, die noch gedruckt werden, rührt keiner an, als sei das Papier verseucht. In der Städtischen Bücherei stehen sie ganz hinten auf dem Fußboden, da sammelt sich der Staub auf ihnen an. Die, die bei einem Gang durch meine Bibliothek zufällig auf sie stoßen, nein, selbst die schauen sie nicht mehr an, sagt Fräulein Passarge von der Bibliothek. Sondern sie stechen mit ihren Spazierstöcken in sie hinein, schlagen vielleicht einen Buchdeckel auf, lesen eine Überschrift, vergessen sie gleich wieder.

Trotzdem werde ich Dichter, denkt Arno.

Und hat, seit er aus Mangel an Einfällen nicht mehr »von innen« schreiben kann, sondern sich im Beschreiben der Bilder, die die Mutter zu ihm hereinschiebt, einrichtet, das Licht in der Dichterwohnung in Nummer 14 plötzlich nicht mehr ausgehalten. Tag und Nacht brennt dort die Lampe. Wie soll er angesichts dieses Glanzes selber schreiben können? So, da siehst du wenigstens das Licht nicht mehr, da siehst du Fritz, und der ist tot, hat sich Arno eines Tages gesagt und den Stuhl aus der Küche geholt und dicht an die Wand gerückt. Und seinen Nachruf natürlich so bald wie möglich abschließen und veröffentlichen wollen, dann wird er weitersehen. Wenn er nun spazierengeht und Herr Quasener von weitem auf ihn zukommt, wechselt er die Straßenseite. Oder er tritt in einen Hauseingang und läßt ihn vorübergehen. Halbblind wie er ist, kann Herr Quasener Arno nicht erkennen.

Jetzt ist die Sonne wieder verschwunden über die Hecke in die Birke hinein. Arno sitzt auf seinem Küchenstuhl und schreibt. Die Sonne ist verschwunden, der Dichter zündet eine Kerze an, schreibt er. Die Mutter hat ihm aus der Stadt einen neuen Füller mitgebracht, den hält er in der Hand. Dann schreibt er, weil ihm sonst nichts einfällt, seinen Namen, seine Adresse und den Namen der Stadt und des Landes, in dem er geboren ist und lebt und wahrscheinlich auch sterben wird. Er schaut zu, wie die Tinte trocknet. Schließlich schreibt er: Nun ist Herbst, mein Zimmer ist kalt, die Tinte trocknet langsam. Und dann: Die ganze Welt ist kalt und trocknet nicht, sie gehört hinter den Ofen gesetzt. Das behauptet Arno Kassabeck, 7430 Metzingen, Michaelisstraße 17, BRD. Und schaut zu, wie auch diese Behauptung auf dem Papier schlecht trocknet. Neben ihm an der Wand hängt seine chinesische Klammer mit den Bildern, die ihm die Mutter heute ins Zimmer geschoben hat. Auf dem ersten Bild ist ein alter Mann, der in die Sonne schaut und schwitzt. Arno nimmt seinen Füller und schreibt: Alter Mann schaut in die Sonne, die es letzten Sommer so gut mit uns gemeint hat. Dann wartet er, bis der Satz trocken ist, und streicht ihn wieder aus. Es ist nicht das, was ich sagen will, denkt Arno und versucht es noch einmal. Die Sonne scheint auf Gerechte und Ungerechte und schmilzt sie, schreibt Arno mit seinem neuen Füller, aber auch das streicht er aus. Alter Mann in der Sonne, weinend, schreibt er und streicht es aus. Wer sehnt sich, wenn er im Alter zerlaufen soll, nicht nach fernen Gegenden mit Eis und Schnee, schreibt er in Anspielung auf die Hitzewelle, die sie im Sommer hatten, die auf dem Bild aber nicht zu sehen ist. Dann dreht er an seinem Füller, doch mehr fällt ihm nicht ein. Auf dem zweiten Bild sitzt eine alte Frau in einer Schneehöhle, wahrscheinlich in Alaska. Sie hält einen Eispickel in der Hand und hat einen Fellmantel an. Arno schreibt: Helft mir, helft mir, ruft diese alte Frau in Alaska und baut sich, um dem Kältetod zu entrinnen, einen Eispalast. Dann, nachdem er den Satz überblickt hat, streicht er ihn wieder und schreibt: Lachsfischerin bei ihrer entbehrungsreichen, aber nützlichen Tätigkeit. Nur damit wir Lachs auf dem Tisch haben, muß diese alte Frau in Alaska . . . Nein, ich schreibe heute lieber nichts mehr, denkt er und hängt die Bilder wieder an die Wand. Dann lehnt er sich nach vorn und schaut über seinen Schreibtisch und den Garten auf den Wohnblock des Dichters. Nanu, da ist kein Licht! Arno steht auf, um zu sehen, ob die Wohnung wirklich dunkel ist und nicht wenigstens ein kleines Leselicht noch brennt, aber es brennt keins. Sollte Herr Quasener in seinem Zimmer, dem Herzen der Finsternis, wie Herr Lieblich einmal gesagt hat, eingeschlafen sein, aber diesmal, wie es Arno schon lange kommen sah, für immer? Arno, der heute eigentlich nichts mehr hatte schreiben wollen, schraubt seinen Füller auf und schreibt: Kaum daß die Kerze angezündet ist, sinkt der Dichter mit dem Kopf auf die Tischplatte und ist tot. Gute Nacht, Herr Quasener! Dann zieht er den Anfang seines Nachrufs aus der Lade, überfliegt ihn noch einmal, verändert aber nichts daran, weil alles so richtig ist, wie es da steht. Er fügt den letzten Satz hinzu, steckt alles ins Kuvert, dann ruft er seine Mutter.

Mutter, ruft er, komm schnell, es ist etwas passiert.

Die Mutter, die, wenn sie schnell laufen soll, nun schon etwas schnauft, aber die besseren Augen hat, stellt sich in dem rasch umgeworfenen Schlafrock neben ihren Sohn und schaut mit ihm über den Garten.

Finster, sagt Arno, oder siehst du was?

Vielleicht ist er verreist?

Aber ich habe heute morgen Licht bei ihm gesehen, sagt Arno. Ob ich den Hausverwalter anrufe?

Warte noch, du bist immer so ungeduldig, das mußt du dir abgewöhnen, sagt die Mutter und legt ihre vielfältig geaderte Hand auf Arnos nun auch schon recht schütteres Haar.

Schulter an Schulter, aus der Helligkeit seines Zimmers, schauen sie über den duftenden Schreibtisch auf die dunkle Dichterwohnung in Nummer 14 und warten lieber noch etwas.

(1987)

Gert Hofmann: Empfindungen auf dem Lande.
Erzählung

Nachdem ich am 3., bei gräßlichem Wetter, nach Einbruch der Dunkelheit die Wirtschaft »Zum Hirschen« von allen Seiten, besonders vom alten Feuerwehrturm her, mehrere Stunden beobachtet und mir einige der ein- und ausgehenden Gäste notiert habe und gegen Mitternacht auch zweimal – alles ohne Ergebnis – um die Wirtschaft herumgegangen bin, bin ich, um mir eine Wiederholung dieser Quälereien zu ersparen, am nächsten Tag nach sechs einfach in den »Hirschen« hinein und habe mich nach einem lauten guten Abend mit dem Rücken gegen das Fenster, gegen das schlechte Wetter, gesetzt, von wo aus ich alle Vorgänge und Gespräche in der Gaststube gut überhören und überschauen konnte. Und habe mir, noch war alles still und leer, ein Bier und ein Stück Käse bestellt und mich, die Arme auf der Lehne, auf meiner Bank zurückgelehnt. Dann habe ich die Kellnerin, ein festes junges Ding, das mir gleich gefallen hat und das, wie ich, in der Gegend neu war, nach ihrem Namen gefragt. Marie, sie hieß Marie. Und ich, habe ich sie gefragt, weißt du, wer ich bin, Marie? Denn ich hatte, obwohl ich im Dienst war und natürlich auch meine Dienstwaffe bei mir trug, keine Uniform an. Ja, sagt sie, das weiß ich. Gut, sagte ich, also reden wir, da wir uns ja nun kennen. Wohnst du im Haus? Ja, sagt sie und zeigt zur Decke, oben. Nach hinten raus, frage ich. Nein, sagt sie, nach vorne. Da siehst du also, wer hier aus- und eingeht, wenn du dich ans Fenster stellst, frage ich. Ich stell mich nicht ans Fenster, sagt Marie. Nicht wahr, sage ich, du legst dich lieber ins Bett und wartest auf deinen Freund. Aber das hätte ich nicht sagen sollen, denn sie dreht sich weg und schweigt. Und ich sage: Bring mir jetzt das Bier und den Käse, dann werden wir weitersehen. Und ziehe, während Marie, die rot geworden ist, in die Küche läuft, meinen Briefblock aus meiner Aktenmappe, um meiner Frau, die ich schon eine Woche nicht gesehen habe, endlich den lange versprochenen Brief zu schreiben. Den Blick aus dem Gaststubenfenster, damit ich sehe, was draußen vorgeht, die Mappe als Unterlage, schreibe ich, daß, wie du der Tagespresse vielleicht entnommen hast, die Asylsuchenden im Laufe des morgigen Sonntags bei uns eintreffen und verteilt werden. Wenn du diesen Brief in den Händen hältst, sind sie untergebracht, schreibe ich. Falls ihre Unterbringung in dem leerstehenden und von uns angemieteten »Riegel« und dem alten Feuerwehrturm, die bis auf den heutigen Tag nicht um- oder ausgebaut worden sind, gelingt, ist die Aktion dann abgeschlossen, und ich kann ein paar Tage Urlaub nehmen und zu dir kommen, schreibe ich. Andererseits ist, selbst wenn es uns gelingt, die vierundsiebzig Leute über die sieben Dörfer zu verteilen, nicht viel gewonnen, weil sie ja hier *leben* sollen, und das ist immer ein ausgedehnter Prozeß. Und nun zu dir, schreibe ich. Wie geht es dir in meiner Abwesenheit, was treibst du die ganze Zeit? Besucht Klemm dich noch so häufig, oder besuchst du jetzt ihn? Oder habt ihr euch gestritten und seht euch gar nicht mehr? Verbieten kann ich dir diesen Umgang, so zuwider er mir ist, ja aus der Ferne nicht, und ich bin nun einmal vorübergehend hierher verlegt worden, warum, weiß ich nicht. Jedenfalls verlange ich, daß von euren Beziehungen in der Stadt nichts ruchbar wird, das ist das Wichtigste, schreibe ich und unterstreiche das Wort *ruchbar*. Auch daß er mein Haus betritt, verbitte ich mir. Geht raus aus der Stadt, von mir aus in den Wald oder in die Kläranlage. Was ihr dort treibt, ist mir egal, ich kann ja sowieso nichts daran ändern, schreibe ich und schaue zum Gasthoffenster hinaus. Übrigens würde dir die Gegend hier gefallen, schreibe ich dann noch und charakterisiere meiner naturversessenen Frau mit Wörtern wie *Idylle* und *Spätfrühlingswiesen* das Land, in das ich durch eine falsche Beurteilung der Bezirksinspektion vorübergehend geraten bin. Als ich den Brief abschließen will, kommt

Marie mit dem Bier und dem Käse, den sie mir viel zu nahe an meine Mappe schiebt. Ich sage: Vorsicht, keine Flecke, Marie, hier sind wichtige Dokumente. Und ziehe aus der Seitentasche meiner Aktenmappe, was ich wahrscheinlich nicht hätte tun sollen, den anonymen Brief, der gestern bei uns eingegangen ist, hervor und halte ihn Marie einen Moment vors Gesicht. Und sage: Schwere, wenn auch noch nicht erhärtete Anschuldigungen gegen den »Hirschen«, wo gegen vierundsiebzig hier erwartete Asylsuchende angebliche Attentats-, ja Mordpläne geschmiedet worden sind, letzte Woche, gegen elf, an der Theke. Ist dir davon etwas bekannt, Marie, frage ich und will sie fixieren, aber sie läßt sich nicht, sondern schaut auf das Geweih, das über mir an der Wand hängt. Und sagt: Nein, davon ist mir nichts bekannt. Und wenn es dir bekannt wäre, würdest du es mir nicht sagen, nicht, frage ich. Nein, sagt sie, ich würde es nicht sagen. Nun, das ist strafbar, sage ich und stecke den Brief wieder weg. Und fasse sie an ihrem festen Arm und frage: Hast du einen Geliebten, Marie? Schnell, sag mir, wer der Glückliche ist. Doch da treten unter großem Fußgetöse, weil es schon auf sieben geht, die ersten Samstagabendgäste in die Gaststube, und Marie macht sich los und läuft hinter die Theke, und ich schließe meine Aktenmappe. Beende dann auch den Brief, indem ich »herzlich dein Hans« darunterschreibe, damit ich mich, während ich langsam meinen Käse esse und mein Bier trinke, ganz auf die Gespräche der Gäste konzentrieren kann. Alles Bauern und Bauernsöhne und kleine Häusler aus der Gegend, die hier ihr Bier trinken und miteinander reden, an diesem Samstagabend aber nur über das Wetter und die Aussaat und das nächste Woche in Dorfel stattfindende Fußballspiel, nicht über unsere Asylsuchenden, was ich dem Kommissar, der am nächsten Morgen mit hochrotem Kopf an seinem Schreibtisch sitzt, dann auch melde. Die in dem Brief erwähnten Gespräche und Umtriebe im »Hirschen« kann ich nicht bestätigen, jedenfalls sind in meinem Beisein keine solchen Gespräche geführt worden, sage ich, aber der Kommissar winkt ab. Er hat, weil er eine halbe Stunde vor mir auf dem Revier war, eine schlechte Nachricht erhalten.

In der Morgendämmerung, während wir alle noch schliefen – ich mit Marie im Kopf –, soll der seit einem Jahr leerstehende Gasthof

»Riegel«, der letzte Woche von der Bezirksregierung auf unbefriste-
te Zeit angemietet worden war, angezündet und niedergebrannt
worden sein und soll nun als Ruine daliegen, wie aus einem
Telefonanruf hervorgeht, erzählt mir der Kommissar, während wir,
nachdem wir schnell einen Schluck Kaffee getrunken haben, auf dem
Fahrrad unterwegs zum »Riegel« sind. Schon von weitem sehen wir:
Das »Riegel«, ein baufälliges und, zugegeben, menschenunwürdiges
Gebäude, das wir letzte Woche noch inspiziert und in einem Bericht
an das Landratsamt in R. für »zweckdienlich und brauchbar« erklärt
hatten und das in seinen acht winzigen Räumen vierzig Asylsuchen-
de aufnehmen sollte, ist nicht mehr. Und um dessen qualmende
Reste der Kommissar und ich nun immer wieder kopfschüttelnd
herumgehen, weil wir nun gleich einen neuen Bericht über die
Unmöglichkeit, das »Riegel« mit Asylsuchenden zu füllen, schreiben müssen. Geh ordentlich, sagt der Kommissar zu mir und stößt
mich in die Rippen, weil ich von letzter Nacht – ich bin bis zur
Sperrstunde im »Hirschen« geblieben und habe unzählige Gläser
Bier getrunken, aber trotzdem hat mich Marie nicht mit auf ihr
Zimmer genommen – noch müde bin. Und weil nun auch die ersten
Dorfeler kommen, um sich, noch vor der Kirche, das niederge-
brannte »Riegel« anzuschauen und sich an unserer Ratlosigkeit zu
weiden. Wir tun, als sähen wir sie nicht, und machen uns Notizen
über die plötzliche Unverwendbarkeit des »Riegel« für die Asylsuchenden, die, wie wir inzwischen wissen, hauptsächlich aus Ghana,
Äthiopien und dem früheren Ceylon stammen und deren Zahl noch
aufgestockt worden ist. Nicht vierundsiebzig, wie es noch gestern
hieß, sondern siebenundachtzig sind uns zugeteilt und sollen über
unsere sieben Dörfer, vor allem in Dorfel, Bogen, Winkeln und
Schöndorf, verteilt werden. Wobei es nicht unmöglich ist, daß man
noch weitere fünf oder zehn Asylsuchende, die anderswo abgelehnt
worden sind, in unsere Fuhre hineinsteckt und am Ende hundert
oder mehr bei uns abládt. Während sich unsere für ihre Sturheit
bekannten Bauern geschworen haben, nur fünf (!) aufzunehmen.
Mein Gott, sagt der Kommissar und möchte sich, weil er so
schwitzt, die Mütze, die auf seiner Stirn eine rote Narbe gezogen
hat, aus der Stirn schieben, darf wegen der Dorfeler, die feiertäglich,
stumm und verbissen um das rauchende »Riegel« herumstehen, aber
nicht, sie beobachten ihn. Sag ihnen, sie sollen verschwinden, sagt er

zu mir, aber sei höflich. Ich muß noch neuneinhalb Jahre mit ihnen auskommen, vierundzwanzig Stunden am Tag. Und ich sage: Eine lange Zeit, Herr Schumpeter. Eine Ewigkeit, sagt er. Ich stecke meinen Block also weg und gehe auf die sonntäglich gekleideten Dorfeler zu, die, ehe sie in die Kirche gehen, schnell noch das rauchende »Riegel« haben sehen wollen und vor lauter Verachtung an mir vorbei- oder durch mich hindurchschauen. Ich sage: Nun habt ihr genug gesehen, geht nach Haus, die Vorstellung ist zu Ende. Und treibe die, die um die Ruinen herumstehen, mit ausgebreiteten Armen und unter einem kleinen, aber beständigen Zischen von der Brandstelle weg durch den Straßengraben auf die Hauptstraße und ein Stück die Hauptstraße hinauf. Und habe den Eindruck, daß ich dabei vom oberen Stockwerk des »Hirschen« hinter der Gardine hervor von einem Menschen beobachtet werde, vielleicht von einer Frau, von Marie. Einmal winke ich sogar zu ihr hinauf, doch statt zurückzuwinken, verschwindet die Person, Marie, falls sie es ist. Während die Dorfeler auf der Straße, unter einem Ahornbaum, sobald ich sage: So, hier könnt ihr bleiben! und ihnen den Rücken zukehre, sich umdrehen und wiederkommen, an die Ruine zurück. Verschwindet, oder ich muß wegen Widersetzlichkeit zur Verhaftung schreiten, rufe ich und greife vielleicht sogar an meine Pistolentasche, aber da lachen sie nur. Während Herr Schumpeter in seiner von seiner herzkranken Frau Gretel frischgewaschenen Uniformhose hinter mir in der Asche kniet, um die Spuren zu sichern, wo wir die Brandursache doch alle kennen. Und wissen, daß das wieder so ein Fall ist, in dem kein Staatsanwalt ermitteln wird, weil das die Aufsässigkeit der Dorfeler nur verstärken würde. Und als mich die Dorfeler über die Hauptstraße weg im »Namen des Dorffriedens« fragen, ob »die Neger« trotz des niedergebrannten »Riegel« kommen, sage ich, das weiß ich nicht, wenn sie kommen, sind sie da. Der Kommissar, als ich wieder vor ihm stehe, sagt: Ein Dilemma, siehst du's?, und schüttelt bedenklich den Kopf. Und bittet mich, weil ich flüssiger formuliere, in einem neuen Bericht den Herren in R. die Empfindungen der Dorfeler noch einmal so eindrucksvoll wie möglich darzulegen, und wenn es mich den ganzen Vormittag kostet. Empfindungen, sagt der Kommissar und schaut mich entschuldigend an, die ich bis zu einem gewissen Grad ja teile. Wie könnte ich nicht, ich bin ja hier geboren und aufgewachsen, verstehst du? Verstehe, sage ich und lasse den dicken alten Mann vor mir durch die Asche kriechen und fahre zum Revier zurück, spanne einen frischen Bogen in meine Maschine und fange zu schreiben an.

Schreibe dann aber, wie ich mir hätte denken können, den überzeugenden Bericht für das Landratsamt gar nicht, sondern schreibe rasch noch ein paar Zeilen an meine Frau, von der ich nun – ich habe gezählt – seit neun Tagen kein Wort gehört habe. Wer weiß, ob sie zu Hause ist, denke ich. Und daß unsere Kinderlosigkeit ein Unglück ist, so hält sie zu Hause nichts fest. Und schreibe also, daß ich von guten Freunden über alles, was sie in meiner Abwesenheit treibt, bis in die Einzelheiten hinein unterrichtet und sie, vielleicht schon nächstes Wochenende, darüber zur Rede stellen werde. Wenn du dich auch in Schweigen hüllst, schreibe ich auf meiner neuen elektrischen Büromaschine, mir entgeht nichts, du und Klemm seid immer vor mir. Und dann, weil mir zu Klemm nichts einfällt, daß es heute in Dorfel mit Sicherheit zu dem Zusammenstoß kommt. Der Bürgermeister ist schon zu seinem Vetter gefahren und nicht mehr erreichbar, weil er die Asylsuchenden nicht persönlich empfangen und sich bei seinen Wählern unbeliebt machen will. Nur Herr Schumpeter und ich können nicht zu unseren Vettern fahren, wir müssen sie empfangen. Im Laufe des späten Sonntagnachmittags, wenn die moderne Völkerwanderung mit dem Bus hier eintrifft und zweiunddreißig Personen bei uns absetzt und der Rest unter unserem Schutz nach Bogen, Schöndorf, Winkeln undsofort weitergeleitet wird, schreibe ich. Nur im »Riegel« können wir keine mehr absetzen, weil das inzwischen abgebrannt ist. Die Asylsuchenden sind eben unerwünscht und schon vor ihrem Auftauchen mit dem Tode bedroht worden, aber das wissen sie nicht. Sie denken, die Kleinbauern und Häusler hier, die von der Hand in den Mund leben, haben mit weit ausgebreiteten Armen auf sie gewartet. Also denk dran, mir entgeht nichts, schreibe ich und ziehe den Brief aus der Maschine und schreibe in meiner gut lesbaren, wenn vielleicht auch kindlichen Handschrift darunter: Liebst du mich noch, Elisabeth, oder liebst du mich nicht mehr? Das muß wissen dein H. Dann falte ich den Brief, stecke ihn in einen Umschlag, verschließe und frankiere ihn, stecke ihn zu mir und rufe rasch im »Hirschen« an, aber die Kellnerin Marie ist nicht da, und wo sie ist, weiß keiner, oder es will mir keiner sagen. Macht nichts, sage ich. Und als sie fragen, wer spricht denn da, sage ich: Ein Freund, und lege auf.

Und denke: Und nun der Bericht. Und schreibe in zwei, drei konzentrierten Stunden, daß die hiesige Landbevölkerung, »von denen inzwischen jeder Fünfte arbeitslos ist, aus möglicherweise mißverstandener Heimatliebe um den Dorffrieden fürchtet«, und daß, »wie die Dinge liegen, Zusammenstöße, auch blutige, nicht auszuschließen sind«. Nach der Vernichtung des »Riegel« bliebe für die Asylsuchenden nur noch der aufgelassene Feuerwehrturm, der bis jetzt für unbewohnbar gegolten hätte. »So wie sich die Lage hier darstellt, ist von einer zwangsweisen Einweisung von siebenund-achtzig Asylsuchenden nach Dörfel und Umgebung also abzura-ten«, schreibe ich und lege den Bericht in dreifacher Ausfertigung zum Unterschreiben auf den Schreibtisch des Kommissars. Und gehe, weil inzwischen Mittag ist und der Kommissar, statt zurück ins Revier, vom »Riegel« wahrscheinlich gleich zum Essen nach Hause gefahren ist und uns nur noch ein paar Stunden von der Ankunft der Asylsuchenden trennen, rasch in den unserem Revier gegenüber gelegenen Gasthof »Mühle«, wo ich im obersten Stock-werk ein Zimmer gemietet habe und wo man nun seit einer Woche auch nicht mehr mit mir spricht. In dem Zimmer sehe ich, meine Frau hat geschrieben, ein Brief von ihr liegt auf meinem Bett. Ohne ihn zu öffnen, stecke ich ihn in meine Jackentasche zu meinem Brief an sie und gehe in die Gaststube, wo mir der Wirt schweigend und unversöhnlich meinen Schweinebraten und mein Bier über den langen Tisch zuschiebt. Auf meine Frage, wie das Wetter wird, gibt er keine Antwort, und als ich ihn frage, warum er mich etwas auslöffeln läßt, das ich nicht eingebrockt habe, sagt er: Mahlzeit! und verschwindet in der Küche. Ich schneide mein Fleisch in sechs gleich große Stücke, die ich mir, unter vier kalt starrenden Greisen-augenpaaren, in den Mund schiebe, und trinke nach dem ersten Bier noch ein zweites und ein drittes, um meine Wut über meine zeitweilige Versetzung unter diese haßerfüllten Menschen hinunter-zuspülen. Öffnest du ihren Brief nun, denke ich, ja oder nein? Nein, denke ich, warte noch ein wenig. Dann lege ich das Geld für meine Biere auf den Tisch – ich will es dem Wirt nicht in die Hand geben –, laufe zurück ins Revier, rufe noch einmal im »Hirschen« an, aber

Marie läßt sich anscheinend verleugnen, denn sie ist immer noch nicht da, und wo sollte sie sein? Denn einen Geliebten hat sie nicht, das hat sie mir gesagt. Fast gleichzeitig mit dem Kommissar, der meinen Bericht rasch überfliegt und unterschreibt, kommt der lange erwartete Anruf aus R., der uns das Eintreffen des Busses mit den monatelang überprüften, schließlich unser würdig befundenen und mit allen behördlichen Stempeln gestempelten, wenn natürlich auch erschöpften Asylsuchenden in Dorfel, am Wasserturm, für fünfzehn Uhr dreißig anmeldet.

Fünfzehn Uhr fünfzehn sind wir dort und parken unseren Wagen hinter dem eigenartigen Gebäude. Als wir um den Turm herumgehen, sehen wir, daß sich eine größere Menschenmenge, vielleicht achtzig oder hundert, an der Bushaltestelle angesammelt hat. Dieselben wie schon heute morgen, nur eben ein paar mehr. Da, sage ich, woher wissen die, daß der Bus jetzt kommt? Denn wann die siebenundachtzig Asylsuchenden nach Dorfel hineingefahren werden, ist geheim, selbst wir haben es eben erst erfahren. Aber zufällig stehen die Leute bestimmt nicht hier, jemand muß sie benachrichtigt haben. Wieder ein Vertrauensbruch, denke ich, peinlich. Da noch Zeit ist, gehen wir mit unseren Regenmänteln über dem Arm hinter der Menge auf und nieder. Keiner grüßt uns, doch auch wir grüßen keinen, sondern blicken auf die Dorfeler Erde hinab. In der Hoffnung, daß, wenn wir die Dorfeler ignorieren, sie von selbst verschwinden, was aber ein Irrtum ist. Je weniger wir hinüberschauen, um so mehr von ihnen stehen da. Und spucken, wenn wir uns ihnen nähern, vor uns auf den Boden und treten es in die Erde hinein, wenn wir bei ihnen sind. Ich sehe, wie der Kommissar rot anläuft, und sage: Nur ruhig, Herr Schumpeter!, und fasse ihn beim Ellenbogen und tätschele seine Hand und führe ihn an seinen Mitbürgern und Nachbarn vorbei.

Halb vier sehen wir den Bus, wie er sich unter Stöhnen mühsam den Erlenhügel hochzieht. In fünf Minuten ist er hier. Schauen Sie, sogar am Bus haben sie gespart, sage ich zum Kommissar. Wahrscheinlich haben sie stundenlang mit der Bahn und der Post und den freien Unternehmern verhandelt, wer es ihnen am billigsten macht, bis die Bahn diesen Urbus hervorgeholt hat, für den sie sich, weil er so viel wie nichts kostet, dann gleich entschieden haben. Halt dich nur immer ordentlich, sagt der Kommissar zu mir. Stumm, die Uniformröcke fest zugeknöpft, bahnen wir uns ohne Blumen (Der Kommissar: Ist einer mit Blumen da? Ich: Nein, keiner) einen Weg durch die Dorfeler und stellen uns an der Haltestelle auf. Zitternd, das Dach bis zu den Zweigen der Alleebäume hoch mit Koffern, Kisten und Kartons beladen, kriecht der Bus ins Dorf, kommt vor uns unter Quietschen zum Stehen. Ein Blick durch die Busfenster, und ich sehe, daß man sie in Zirndorf zwar in neue, meist viel zu weite Jacken und Blusen und Kleider gesteckt und sie frisch gewaschen und geschneuzt und frisiert hat, aber trotzdem: Alles Schwarze! Also dann, denke ich und will mir noch vor dem Kommissar den Weg zur Bustür bahnen, aber da werde ich von der Menschenmenge erfaßt und beiseitegeschoben. Moment mal, rufe ich und dränge zur Tür, werde von den Dorfelern, die mir alle den Rücken zukehren – ich soll wohl ihre Gesichter nicht sehen – und die gemeinsam natürlich viel stärker sind als ich, aber weggedrängt in die Richtung zum Straßengraben. Bitte, die Leute aussteigen lassen, rufe ich und sehe, wie die Asylsuchenden über mir das Gedränge nicht begreifen und ihre Gesichter an die Scheiben drücken und, Augen und Münder weit aufgerissen, entsetzt auf uns herunterschauen. Von den siebenundachtzig sollen den Akten nach dreißig aus den berühmten Sterbestädten Äthiopiens kommen und dauergeschädigt sein. Während die anderen angeblich politisch verfolgt, zum Teil verkrüppelt sind. Und tatsächlich glaube ich, aus meinem Graben heraus, an den Gesichtern und den Armen der uns zugewiesenen Asylsuchenden Verstümmelungen, das Fehlen von Augen, Ohren, Gliedern, zu erkennen. Ich rufe: Platz da!, und will zur Tür, doch die Dorfeler lassen mich nicht. Hier kommt keiner raus, rufen sie. Und klopfen auf die Motorhaube, weil der Fahrer inzwischen den Motor abgestellt und das Seitenfenster heruntergelassen hat und zu uns in den Graben schaut, er will wissen, was soll er tun. Schalt den Motor an und verschwinde mit deinen Mohrenköpfen, rufen die Dorfeler und schlagen mit den flachen Händen an den Bus, wo die Kinder der Asylsuchenden bereits am Heulen sind. Moment mal, rufe ich und will zur Tür, doch sie lassen mich einfach nicht. Auch den Kommissar, der an die hintere Tür möchte, lassen sie nicht. Er ist über fünfzig und hat sich durch den täglichen Umgang mit den

Dorfelern die Nerven ruiniert. Herz, Blutdruck, Vorder- und Hinterkopf sind in einer Lage wie dieser untauglich, er kann sie wegwerfen. Bei mir liegt die Sache anders. Daß ich nichts in die Hand nehme, ist natürlich, ich bin noch zu jung dafür. Es entspricht weder meinem Alter noch meiner Stellung, etwas in die Hand zu nehmen. Trotzdem, wenn es dir gelänge, die Dorfeler zum Nachhausegehen zu bewegen, wäre das schon schön, denke ich.

Nach einer Stunde Hin und Her – wir müssen mit ihnen verhandeln, ruft der Kommissar immer wieder, verhandelt dann aber gar nicht – wollen die Dorfeler sieben Asylsuchende aufnehmen. Erst wollten sie sogar nur fünf. Der Feuerwehrturm hat aber sieben Pritschen, da gehen sie hinein. Und die anderen, fragen wir. Die anderen, rufen sie, müssen weiter. Ja, aber wohin, fragen wir. Nun, in die anderen sechs Dörfer natürlich, sagen sie, nach Bogen, Winkeln, Schöndorf undsofort. Und fangen an, den Bus entlangzugehen und sich aus unseren siebenundachtzig Asylsuchenden, die alle durch die Fenster starren, die sieben besten auszusuchen. Aber in Bogen, Winkeln, Schöndorf undsofort ist für die anderen ja kein Platz, ruft Herr Schumpeter. Hier auch nicht, sagen die Dorfeler. Und lassen die sieben – zwei Männer, zwei Frauen und drei Kinder – aussteigen, ein Bursche klettert auf das Dach und reicht ihnen ihre Kisten und Kartons herunter. Dann sehen wir die sieben, ein dunkler Knäuel, in Begleitung von einigen Dorfelern an dem Wasserturm vorbei ins Dorfinnere ziehen, die Frauen mit den Kisten auf den Köpfen. Einem der Männer, einem zahnlosen Tamilen, haben sie einen Trachtenhut aufgesetzt, er soll jodeln, kann aber nicht. Immer wieder stoßen sie ihn in die Rippen und sagen: Jetzt jodle, Inder, jodle!, aber der Tamile kann nicht jodeln, er hat es nicht gelernt. In der Ferne wird der Knäuel unerheblich, schließlich verschwindet er ganz. Und die anderen, denke ich.

Die Dorfeler sagen: Wir machen das so. Der Bus bringt die anderen nach Bogen, Schöndorf, Winkeln undsofort und setzt sie, damit die auch was kriegen, dort ab. Und damit euer Fahrer, der sich hier wohl nicht auskennt, Bogen, Winkeln undsofort findet, fahrt ihr ihnen voraus, während wir nun wieder nach Hause gehen. Na schön, wenn sie nach Hause gehen, denken wir und setzen unsere

Mützen gerade und klettern aus unserem Graben heraus, und Herr Schumpeter ist mit allem einverstanden. Sie helfen uns auf die Straße zurück, ziehen unsere Röcke gerade und setzen uns in unseren Wagen, und wir fahren los in Richtung des sechs Kilometer entfernten Bogen, der Bus humpelt hinter uns her. Und müssen, weil dem Bus der Kraftstoff ausgeht, unterwegs noch tanken, und Herr Schumpeter muß, weil der Fahrer das Geld nicht auslegen will (mit dem Landratsamt hat er zu schlechte Erfahrungen gemacht, sagt er), in seine Tasche greifen und, damit alles weitergeht, das Geld für den Kraftstoff gegen Quittung vorschießen. Das Wetter hat sich immer noch nicht entschieden, die Felder liegen verdrossen da, und ich sitze am Steuer und brauche meinen Fuß gar nicht aufs Gaspedal zu setzen, weil der Bus nicht so schnell kann, und der Kommissar sitzt neben mir und zerbricht sich den Kopf, wie er vor den Leuten in R. seine nachgiebige Haltung rechtfertigen soll, aber mit Gewalt gegen die über hundert Köpfe zählenden, im Grunde ordnungs- und friedliebenden Dorfeler vorgehen, war nicht möglich. Und eine Strafanzeige wegen Nötigung kommt auch nicht in Frage, weil es sich bei ihnen um Nachbarn handelt, die den Dorffrieden erhalten wollen. Oder nicht, fragt mich der Kommissar immer wieder. Jawohl, Herr Kommissar, sage ich.

In Bogen wiederholt sich, was wir von Dorfel her kennen und was wir auch in Schöndorf, Winkeln undsoweiter erleben werden: Ein Menschenauflauf, diesmal mit zwei Schildern, auf denen »Raus aus Bogen« und »Weiterfahren, weiterfahren« steht. Im Nu sind wir umringt. Man fragt uns, warum wir »unsere Neger nicht unterwegs verscharrt« hätten, in Bogen hätten sie ihre eigenen Arbeitslosen. Und als wir ihnen die Einweisung erläutern wollen, klopfen sie auf unser Dach und rufen im Chor: »Aufhören«, oder: »Weiterfahren!« oder: »Bei uns ist alles voll.« Immerhin wollen sie uns »aus Gnade« dann drei (!), ein Ehepaar und eine Witwe, abnehmen. Wieviel, ruft Herr Schumpeter. Drei, sagen sie. Und führen die drei, die, um nach Bogen zu kommen, teilweise Jahre gebraucht und über zehntausend Kilometer zurückgelegt haben, durch die Hauptstraße, die gerade von einer Kuhherde überquert wird, in die Richtung des aufgelassenen Hühnerschlachthofs davon. Während es in Winkeln, das von unseren sieben Dörfern das menschenärmste ist, einen Hühnerschlachthof, den man aufwischen und in den man jemand hineinlegen könnte, gar nicht gibt. Als wir auf dem Dorfplatz vorfahren, erschrecken wir, wie viele Menschen Winkeln hat, um uns weiterzuwinken. Schließlich, nachdem der Kommissar seinen Kopf immer wieder aus dem Wagenfenster hinausgeschoben und nach Vernunft geschrien hat, willigen die Winkelner ein, uns einen (!) Flüchtling abzunehmen, einen einäugigen Libanesen. Fürs Sägewerk, ruft ein Winkelner, zum Verheizen.

Nachdem wir mit unseren Asylsuchenden durch alle sieben Dörfer hindurchgewinkt worden sind, haben wir, als es dunkel wird, von den siebenundachtzig noch zweiundsiebzig in unserem Bus. Dazu einen, der keine Papiere hat und wahrscheinlich im falschen Bus sitzt, also dreiundsiebzig. Zweimal hält der Fahrer an, weil viele sich entleeren müssen. Sie grinsen und verschwinden in den Büschen, die anderen stampfen um den Bus herum. Ich stelle mich zu ihnen, reiße den Brief meiner Frau auf, halte ihn in das Scheinwerferlicht, kann mich wegen der Unruhe um mich herum aber nicht darauf konzentrieren. Statt dessen muß ich durch die Büsche, um sie wieder einzufangen, damit wir ja keinen verlieren. Einsteigen, es geht weiter, rufe ich in den Wald und klatsche in die Hände. Müde und erschöpft, bei dunklem Himmel, fahren wir zum zweiten Mal in die Ortschaft Dorfel hinein. Und fragen uns: Wohin mit ihnen? Und antworten: Natürlich in den Feuerwehrturm mit den sieben Pritschen, wenn sie auch schon belegt sind, wohin sonst? Der nach der Verwüstung des »Riegel« ja die einzige hier überhaupt in Frage kommende Baulichkeit ist. Und als wir – am Ortseingang wären wir um ein Haar noch in einen Rehbock gefahren – endlich bei dem Feuerwehrturm ankommen, können wir, da die Dorfeler nun alle betrunken auf ihren Höfen hocken, die Kisten und Koffer und Kleiderballen ungestört vom Dach holen, die dreiundsiebzig Asylsuchenden aussteigen und in den alten Turm ziehen lassen. Und du, sage ich zu dem Asylsuchenden ohne Papiere, einem gewaltigen und unversehrten und selbst in unserer ländlichen Nacht noch wie besonnten Neger, einem rechten Prinzen, der, grinst er, aus Ghana stammt und unter seinen neuen weißen und viel zu engen Caritashosen einen gewaltigen Geschlechtsapparat trägt, du kommst mit mir. Denn wie schnell geht ein Neger nachts im Wald nicht zwischen den

Bäumen verloren. Aber er versteht mich nicht. Wir haben's oben, und die haben's unten, sagt der Kommissar und teilt die Asylsuchenden in Männlein und Weiblein ein, zum Schlafen, in die rechts und die links. Du kommen, Sambo, sage ich und lege meinem Prinzen die Hand auf den Arm und schiebe ihn über die Straße und in den »Hirschen« hinein, der wieder leer ist, und stelle ihn an der Türe ab. Ach, da ist ja auch Marie! Wo steckst du denn die ganze Zeit, frage ich sie und lege ihr im Vorbeigehen die Hand auf die Schulter, berühre vielleicht auch ihre Brust, und sie stößt mich weg und sagt etwas Grobes, wahrscheinlich soll ich weitergehen. Gut, denke ich, dieses Mal gehe ich noch weiter. Und rufe dem Wirt durch die Gaststube laut zu, daß ich eine Überraschung für ihn habe. Die Überraschung, rufe ich, steht draußen. Und daß wir noch in dieser Nacht »für ungefähr siebzig Exoten Wasser und einfache Verpflegung, Brot, Schmalz und gekochten Reis, auf Kredit«, sage ich, brauchen. Sie ziehen nun nämlich doch ein, da, schauen Sie Herr Stief, rufe ich und zeige durch das niedrige Gaststubenfenster auf die von den Busscheinwerfern, wie bei einem nächtlichen Unfall, gespenstisch erhellte Hauptstraße, über die mit steifen Knien und ohne Musik zweiundsiebzig verstörte Asylsuchende aus acht oder neun verschiedenen Ländern aus ihrem Bus hinaus- und in unseren Feuerwehrturm hineinsteigen. Und da das Licht über der Theke, an der ich lehne, hell ist – an der Tür, bei Marie, ist kein Licht – dränge ich die Asylsuchenden in meinem Kopf einen Augenblick beiseite, ziehe rasch den Brief meiner Frau – nicht den *an* meine Frau – aus meiner Rocktasche und lese, daß sie Anfang der Woche bei Rechtsanwalt Dr. Linde die Scheidung eingereicht hat und zu Klemm gezogen ist und sich übers Wochenende, wie sie sich ausdrückt, »an die Auflösung unseres verflossenen Liebesnests« machen wird. Mehr lese ich dann erst einmal nicht. Denn da sehe ich durch das Gaststubenfenster die ersten Dorfeler die Hauptstraße herabkommen, die unsere Asylsuchenden natürlich für Banditen halten, die ihnen den Dorffrieden stehlen wollen, und nun wütend, wahrscheinlich mit Knüppeln, auf sie zulaufen, um sie totzuschlagen. Ich hebe die Hand und rufe: Halt!, und laufe zur Eingangstür, vorbei an Marie, die mit glänzenden Augen dicht bei meinem Prinzen steht. Und rufe im Laufen: Was soll das, Marie?, und: Weg da! Nicht so nah!, und stoße sie an, doch sie lacht nur, und ich rufe: Du bist eine

Schlampe, du Luder! und drohe ihr mit der Faust und stürze auf die Straße, in die Menschen hinein, in die schwarzen und die weißen. Und sage mir, daß die Autorität des Kommissars, der, weil er vor lauter Heiserkeit nicht mehr schreien kann, von einem zum andern läuft und sie anfleht, *vernünftig* zu sein, nun endgültig zusammengebrochen ist, daß ich, ob ich will oder nicht, nun alles in die Hand nehmen muß. Und ziehe meine Pistole, an die ich in den letzten Wochen merkwürdigerweise auch in anderen Zusammenhängen gedacht und die ich manchmal auch herausgenommen und gestreichelt habe, aus dem Halfter und entsichere sie, um irgendwohin, am besten natürlich in die Luft, zu schießen, muß dann aber, ich weiß nicht wie, in eine andere Richtung geschossen haben. Denn plötzlich liegt mein Prinz, der vielleicht Hand in Hand mit Marie vor den »Hirschen« getreten ist, auf der Erde, und Blut, ziemlich weit unten, vielleicht am Schenkel, aber mehr in der Mitte, läuft aus ihm heraus. Natürlich sind alle Asylsuchenden und alle Dorfeler sofort still. Marie, in ihrer Serviererinnenschürze, kniet neben meinem Prinzen. Während der Herr Schumpeter neben mir gestanden und mir die Pistole weggenommen hat. Und sie, so wie er es wahrscheinlich in unzähligen Kriminalfilmen gesehen hat, in ein weißes Tuch einschlägt und wegsteckt. Dann schiebt er mich ein Stück. Ich sehe, wie sie meinen schwarzen Prinzen in den »Hirschen« tragen, wie seine weiße Hose nun ganz rot ist. Und wie wir – nun hat der Herr Schumpeter seine Hand auf meinem Arm – lange nach unserem Wagen suchen, den Wagen aber schließlich finden.

(1985)

Gert Hofmann:
Hörspiel und Literatur.
Rede anläßlich der Verleihung des
»Hörspielpreises der Kriegsblinden«

Meine sehr geehrten Damen und Herren,
für einen Schriftsteller ist es eine schöne Sache, einen Preis, und dazu noch einen so respektablen, zu bekommen. Sein Name geht, wenn

auch nicht immer richtig geschrieben, sofort über die Agenturen, der Titel des Werkes wird, aus Platzmangel gestutzt, gleich in der Zeitung gedruckt, der Nachbar, der nicht grüßte, grüßt plötzlich wieder, wildfremde Leute schreiben oder rufen an, während manche Kollegen, die sonst anriefen oder schrieben, plötzlich nichts mehr von sich hören lassen, sondern wahrscheinlich tödlich beleidigt und für immer verloren sind. Auch eine Rede muß gehalten werden. Die aber, wie ihm dann gesagt wird, nicht lang zu sein braucht, denn gerechterweise müssen vor ihm noch andere Leute reden, und außerdem gibt es Musik. Natürlich sollte diese Rede in irgendeinem Zusammenhang mit dem Preis und dem Hörspiel stehen. Das Beste wäre, sie würde den Leuten ein für allemal sagen, warum er ihn bekommen hat und nicht lieber ein anderer. Nun, warum ich den Preis bekommen habe, weiß ich, trotz der Begründung, natürlich auch nicht genau, ich war ja nicht in der Jury, aber ich sage mir, sie wird schon ihre Gründe gehabt haben, als Dichter braucht man ja nicht alles zu wissen. So weiß ich beispielsweise auch nicht, was ein Hörspiel ist, obwohl auch über diesen Gegenstand viel geschrieben wird, sogar Bücher, die ich bis jetzt aber noch nicht gelesen habe, weil ich es so genau eigentlich wieder nicht wissen möchte. Deshalb war ich auch nicht überrascht, als ich in einer Zeitung las, daß mein Hörspiel gar kein Hörspiel sei, sondern bloß »ein Dialog«. Nun, das las ich natürlich gerne, denn ich bin ein großer Liebhaber des Dialogs. Hier kann, völlig ungezwungen, jede Sache von den vielen Seiten, die sie immer hat, vorgeführt werden, ihre Widersprüche treten an den Tag, bei aller Direktheit kann ebenso viel gesagt wie verschwiegen, verstanden wie mißverstanden werden. Auch das Hörspiel verstehe (oder mißverstehe) ich am liebsten von dieser Seite her: Menschen also, also Stimmen, denen sich, mit- oder gegeneinander, vielleicht unter Begleitung von ein wenig Musik oder von ein paar Geräuschen, die dann die Welt bedeuten müssen, nach und nach ihre Lage, die Lage der Welt, die Widersprüchlichkeit unser aller Lage, unser aller Welt, wieder einmal ein wenig enthüllt. Diese Enthüllung ist, auch wenn sie Schmerz bereitet, weil das, was sichtbar, hörbar wird, oft nicht schön ist, ein durchaus vergnügliches Erlebnis, weil es, scheinbar vom Alltag losgehakt, frei und spielerisch daherkommt und im Leben des Hörers, anders als die Wohnung und der Arbeitsplatz, das Wasser, das Brot und die Luft, nicht notwendig und zweckdienlich, sondern eigentlich überflüssig ist. Nun leben wir aber, wenigstens jetzt noch – wenigstens die meisten von uns – Gott sei Dank nicht nur für das Notwendige und das, was unmittelbar unsere Bedürfnisse stillt, sondern auch für das Überflüssige, und das Vergnügen braucht weniger als alles andere gerechtfertigt zu werden. Daß wir uns mit dem Überflüssigen abgeben, für einen Augenblick aus dem Halfter der Zwecke und Tagesforderungen heraus- und von uns selbst zurücktreten können, ist ja auch ein Aspekt unserer Freiheit, den wir nicht verspotten oder absterben lassen sollten. In einer Diktatur – sei's die einer politischen, sei's die einer kommerziellen Ideologie – gibt es diese Freiheit nicht. Viele Kollegen meinen, daß es sie auch bei uns schon nicht mehr gibt, oder man sie sich nicht mehr erlauben dürfe, und ordnen ihre Werke diesem oder jenem Zweck, den sie für notwendig und richtig halten, unter. Ich meine, es gibt sie – noch. Obwohl es natürlich schmerzt, zusehen zu müssen, wie diese Freiheit auch bei uns immer deutlicher zusammenschrumpft. Unsere Rundfunkprogramme, um nur davon zu reden, scheinen sich, mit der eigenartigen Begründung, man müsse sie »demokratisieren«, in einem Banalisierungsprozeß zu befinden, in dem alles, was seine unmittelbare Massenwirkung nicht statistisch nachweist, unterzugehen droht. Die aus dem Alltag gegriffene Harmlosigkeit, der Kalauer, die musikalisch aufgepopte Magazinsendung breitet sich unaufhaltsam aus. Durch eine Zerstückelung dessen, was zusammenhängt, werden Hörgewohnheiten gefördert, die uns am Ende ein Millionenheer von reizüberschwemmten, flatterhaften, ablenkungsbedürftigen und verdummten Zuhörern bescheren wird. Damit ist natürlich auch das Hörspiel in seiner Existenz bedroht, das einen konzentrierten und ernsthaften Hörer nötig hat. Auch für den Autor ist so eine Entwicklung natürlich katastrophal. Er wird gezwungen, sich den Trivialisierungs- und Verdummungstendenzen anzupassen, weil er für sein Überleben ja nun einmal aufs Radio angewiesen ist. Das heißt, daß man mit unserer Hörspielsendezeit auch seine Romane und Gedichte zusammenstreichen würde, denn das Hörspiel und die Literatur hängen nun einmal eng zusammen.

Zurück zum Hörspiel, wie es im Augenblick bei uns noch möglich ist, und das eben nicht immer simpel, aber auch nicht immer aufwendig sein muß. Es gibt, glaube ich, eine Äußerung von

Goethe, mit der er die, wie ihm wohl schien, unmäßigen Ansprüche, die Kleist an das Theater, »hinter und vor dem Vorhang«, stellte, zurückweist. Goethe ist da bescheidener gewesen. Gebt mir, sagt er ungefähr, ein paar Bretter und einen Vorhang, und ich will für euch, hic Rhodos, hic salta, aus jedem Marktplatz ein Theater machen. Erlauben Sie mir, dieses Wort aus dem Olymp hier zu paraphrasieren. Gebt mir, würde ich sagen, ein paar gute Sprecher und ein kleines Mikrophon und vielleicht einen Regisseur, der mit seiner Bleistiftspitze dann und wann über einen Blecheimer kratzt, und ich will euch ein Hörspiel machen. Mit anderen Worten: Ich bin im Herzen des modernen Hörspiels, also in den weitläufigen und aseptischen Hör-Laboratorien, unter den peinlich in Weiß gekleideten, gewissermaßen mit Gummihandschuhen versehenen Damen und Herren, die hier über ihren strengen spezialisierten Apparaturen hocken, eigentlich nicht zu Hause. Wörter wie »Rauschgenerator« oder »Tiefpaßfilter« oder »künstlicher Kehlkopf«, statt mich in Ekstase zu führen, schüchtern mich eher ein, obwohl sie natürlich auch in den Umkreis des Hörspiels gehören, doch für mich eben nur an den Rand. Vielleicht erinnern mich diese Großküchen unseres Bewußtseins, wie sie in den letzten Jahrzehnten bei uns entstanden sind, zu sehr an die Operationssäle unserer großen Kliniken, wo es ja auch passieren soll, daß man über den sehr gewagten und kunstvollen Eingriffen, die hier vorgenommen werden, den Menschen selber vergißt. Mit einem Wort: Die Art Hörspiel, die hier entsteht, ist nicht meine. Auch der Maßstab, sie zu bewerten, nicht. Denn mag hier auch, als Nebenprodukt einer kopflos sich weiterentwickelnden Technik, Neues und immer Neues möglich werden, so frage ich mich doch: Was soll's? Vielleicht hat es vorher noch keiner gemacht, muß ich es deshalb machen? Auch wird Ihnen jede Modistin sagen, daß die Novität von heute der Ladenhüter von morgen ist. Ich bin Schriftsteller, gehöre also zu einer urtümlichen Zunft. Mein Interesse gilt weniger den Möglichkeiten des Mediums als denen des Menschen, mit ihm ist mein Los enger verknüpft. Der Schauplatz meiner Werke, ob man sie nun liest oder hört, ist und bleibt der Menschenkopf, der, da es ein moderner Kopf ist, ein unübersichtlicher und heikler, von allen Seiten bedrängter, von Druck, Lärm und Gestank unablässig überfluteter, mit sich selbst und den anderen tödlich entzweiter Kopf ist. Davon handle ich.

Dabei ziehe ich es vor, daß das, was ich über ihn sagen möchte, die anderen Köpfe, also meine Hörer, ohne großen technischen Aufwand erreicht, der lenkt dabei womöglich nur ab. Um die Verformungen und Entstellungen unserer Köpfe – meines, deines, unser aller – aufzuzeigen, habe ich keine Modulations- oder Filtergeräte, sondern, nach alter Schriftstellerart, *die Sprache* nötig, die unverstellt und nackt sein darf. Denn da ich nun einmal ein Schriftsteller bin, ist meine Welt, ob auf dem Papier oder auf dem Tonband, nun einmal literarisch. Der Gedanke an eine Aufdröselung einzelner Wörter oder Sätze, die uns, weil es noch nicht gemacht worden ist, beim ersten Hören in Erstaunen setzt, liegt mir beim Wiederhören doch fern, weil ich mich über die Inhaltlichkeit unserer Wörter und Sätze, über ihre oft schmerzhaften, ganz konkreten Bedeutungen nicht hinwegsetzen kann. Daß ich mich dabei innerhalb einer Konvention bewege, ehrt mich, stört mich nicht. Jedes Spiel muß seine Regel haben. Diese zum »Problem« zu machen oder zu »entlarven«, kann nicht meine Sache sein. Ich bleibe beim konkreten Fall, welcher, recht behandelt, ja sowieso »exemplarisch« wird und über sich hinausweist. Mit anderen Worten: Ich bin ein Moralist, wenn auch ein hoffnungsloser. Denn der Gedanke, daß man, beispielsweise mit einem Hörspiel, in unserer Welt etwas *bewirken* könnte, liegt mir fern, wenn man manchmal auch so tut, als ob. Sonst habe ich, was das Hörspiel betrifft, eigentlich keine Vorurteile. Da ich keine besondere Richtung vertrete und keinen neuen Typus kreieren will, bin ich frei, mich umzutun, dies und das zu probieren. Das heißt, ich hänge ganz von meinen einzelnen Einfällen ab. So entsteht Vielerlei. Ich versuche, die Schweißspuren daran wegzuwischen, ihm einen Anschein von Leichtigkeit zu geben, meinen Ernst und die *profondeurs* der Sache, die auf eine undeutliche Art meist unser aller Sache ist, gut zu verstecken an einem hierzulande ungewöhnlichen Ort: an der Oberfläche. Auch sehe ich davon ab, Theorien beizumischen, die Sache soll für sich selber sprechen. Dies bringt mich auf den Preis zurück, über den ich mich besonders deshalb freue, weil unter den recht verschiedenartigen Arbeiten, die ich bisher vorgelegt habe, eine so leichte und lockere, einfache und freundliche ausgewählt worden ist. Also keine neue Technik, keine neue Tendenz, keine neue Kunsttheorie oder gute Absicht, sondern eher eine individuelle und eigenartige Leistung, die zwar in sich abgerundet, aber eben viel zu zart ist, um so etwas Mächtiges wie eine neue Strömung nach sich ziehen zu können. Ich fühle mich dabei in meiner Eigenart bestätigt, denn auch ich freue mich über jede gelungene Arbeit und nicht über den Gedanken, daß sie etwas begründet oder »möglich macht«. Obwohl es natürlich viel interessanter ist, wenn man, und sei es auch bloß auf dem Gebiet des Hörspiels, von etwas Neuem und Künftigem reden kann, der Weltgeist raunt da immer gleich mit. Und wer möchte nicht endlich aus dem Alten heraus und hinein in das Künftige, das Neue? Ich gebe gern zu, daß es mir schwerfällt, so zu denken, dafür bedeutet mir manches Alte zu viel. Daß man vieles nicht mehr machen kann, weil es ausgeleiert und abgegriffen ist, weiß ich natürlich auch. Meine Innovationen sind unauffälliger, diskreter.

I

Sigrid Löffler:
Hofmanns Verstörungen

Jahrelang war er als Schriftsteller glänzend im Geschäft, wenngleich ihn keiner kannte. Die Rundfunkanstalten strahlten seine Hörspiele – bisher rund 25 – regelmäßig aus, mit Wiederholungen, und honorierten sie so zufriedenstellend, daß er seine Frau und seine vier Kinder gut durchbrachte. Bis er sich eines Tages vor fünf Jahren eingestehen mußte: »Das Hörspiel hat mit Literatur nichts zu tun.«

Womit er meint, daß das Hörspiel zwar ein interessantes literarisches Experimentierfeld ist (»Man kann direkt in den Kopf eines Menschen hineinsteigen«), aber das Publikum nur ephemer, oberflächlich, oder gar nicht erreicht.

Wollte er literarisch wahrgenommen werden, mußte er ganz neu und ganz anders anfangen. Statt weiterhin Dialoge zu schreiben (was seinem Temperament entgegenkam), mußte er sich zum geduldigen Erzählen, zur Epik, zwingen: »Ich habe dabei alle nur denkbaren Fehler gemacht, denn ich bin kein epischer Typ; die Behaglichkeit und Behäbigkeit des Romanerzählens ist mir zuwider. Ich bin nicht einer, der die Wirklichkeit liebevoll detailliert aufnimmt. Ich habe keinen betulich-herumschweifenden Blick. Mein Element ist die dramatische Spannung. Ich habe eine hektische Weltsicht.«

Dennoch hat er vier Jahre dafür aufgewendet, um sich als Prosaschriftsteller mit seinem ersten Roman einen Namen zu machen. Seit 1979 – als er mit einem Kapitel aus diesem Roman den Ingeborg-Bachmann-Preis gewann – hat der Schriftsteller Gert Hofmann, Jahrgang 1932, einen Namen in der deutschsprachigen Literatur. Einen Namen als Erzähler und als Dramatiker, einen Außenseiternamen als eminent musikalischer, formbewußter Prosaschreiber, der mit hohem Kunstverstand das scheinbar Abseitige als jedermanns Verstörung greifbar macht.

Gert Hofmanns Präsenz im literarischen Geschehen ist ebenso plötzlich wie intensiv. Im Abstand weniger Monate brachte der Salzburger Residenz Verlag seinen Erstlingsroman »Die Fistelstimme« und seine Erzählung »Die Denunziation« heraus und bereitet für Anfang nächsten Jahres einen Erzählband »Vier Dichter« mit Erzählungen über Balzac, Lenz, Robert Walser und Casanova vor.

Soeben hat Hoffmann für sein ORF-Hörspiel »Die Überflutung« den RAI-Preis des »Prix Italia« (Dotierung: zwei Millionen Lire) erhalten, den der Österreichische Rundfunk das letztemal vor 22 Jahren – für Dürrenmatts »Abendstunde im Spätherbst« – einheimsen konnte. Und am kommenden Samstag wird der »steirische herbst« im Grazer Schauspielhaus mit der Uraufführung von Hofmanns Stück »Bakunins Leiche« eröffnet.

Gert Hofmann, gebürtiger Sachse aus Limbach bei Chemnitz (Karl-Marx-Stadt), promovierter Germanist der Universität Freiburg im Breisgau, Gastdozent in Edinburgh, Yale, Berkeley und Ljubljana, deutscher Staatsbürger mit Wohnsitz in Klagenfurt, ist, so scheint's, zu einem der meistgenannten und interessantesten Autoren Österreichs avanciert. Mit Mentalvorbehalt: Denn Hofmann, seit einem Jahrzehnt in Kärnten zwar ansässig, aber nicht seßhaft, ständiger Pendler zwischen Klagenfurt und der Gastdozentur an der Universität Ljubljana, läßt sich nicht glatt für die österreichische Literatur reklamieren.

Seit der Zwanzigjährige Anfang der fünfziger Jahre, statt sich vom jungen DDR-Staat in Leipzig zum Slawistikstudium nötigen zu lassen, lieber nach Freiburg hinüberwechselte und Germanistik, Romanistik und Soziologie studierte, ist die Nicht-Seßhaftigkeit Hofmanns Existenzmerkmal. »Ich bin unstabil und ohne feste Wurzeln; ich führe ein experimentierendes Leben und habe einen Horror vor Verfestigungen.«

Ein Leben »in einer Art von gesellschaftlichem Vakuum«, das einzig im Provisorischen beheimatet ist – mit Gastvorlesungen, die junge Schotten oder Kalifornier oder Slowenen für Büchners »Lenz«, für Manns »Zauberberg« oder Kafkas Erzählungen passionieren möchten; mit vier Kindern, die, in vier Ländern geboren, zweisprachig aufwachsen; mit literarischer Arbeit, die meist zwischen fünf und acht Uhr morgens getan wird, aber auch unterwegs und zwischendurch, in der Eisenbahn, im Wartesaal, in der Laibacher Untermieteinsamkeit. Ein Lebensgefühl der Vorläufigkeit, der Rastlosigkeit, der vielen Perspektiven, der Uneindeutigkeit; geprägt von der Nachkriegsstimmung, die für nichts garantieren konnte, und frei vom Sicherheitsstempel der Pragmatisierung und Pensionsberechtigung. Hofmanns Selbstdeutung: »Man hat mir eine Vorzimmerexistenz prophezeit – und das bin ich auch geworden: ein ewiger Bittsteller.« Ein Außenseiter und Einzelgänger, ohne Clique und ohne Gruppe, ein Solitär der Literatur.

Das einzig Dauerhafte in der rastlosen Umtriebigkeit ist der eigene Kopf – und auch auf ihn ist kein Verlaß. »Schauen Sie in meinen Kopf, mein Herr«, sagt im preisgekrönten Hörspiel »Die Überflutung« eine Stimme, »und Sie werden furchtbare Entdeckungen machen.« Und fährt fort: »Versetzen Sie sich direkt in meinen Kopf! Trümmer! Ist das nicht grauenhaft? Offensichtlich ist mein Kopf nach Ende des Krieges nicht enttrümmert worden.«

Ein solcher nicht enttrümmerter Kopf ist auch der neue Lektor aus Deutschland, der hektisch monologisierende Held des Romans »Die Fistelstimme«, der im Nebel von Ljubljana kaputtgeht. Suggestiv saugt Hofmann den Leser in die Wahnwelt des Lektors hinein, in ein wahnhaftes Weltsystem, das zugleich ein Sprachsystem ist. Der Aberwitz liegt in der Sprache selbst – in den gehetzten Selbstverlautbarungen und panischen Abschweifungen, den Doppelgänger-Obsessionen und Zwangsvorstellungen des neuen Lektors.

Geschrieben als ein einziger, 250 Seiten langer, grauenvoll-komischer Monolog, als übersprudelnder und schließlich überschnappender Versuch der Selbstrechtfertigung und Selbstvergewisserung, ist »Die Fistelstimme« ein wahnwitziger Pas de deux von Grammatik und Verzweiflung, mit haarspalterischem Humor an der Todesgrenze entlanggeschrieben.

Gert Hofmann selbst streitet den biographischen Anteil seiner Verstörungsprosa gar nicht ab: »Ich bin kein Bekenntnisschriftsteller, jeder bekennerische Ansatz von Literatur ist mir fremd. Die eigentliche Welt ist die, die aufs Papier kommt. Mein eigenes Leben geht nur in sehr verschlüsselter und kodifizierter Form in meine Literatur ein. Dennoch ist mein Schreiben ganz offensichtlich etwas Zwanghaftes. Ich denke mir gefährdete, abseitige Menschen aus, den Lektor, oder Dichter wie Walser und Lenz. Das Esoterische, Abgedrängte dieser Figuren interessiert mich. Ich verstecke mich in meiner Literatur.«

Seit Hofmann vor Jahren im Autoradio zufällig Teile aus der »Verstörung« von Thomas Bernhard (»Der ist wirklich ein ganz säkularer Mann«) aufschnappte, hält er die Literaturform der Prosa-erzählung wieder für möglich, die ihm seit seiner Studienzeit als abgetan und erledigt erschienen war. Er liebt es, Irritationsprosa herzustellen, die eigenen Sätze zu zerstören und zerstückeln, sein Sprachmaterial von vielen Seiten zu beleuchten, sich jede perspektivische Freiheit zu nehmen: »Der Probiercharakter der Literatur hat es mir angetan – ich liebe es, Überzeugungen auszuprobieren und vorzuführen.« Hinter dem raffinierten und ironischen Spiel der Perspektiven verbirgt Hofmann sich selbst: »Man muß nicht wie Rimbaud nach Afrika gehen, um seine Gefährdung zu demonstrieren.«

Die Stärke solch kunstvoller Verstellungsliteratur ist zugleich ihre Schwäche: Hinter seinen Wahn- und Entsetzenstexten entzieht sich Hofmann selber dem deutenden Zugriff. Beispielsweise in dem Stück »Bakunins Leiche«, einer stark parabolischen Auseinandersetzung des Vaters des Anarchisten Michael Bakunin mit dem abwesenden Sohn.

In diesem Konflikt zweier Generationen, zweier politischer und philosophischer Prinzipien bleibt der Autor Hofmann eigentümlich distanziert und unbeteiligt, so, als gäbe es in der Frage des Anarchismus keine eigene Stellung, die man beziehen könnte (oder müßte). Hofmann mißtraut nicht nur der Wirklichkeit, nicht nur der Literatur, sondern auch seinen eigenen Überzeugungen: »Ich versuche, gerecht zu sein. Ich stehe hinter niemandem. Ich benutze meine Figuren nicht als Sprachrohr meiner eigenen Überzeugungen. Mit gutem Grund: Ich bin von meinen eigenen Standpunkten nicht völlig überzeugt.«

Hans Christian Kosler: Aus den Fenstern
noch einmal das Abendland begrüßen.
Ein Gespräch mit Gert Hofmann

Sie haben nach Ihrer Promotion als Dozent an verschiedenen Universitäten gearbeitet. Hatten Sie zu dieser Zeit das Schreiben schon im Hinterkopf oder steuerten Sie die Universitätslaufbahn an?

Der Beruf des Wissenschaftlers war mir von Anfang an fremd, weil es mir dazu an der nötigen Gelassenheit und Pedanterie fehlt. Ich bin pedantisch gegenüber meinen eigenen Texten, kann mich aber nicht in dem erforderlichen Maße zum Diener fremder Texte machen. Ich hatte damals das Schreiben schon nicht mehr nur im Hinterkopf, sondern war bereits beim Verfassen von Hörspielen und Theaterstücken, womit ich ziemlich früh begonnen habe. Der große Sprung war der vom Dialog zum Prosatext, was mir schwer gefallen und auch erst relativ spät gelungen ist. Ich kann mich in verschiedenen Gestalten und Psychen versetzen, sie aufeinander losgehen lassen, es zu Konflikten kommen lassen, aber die Welt von einem bestimmten erzählerischen Standpunkt aus darzustellen, war für mich schwierig. Ich bin dazu erst über den Umweg des Dialogs gekommen; meine ersten Arbeiten und auch die jetzigen noch sind ja sehr dialogreich.

Eine gewissermaßen dramatische Veranlagung?

Ich verwende hier immer gern ein Germanistenbeispiel, ich glaube, es ist von Emil Staiger. Die verschiedenen Temperamente tun sich darin kund, wie einer reagiert, wenn er einen unbekannten Raum betritt. Ich habe da nicht die Neigung, mich hinzusetzen und die Möbelstücke zu schildern, sondern mein Impuls ist vielmehr der, mich zu ducken und mich gegen die Gefahr, die dort vielleicht auf mich wartet, zu wappnen. Dieses Gefühl des Sich-ducken-Müssens hatte ich schon, als ich Kind war. Ich gerate in einen Zustand der Spannung, der sich in Sprache umsetzt und ein bedrohtes, gefährdetes, wenn Sie wollen, dramatisches Verhältnis zur Umwelt offenbart.

Sie sind 1932 in der sächsischen Provinz geboren, dort aufgewachsen und waren 14, als der Krieg zu Ende war. Gab es während dieser Zeit traumatische Erlebnisse?

Ja, die gab es sicher. Sie hatten nicht nur mit dem Krieg zu tun, sondern waren auch familiärer Art. Ich kann sie jetzt gar nicht zusammenfassen und will auch nicht darüber sprechen.

Sie sind ja in den letzten Jahren zunehmend zum Gegenstand meiner Bücher geworden. Auf die beliebte Frage, wie ich zum Schreiben gekommen bin, würde ich sagen, daß eine Reihe von bösen, unbewältigten Kindheitserlebnissen, auch in bezug auf meine Mutter, zugrunde liegen, die ich eben schreibend in den Griff kriegen will. Nicht thematisch, indem ich mir vornehme, darüber zu schreiben, sondern indem ich überhaupt schreibe. Deshalb ist für mich auch die Frage, warum ich dieses eine, bestimmte Buch geschrieben habe, verfehlt. Zum Beispiel: »Warum haben Sie ›Veilchenfeld‹ geschrieben?« Das Schicksal der Juden in Deutschland – sicherlich liegt mir das am Herzen, aber andere Dinge liegen mir auch am Herzen. Die Frage müßte vielmehr lauten, weshalb ich überhaupt schreibe. Und da würde ich eben sagen: Da hat es Dinge gegeben, die ich nicht überschaue, die ich nie überschauen werde, aber eine Verletzung, die dahintersteckt, hat es bestimmt gegeben.

Auffällig an Ihren Büchern ist ja, daß die Auseinandersetzung mit der Generation der Väter – anders als bei den meisten Autoren Ihres Alters – keine direkte und keine ideologische ist.

Allein dadurch, daß ich z. B. Geschichten über Lenz und seinen Vater, über Casanova und seine Mutter schreibe, bin ich nicht nur auf meine eigenen Erlebnisse fixiert. Ich schreibe nicht über mich im autobiographischen Sinne, ich schreibe über Analoges. Das sieht dann nach Verrätselung aus, hat aber doch immer auch mit mir zu tun. Aber mich jetzt hinsetzen und sagen: »So jetzt schreibe ich mal ein Buch über meinen Vater«, das könnte ich gar nicht. Dazu nehme ich mich und meine Umgebung zu wenig wichtig, ich versuche eher Distanz zu gewinnen und mich aus dem Spiel zu lassen. Ich bin vielleicht auch zu scheu und zu diskret, um mich in den Mittelpunkt zu stellen. Es gibt doch außer mir noch andere Mittelpunkte, denen ich dann natürlich etwas von meinem Leben einhauche. Aber eben nie direkt, im Gegenteil, ich würde mich als das Gegenteil des heutzutage beherrschenden autobiographischen Schriftstellers sehen, der nur seinem eigenen Fühlen und Handeln nachgeht. Ich versuche das Meinige zu objektivieren, doch auch dadurch bleibt das Autobiographische erhalten. Ich denke da an den bekannten Satz, den Thomas Mann dem alten Goethe, seinem Sohn August gegenüber, in den Mund legt: »Autobiographie ist es immer.« Das stimmt. Es kommt nur darauf an, bis zu welchem Grad es einem gelingt, diese Autobiographie objektiv Gestalt werden zu lassen. Darum bemühe ich mich.

Der autobiographische Ausgangspunkt springt bei Ihnen – wie z. B. in der »Fistelstimme« – ebenso ins Auge wie dessen bis ins Unkenntliche gehende Verfremdung. In den Dichternovellen haben

Sie ja eine ähnliche Methode angewandt. Sie gehen von einem verifizierbaren Kern aus, um sich dann merklich von der historischen Wirklichkeit zu entfernen?

Als Schriftsteller interessieren mich historische Tatsachen sehr wenig. Ich will ja gar nicht zeigen, wie etwas wirklich gewesen ist. Ich bin kein Sammler von Fakten, sondern ich versuche etwas, was schon lange tot ist – wie z. B. die Gestalt des Lenz, die nur noch durch ganz wenige zeitgenössische Zeugnisse und Werke präsent ist – mit neuem Blut zu erfüllen, indem ich ihn eben so zeige, wie ich ihn mir vorstelle und denke und nicht, wie er gewesen ist. Selbst für einen Historiker ist es ja unmöglich, eine Person, die seit 200 Jahren tot ist, so zu rekonstruieren, wie sie wirklich gewesen ist. Jedes Wort, das man gebraucht, ist ja heute nicht mehr das Wort, das es einmal gewesen ist, selbst ein Wort wie Hut und Zigarre und andere Alltagswörter und Dinge. Diese Leute sind so weit weg für uns, daß es ein müßiges Unterfangen ist, sie »wirklichkeitsgetreu« abbilden zu wollen. Ich möchte nicht zeigen, wie etwas gewesen ist, sondern wie es hätte sein können, wie ich es mir vorstelle. Dieser Lenz ist ja gleichzeitig mein Ich wie Madame Bovary das Flaubertsche. Das sind alles meine Kreaturen, ich stecke in ihnen, aber eben auf eine verrätselte, verfremdete Weise.

Sie äußern sich außerhalb Ihrer Bücher selten und ungern über sich und Ihre Arbeit, andererseits ist in ihren Büchern ein gewisser Hang zur Selbstinterpretation und zur Reflexion über den Dichterberuf zu beobachten.

Ja, ich glaube, das ist auch nur allzu natürlich für einen Schriftsteller heute, denn wir sind ja sinnlich sehr verarmte Menschen, wenn wir uns beispielsweise mit einer Gestalt wie Casanova vergleichen und dem, was er erlebt, gesehen, gerochen, gegessen hat. Der Mensch und Schriftsteller heute ist ein ganz armseliges, blasses, unsinnliches, in sein Zimmer verbanntes Wesen, der nur noch nachempfinden kann, was man ihm vorspielt und vorsagt. Und eines der wenigen authentischen Erlebnisse, die ein Schriftsteller noch hat, sind eben die Schreiberfahrungen. Es bietet sich ja geradezu an, daß ein Schriftsteller über das Schreiben schreibt. Worüber kann ich mich authentisch mitteilen? Über das Problem des Schreibens oder des Verständnisses von Literatur. Viele wählen dafür die Form des Essays. Ich fühle mich durch den Essay zu sehr ins Abstrakte eingeengt; ich möchte immer den Menschen zeigen, der hinter der Theorie steckt, der ist viel interessanter, der Mensch, der einen Gedanken hervorbringt. Deshalb interessiert mich auch die Person Nietzsches zum Beispiel, der immer in seinem kleinen Zimmer saß, von fettigen Wurstpapieren umgeben und sich seine kleinen Schnitten zurechtmachte, der halb blind war und am Tag vielleicht nicht mehr als fünf Zeilen lesen konnte und immer irgendwelche Zettel mit sich herumtrug. Seine Körperlichkeit, sein Fleisch interessieren mich mehr als mancher Gedanke, den Nietzsche geäußert hat. Aber um auf das Schreiben zurückzukommen: Ich äußere mich darüber gern innerhalb des Romans, der heute die einzige Möglichkeit darstellt, etwas Überschauendes, Zusammenhängendes und nicht auf Begrifflichkeiten Spezialisiertes über den Menschen zu sagen.

Wobei man Ihnen schon oft den Vorwurf gemacht hat, kein Romancier zu sein.

Ja, aber das ist eine Gattungsfrage. Schon vor vielen Jahrzehnten sagte Thomas Mann, daß auf dem Gebiet des Romans nur noch das zählt, was kein Roman mehr ist. Die Entwicklung ist in diese Richtung weitergegangen. Es liegt in den Händen des Verlegers, wie er das Kind, das er vor sich hat, nennt. Ich gehe doch nicht hin und sage: Ich schreibe einen Roman. Ich schreibe ein Gebilde, für das ich auch keine weiteren Pläne konzipiere, dafür bin ich zu impulsiv und spontan. Wichtig ist für mich das Ende, auf das ich hinarbeite und das etwas Abrundendes haben muß. Sicher, ich sehe auch die Vorzüge des offenen Endes, aber andererseits muß man auch sagen können: Hier habe ich angefangen, jetzt durchlaufen wir dieses Lebensfragment oder die Zustände dieser Person für ein paar Stunden, und dann höre ich wieder auf. Das mag künstlich wirken, aber warum soll man so tun, als sei alles natürlich? Der ganze Realismus ist ausgesprochen künstlich, das Leben ist völlig anders als der Realismus.

Die Kunst streckt also vor dem Leben von vornherein die Waffen?

Der Autor sollte sich bewußt sein, daß die Welt ein Chaos ist, daß er aber nicht die Welt herstellt, sondern ein kleines Werk, das gegliedert zu sein hat und – selbst wenn es auf dem Kopf steht – Anfang, Mitte und Ende haben muß.

Um das Verhältnis von Kunst zur Wirklichkeit geht es auch in Ihrem neuen Roman »Unsere Vergeßlichkeit«, einem Spiel mit den Möglichkeiten des Romans und eine Banalisierung und Ironisierung des realistischen Romans.

Der Ernst ist genauso vorhanden wie die Ironie. Es soll ja beides da sein. Einerseits wird das Leid des Helden, dessen Frau ihn betrügt, ironisiert, andererseits ist auch der Ernst dieses Leids präsent. Banalisiert werden die Lebensprobleme hier nur in dem Sinne, wie Voltaire etwa die Frage des Krieges banalisiert: Er lacht darüber, macht sich lustig. Es gibt einen gewissen Punkt, von dem aus einem das Ganze über alle Aufklärung und Veränderungswünsche hinaus als eine erschreckend komische Darbietung vorkommt. Das Neue an diesem Buch ist für mich, daß ich eine Geschichte erzähle und sie gleichzeitig wieder zurücknehme, korrigiere und darauf hinweise, daß die Geschichte falsch sein könnte. Im übrigen vermag ich es nicht, einen Roman, der über 300 Seiten umfaßt, in ein paar Sätzen zusammenzufassen.

Warum erfinden Sie einen Romancier, der seine Auffassung von Literatur vorträgt, die einerseits auf Ihre Bücher anzuwenden ist und von der Sie sich andererseits wieder ironisch distanzieren?

Ich wollte die gängigen Antworten vermeiden. Es ist ein anderer Typus des Schriftstellers, den ich hier darzustellen versucht habe als die heute in der Öffentlichkeit stehenden Großautoren, die gleichzeitig auch Funktionär und in allen möglichen Dingen involviert sind. Für den Schriftsteller in »Unsere Vergeßlichkeit« ist die Welt sein Buch. Ich habe neulich bei Benn den Satz gelesen: »Aus den Fenstern noch einmal das ganze Abendland begrüßen.« Das ist ja eigentlich ein Bild aus dem 19. Jahrhundert, aber dieser aussterbende Handwerker und Betrachter ist mir wichtig.

Viele Ihrer Figuren wirken – wenn man z. B. an den Schlachthof-direktor in »Unsere Eroberung« denkt – ebenso gefährlich wie lächerlich. Was liegt Ihnen an einer solchen Mischung?

Es geht hier weniger um eine Mischung als um eine Entlarvung, eine Demontage. Die Kinder sehen ihn zuerst als bedrohlich an, bis er dem Leser nach und nach als ein Koloß auf tönernen Füßen erscheint. Mit dem Kustoden in »Auf dem Turm« verhält es sich ja ähnlich. Zuerst traut man ihm einen Mord zu, und dann stellt er sich als eine hilflose, geradezu lächerliche Figur heraus. Überhaupt langweilen mich Gestalten, die entweder oder sind. Ich bevorzuge die ratenweise und perspektivische Darstellung. Manchmal erfährt man bei mir erst am Ende, wie eine Person genauer aussieht.

Fühlen Sie sich als Autor unverstanden, wie man Ihrem neuen Roman entnehmen könnte, der ja eine Art Auseinandersetzung mit dem realistischen Schreiben ist?

Ich weiß nicht, was Realismus ist. Eine Auseinandersetzung zwischen dem, sagen wir ruhig, dümmeren, beschränkteren, aber inspirierten Schreibtyp und dem sehr beschlagenen, theoretisch brillanten, wenig kreativen Typ des Kritikers, zwei Typen, die sich in der Romantik noch vereinigen ließen. Mir geht es eigentlich gar nicht um das Verstandenwerden. Dieser Schriftsteller möchte ein vollkommenes Gebilde schaffen, das seine Erfahrungen enthält und der unvollkommenen Welt wie der Schneider bei Beckett dem lieben Gott seine Hose entgegenhält.

Könnten Sie sich vorstellen, ein Thema zu wählen, das zu den sogenannten Zeitfragen gehört?

Das kann ich mir vorstellen. Es ist nicht das höchste meiner Ziele, aber als Nebenprodukt vielleicht. Daß ein Autor unbedingt über die Probleme seiner Zeit schreiben muß, ist ein völliges Mißverständnis. Viele große Bücher, würde ich sagen, von Tolstois »Krieg und Frieden«, über die »Education sentimentale« bis hin zu Thomas Manns »Zauberberg«, sind Bücher, die über die vor- oder vorvorhergehende Generation geschrieben sind, also rückwärtsgewandte Bücher. Ich glaube überhaupt nicht, daß der Autor ein vorwärtsgewandter Typ ist und daß Science fiction etwas mit Literatur zu tun hat.

Ihr Roman »Unsere Eroberung« ist in erster Linie als kritische Aufarbeitung der nationalsozialistischen Vergangenheit gewertet worden. Kam es Ihnen darauf tatsächlich an?

Schon der erste Satz des Romans sagt deutlich, worum es hier geht: »Eines Tages ist unsere kleine Stadt von Norden nach Süden erobert oder, wie die Mutter sagt, aufgerollt und von allen darum herumliegenden Dörfern und Städten abgeschnitten worden.« Daß heißt: Alles was man sieht, geschieht gewissermaßen hinter einer großen Mauer. Also die neue, erfundene Welt eines Kindes in der natürlich Versatzstücke, Zitate aus der schon vorhandenen enthalten sind. Aber der Beginn weist eben schon darauf hin: Hier habt ihr

47

es mit einem Werk der Phantasie zu tun, mit etwas, wie man im Märchen sagt, »hinter den Bergen bei den sieben Zwergen«. Deshalb finde ich es abstrus zu sagen, daß in diesem Buch zum x-ten Male die Nachkriegsgeschichte erzählt wird. Hier erzählt ein ganz individuelles Kind, das zwar seine kollektive Vergangenheit hat, seine ganz individuelle Geschichte. Wenn diese Geschichte von etwas geprägt ist, dann vielleicht von einem Stil, von dem Thomas Bernhards; aber das bleibt dann in der Familie der Literatur.

Eine Gruselgeschichte auf dem Hintergrund der Weltgeschichte?

Ja, weil die Weltgeschichte vor allem als Gruselgeschichte erlebt wird und nicht als die Geschichte aus den Geschichtsbüchern. Wird der Bomber über uns jetzt eine Bombe über uns abwerfen, kommt der Russe jetzt in unser Haus und vergewaltigt die Mutter – das ist die Weltgeschichte.

Wobei es Ihnen manchmal mehr auf den Gruseleffekt anzukommen scheint.

Durchaus. Die Welt, in der wir leben, ist eben auch ein unheimlicher Ort. Man muß dabei ja auch mal über das Wort Effekt nachdenken. Wirkung klingt schon besser. Effekt bedeutet in unserem Sprachgebrauch soviel wie Wirkung ohne Ursache. Natürlich möchte ich Wirkungen hervorbringen. Stöße, die jeder Satz austeilen muß. Ich arbeite solange an einem Satz, bis er die größte Wirkung für mich hat, auch wenn dann als Ergebnis ein Anakoluth herauskommt, Schreiben ist für mich ein Prozeß der Zuspitzung.

Wie »verarbeiten« Sie Ereignisse wie Tschernobyl?

Hofmannsthal hat immer wieder darauf hingewiesen, wie abgehoben die Literatur von der Wirklichkeit ist. Tschernobyl ist kein Erlebnis und für uns nicht sinnlich erfahrbar. Es ist eine Wolke der Angst, die sich über uns gelegt hat, man kann keinen Roman darüber schreiben. Diese Angst kommt dann in meinen Büchern auf andere Weise vor. Schreiben heißt für mich Umsetzen, mit einem Wort mehrere Dinge meinen. Aber da sind wir bei den Schwierigkeiten des modernen Schriftstellers angelangt. Das Wichtigste, was heute geschieht, geschieht im Abstrakten und entzieht sich deshalb den Möglichkeiten eines schöngeistigen Darstellens.

Abgesehen von Tschernobyl könnte man Ihnen auch vorwerfen, daß Sie unseren Alltag in Ihren Büchern ziemlich schnöde ignorieren.

Ich habe meine Bücher in der kurzen Zeit zwischen 1979 und 1987, also in acht Jahren, geschrieben, in ihnen kommt der Alltag nicht oft vor. Das kann sich möglicherweise ändern. Doch habe ich tatsächlich Schwierigkeiten damit. Traditionellerweise nimmt sich die Literatur ja nicht des Durchschnittsmenschen in seinen Alltagsstunden an, sondern der Ausnahmefälle, der Grenzsituationen, der Lebenshöhe- und -tiefpunkte. Einfach deshalb, weil hier Kräfte entwickelt werden, die man im Alltag an ihm nicht wahrnimmt. Wenn man also den Menschen zeigen will, dann den jenseits des Alltags. Diese Regel wurde nach der Jahrhundertwende von Autoren wie Joyce, Virginia Woolf etc. gebrochen. Natürlich barg das Thema Alltagswelt, in der ja die ganze Langeweile und Eintönigkeit des Lebens steckt, die Gefahr, gleichfalls langweilig und monoton zu sein, weshalb Joyce etc. den Alltag durch viele formale Erfindungen interessant zu machen suchten. Für uns liegt die Zeit der großen faszinierenden Neuerungen schon weit zurück. Eine »realistische« Alltagsdarstellung liefe auf eine Verdoppelung der Langeweile auf dem Papier hinaus. Ich bin, wie die Romantiker, für das Faszinierende, das Entsetzliche, das Interessante, ich will zeigen, wessen der Mensch in Extremfällen, angesichts von Liebe, Krankheit, Not, Schuld, Angst und des Todes fähig ist. Ich lehne es ab zuzugeben, daß der Mensch in der Alltäglichkeit aufgeht. Um das zu zeigen, müßte man einen ganz neuen Stil entwickeln, so weit bin ich noch nicht. Falls Sie mir aber vorwerfen, daß ich in meinen Büchern nicht zu »Zeitfragen« Stellung nehme – ich tue es auf meine Art ja doch –, dann würde ich sagen, daß ich das bißchen Autorität, das ich mir in engstem Kreis durch das Verfassen von belletristischen Werken erworben habe, nicht dazu mißbrauchen möchte, über Dinge mitzureden, von denen ich im Grunde nichts verstehe. Schließlich: Man ist nicht frei, dieses oder jenes zu schreiben, man wählt seine Themen nicht, sagt Flaubert.

Auffallend an Ihren Büchern ist, daß es in ihnen Figuren gibt, die an das Mitleid appellieren, aber alles andere als Identifikationsfiguren sind, daß Sie zugleich sehr bewußt gegen das Mitleid anzuschreiben scheinen.

Ich lade den Leser zum Mitgefühl ein, überlasse ihn aber nicht der Freude an seinen Tränen, sondern tue etwas dagegen, indem ich den Gegenstand, in den er sich eingefühlt hat, auch kritisiere. Ich erinnere mich an eine Vertreterin, die über »Auf dem Turm« klagte: Was soll ich den Buchhändlern überhaupt sagen, wenn in diesem Buch sogar das Kind unsympathisch ist? Beim Schreiben braucht man beides: Intellekt und Naivität. Am Anfang muß man erst einmal naiv sein, um die notwendige Entschlossenheit zum Schreiben aufzubringen. Viele Dinge, die man von sich gibt, sind ja angelesen, ein Echo auf etwas, was man früher schon einmal gehört oder gelesen hat. Vielleicht ist Schreiben überhaupt nur der Versuch, etwas wiederzufinden, was man einst gehört hat. Ich bin jedenfalls skeptisch gegenüber der reinen Erfindung, unser Kopf ist zu sehr beladen. Nur in einem anderen Kontext klingt ein Satz neu. Nicht nur die Literatur wiederholt ja ständig, sondern das Leben auch.

Was Ihre bisherigen Bücher charakterisiert, ist die völlige Absenz von Glück.

Das Thema Glück hatte seine große Zeit im 18. Jahrhundert. Aus der Zeit stammt auch die amerikanische Verfassung, in der das Glück verankert worden ist, und was ist daraus geworden? Ich zeige Menschen in Konflikten und in extremen Situationen, hier hat das Glück keinen Platz. Da geht es nicht ums Glücklichsein, sondern ums Überleben.

Paul Michael Lützeler:
Gert Hofmann: Der verstoßene Sohn.
Ein Werk-Porträt

»Die Wirklichkeit als grausiges Gerücht, das in unserer Stadt umgeht, sagt der Vater zur Mutter, als ich ihnen erzähle, was Frau Schellenbaum im Milchladen erzählt hat. Sie sagt, in unserem Rathaus gäbe es einen Keller, in dem manche Leute, *damit sie aus dem Verkehr sind*, eingesperrt und geschlagen werden. Manchmal nachts, wenn sie nicht schlafen kann, kann sie sie schreien hören. (. . .) Nun, sagt Frau Schellenbaum, vielleicht täusche ich mich, vielleicht stelle ich es mir bloß vor. So etwas Schreckliches sollte man sich nicht vorstellen, sagt Frau Übeleis, und Frau Schellenbaum sagt: Weiß Gott nicht!, und wir sagen auf Wiedersehen und gehen mit der Milch hinaus.«

Was zutage liegt, will man nicht wahrhaben, die Ohren verstopft, die Augen fest geschlossen – aus Angst, aus Gleichgültigkeit oder heimlicher Freude am Leid der Verfolgten. Während der »Friedensjahre« des Dritten Reiches funktionierte vieles perfekt: die Massensuggestion, die Aufrüstung, vor allem der individual- und massenpsychologische Verdrängungsmechanismus. Gert Hofmann hat mit »Veilchenfeld« eine Erzählung geschrieben, in der dieser Mechanismus der eigentliche, der negative, aber siegreiche Held ist. Nach dem Opfer der Handlung nennt er das Buch »Veilchenfeld«.

Hofmann rührt an ein Trauma der Deutschen, wenn er den sukzessiven Abbau menschlicher Kommunikation, die allmähliche Isolierung und zunehmende Terrorisierung eines einzelnen im nationalsozialistischen Alltag in bedrängenden Bildern und Szenen vergegenwärtigt. Er ruft nicht zu kollektiver Trauerarbeit auf; alles Pathos, alles Prophetenhaft-Geißelnde, jede Art direkter Anklage fehlt. Es ist ein auf unheimliche Weise stilles Buch, welches das moralische Vakuum, von dem es handelt, beim Lesen gerade physisch spürbar macht. Es ist aus der Sicht eines Kindes geschrieben, das alles, was es wahrnimmt, ohne Tabus und Rücksichten benennt, das selbst die Zusammenhänge nicht begreift und dem Leser Kontextbildung und Analyse überläßt. Nur scheinbar ist es eine schlichte Erzählung; die kunstvolle Komposition, die gewählte Erzählperspektive und die abgestufte Vielfalt geschilderter Verhaltensweisen bewahren Hofmann vor dem Scheitern an diesem wohl schwierigsten Thema der deutschen Gegenwartsliteratur.

Gert Hofmanns Bücher zählen zu den bekanntesten unter den literarischen Geheimtips; er ist der älteste unter den Nachwuchsautoren und der – mit Bachmann- und Döblin-Preis ausgezeichnet – erfolgreichste jener (noch) von den Medien stiefmütterlich behandelten deutschsprachigen Schriftsteller.

Bezeichnend für ihn ist der fast unmerkliche Eintritt in die erste Autorenriege der Bundesrepublik. Kein Auffallen durch Polemik bei einer Literaturtagung, keine Auftritte bei Großveranstaltungen. Die Anfänge von Hofmanns Schriftstellerkarriere liegen – wörtlich – im Unsichtbaren; er begann mit Hörspielen. So ist seine Autorenstimme zwar schon seit über zwei Jahrzehnten vernehmbar, aber die

Leser unter den Literaturkundigen wissen von ihm erst seit dem Erscheinen seiner ersten Erzählung. Das war vor acht Jahren. Seit 1979 hat er sieben Erzähl- und Romanbände vorgelegt. Gert Hofmann ist nicht nur einer der begabtesten, sondern auch einer der produktivsten Prosaisten deutscher Sprache. Über zwanzig Jahre lang (von 1961 bis 1983) lehrte er im Ausland, in England, Schottland, den USA und Jugoslawien, als einer jener braven Kulturkärrner, die der Deutsche Akademische Austauschdienst als Sprach- und Literaturlektoren in alle Welt exportiert.

Die Außenperspektive, die Trennung von der Bundesrepublik, die Erfahrung mit dem Bild von den Deutschen in verschiedenen Teilen der Welt haben seinen Blick geschärft für deutsche Idiosynkrasien, psychologische Konstellationen und Komplexe. Hofmann kehrte vor vier Jahren in die Bundesrepublik zurück. Seitdem lebt er als freier Schriftsteller in Erding bei München. Jetzt ist er ein Mittfünfziger, dessen Name in einem Atem mit dem von Thomas Bernhard, Beckett und Canetti genannt wird – Dichter, von denen Hofmann lernte und sich inzwischen emanzipierte.

Wie der die Judenverfolgung und den Holocaust betreffende Veränderungsmechanismus funktionierte, hat Hofmann bereits in seiner ersten Erzählung »Die Denunziation« (1979) gezeigt. Wilhelm, der Bruder des Erzählers, hält dort die Erinnerung daran fest, wie die Existenz des Ehepaares Silberstein in einer deutschen Kleinstadt vernichtet wurde. Schon hier beruhigt sich die Mutter des Erzählers mit Scheingründen über die Verhaftung Silbersteins, schon hier hoffen die Bürger heimlich auf einen Selbstmord. Der Erzähler wundert sich darüber, daß »jene so weit zurückliegenden und so verblaßten Ereignisse so schwer auf meinem Bruder« lasteten. »Und so lange! Ich bin da anders. Für mich heißt es: Weggelegt in das Gedächtnis der Natur!« Der Erzähler empfindet, denkt und argumentiert in den eingeschliffenen Bahnen der Verdrängung, die er in der Kindheit zu begehen lernte. Ähnliches liest man über die ehemaligen jüdischen Mitschüler Denkstein, Frisch und Ziegel im Roman »Unsere Eroberung« (1984): In der Klasse und in der Familie wird das Verschwinden der Schüler »nie erwähnt«.

Was in den bisherigen Prosaarbeiten Hofmanns Nebenmotiv war, ist in der neuesten Erzählung das zentrale Thema. Der jüdische Philosophieprofessor Veilchenfeld ist von der Universität Leipzig relegiert worden. Er zieht in eine sächsische Kleinstadt unweit von Chemnitz. Das ist im Sommer 1938. Die anfängliche Sympathie mit dem Entrechteten im Elternhaus des Erzählers kühlt rasch ab. Zu Beginn lädt man ihn zum Essen ein, aber die Kinder dürfen niemandem erzählen, daß Veilchenfeld als Gast im Haus war. Er soll auch nicht mehr gegrüßt werden, und bald schlägt Isolierung in offene Feindschaft, in Terror um. Veilchenfeld wird zusammengeschlagen, die ärztliche Betreuung wird untersagt.

Der Verstoßene und Verfolgte schließt sich in seine Wohnung ein, redet mit niemandem mehr. Er will emigrieren, aber die Behörden schikanieren ihn und verhindern seine Auswanderung, indem sie ihm die Staatsbürgerschaft aberkennen. Das aus Vereinsamung, Drangsalierung und Gewalt geknüpfte Netz wird immer enger gezogen; seine Deportation (die in der Sprachregelung des Verdrängungsmechanismus »Verlegung« heißt) ist angekündigt. Ihr entgeht Veilchenfeld durch Selbstmord, den Freitod zu nennen ein Zynismus wäre.

Die Erzählung ist aber mehr als die literarische Bewußtmachung des Verdrängungsmechanismus während der Diktatur des Dritten Reiches. Der Autor arbeitet mit Hilfe der Kinderperspektive den Unterschied zwischen der aktiven Verdrängungsarbeit der Erwachsenen und dem naiven Unbeteiligtsein der Kinder heraus. Die Erzählung handelt auch von einem dramatischen Generationenkonflikt. Hofmann zeigt, wie die Minderjährigen im Dritten Reich in eine nationale Schuldverstrickung von unfaßbaren Dimensionen gestoßen werden. In »Veilchenfeld« erzählt Hofmann nicht nur gleichnishaft die Geschichte des Holocaust, sondern auch die Parabel vom verstoßenen Sohn. Hofmann läßt sie einen sadistischen NS-Lehrer dessen Schülern beibringen, und ihr Kernsatz lautet: »Der Vater muß den Sohn abschütteln (. . .), ihm einen Stoß geben.« Die Geschichte der von den Eltern verstoßenen Kinder haben die Brüder Grimm im Märchen Hänsel und Gretel überliefert. Deren Namen tragen in »Veilchenfeld« der Erzähler und seine Schwester. Auf das Grimmsche Märchen spielt Hofmann mehrfach an, und die Parallele wird deutlich: Wie Hänsel und Gretel im Märchen den schuldigen Vater suchen und ihm vergeben, so könnte sich die Generation von »Hitler's Children« ihre Parabel vom verlorenen Vater erfinden und zum ethischen Leitbild erheben. Nur eine »Märchen«-hafte Möglichkeit? Hofmanns Erzählung ist jedenfalls beides: Gleichnis vom verstoßenen Sohn und Parabel vom verlorenen Vater.

Der Vater-Sohn-Konflikt, der in dieser jüngsten Erzählung nur verklausuliert zur Sprache kommt, ist in früheren Arbeiten Hofmanns in aller Schärfe formuliert worden. »Veilchenfeld« am nächsten steht »Die Denunziation«, die den sensiblen Bruder des ignoranten Erzählers bei der »Vaterfindung« zeigt, die seiner »Selbstfindung« vorausgeht. Die Spannung fast aller Bücher Hofmanns lebt aus fundamentalen archaisch-familiären Kämpfen. Das ganze Personal der Urkonflikte ist hier versammelt: »Große Mutter«, der »Big Brother«, der Vater als unnahbarer Gott und die Gatten im permanenten Ehekrieg. In der »Denunziation« läuft dem Problemstrang Bruder-Isolierung der Motivkomplex der Sohnbeschimpfung parallel: Der rebellierende, studentisch bewegte Sohn wird vom Vater als »Fanatiker« abqualifiziert.

Am härtesten und präzisesten ist die Vater-Sohn-Feindschaft in der Erzählung »Die Rückkehr des verlorenen Jakob Michael Reinhold Lenz nach Riga« geschildert. Diese Geschichte aus dem Band »Gespräch über Balzacs Pferd« (1981) – sprachlich ein Meisterwerk – ist eine der packendsten Novellen der deutschen Literatur. Sie zeugt von einer Schulung an Kleist, auf dessen Werk sich übrigens öfter Anspielungen in der Prosa Hofmanns finden. Ausgerechnet der von Amts wegen zur christlichen Nächstenliebe gerade verpflichtete Vater Lenz, der als Generalsuperintendent von Livland Hirte über eine ansehnliche Herde von Jesus-Gläubigen ist und der bei zahllosen Gelegenheiten väterliche Sohnesliebe am Beispiel der berühmten Jesus-Parabel gepredigt hat, ausgerechnet er verstößt seinen Sohn.

Warum Lenz eine Kultfigur der Studentengeneration der sechziger und siebziger Jahre wurde, wird eigentlich erst durch Hofmanns Novelle deutlich. Damals wurde der Generationenkonflikt zwischen den im Dritten Reich Geborenen und ihren Eltern offen ausgetragen. Literarisch zeigte sich das an den zahlreichen Vater- und Mutter-Büchern (Bernward Vesper, Peter Henisch, Elisabeth Plessen, Roland Lang, Barbara Bronnen, Christoph Meckel, Brigitte Schwaiger, Jutta Schutting).

Hofmann hat auch das Zeug zu einem Komödiendichter. In seiner Novelle »Casanova und die Figurantin« (aus dem Band

»Gespräch über Balzacs Pferd«) gewinnt er dem Thema des Mutter-Sohn-Hasses komische Seiten ab. Der alternde Casanova stellt einer Dame nach, die sich als seine Mutter entpuppt, und sie liest als steinerner Gast mit wächsernem Herzen dem verkommenen Sohn, dem »größten Ferkel Europas«, die Leviten. Die Dialogstruktur der Novelle legt eine Bearbeitung für das Theater nahe.

»Auf dem Turm« (1982) ist der gewichtigste Roman, den Hofmann bisher vorgelegt hat, und er ist es, der seinen internationalen Ruf als Romancier begründet hat. Das Ehepaar, das es auf einer Ferienreise in ein sterbendes Dorf der *»zona morta«* Siziliens verschlagen hat, zermürbt sich durch Demütigungen und Beleidigungen. Ein eher harmloses Boulevardstück ist Edward Albees Stück »Who's afraid of Virginia Woolf« von 1962 gegen Hofmanns Roman, der sich allerdings nicht auf die Vorführung eines Ehekrieges beschränkt.

Eine Prosaarbeit ohne archaisch-familiäre Konflikte ist der Roman »Unsere Eroberung« (1984), und vielleicht deswegen ist es das langweiligste, zähflüssigste Buch geworden, ohne Kontur und Zentrum, das der Autor veröffentlicht hat. Die fehlende Spannung wird auch nicht durch das neuartige Experiment aufgewogen, einen Wir-Erzähler einzuführen. Kinder erleben den 8. Mai 1945, das Ende des Dritten Reiches, »ihre« Eroberung durch die Amerikaner. Das Minimum an Handlung und geschildertem Erleben, das höchstens für die Bündelung einer kurzen Erzählung reicht, wird auf Romanlänge gestreckt.

In seiner Erzählung »Der Blindensturz« (1985) hat Hofmann nochmals einen Wir-Erzähler gewählt, aber diesmal mit größerer ästhetischer Berechtigung. Zum »Blindensturz« hat er sich inspirieren lassen durch das 1568 entstandene gleichnamige Bild Pieter Bruegels. Der hatte hier das aus dem Matthäus-Evangelium bekannte Gleichnis vom Blinden gestaltet, der den anderen Blinden leitet – auf daß beide in die Grube fallen. Hofmanns Blinde – auch sie verstoßene Söhne – haben kaum noch Teil an der menschlichen Gemeinschaft, müssen zum Leben erst erweckt werden, irren und torkeln sinn- und orientierungslos, vergessen und verlassen durch die Landschaft, drehen sich im Kreis oder treten auf der Stelle, ohne es zu merken. Im »Blindensturz« hat Hofmann sich – wie in »Unsere Eroberung« – aus der Verkettung in die Problematik familialer Urkonflikte gelöst. Aber anders als in dem Roman von 1984 liegt hier eine Parabel vor, in der die produktive Skepsis einer Generation zum Ausdruck kommt, die vor potentiell globalen Katastrophen steht.

»Von den Massenmedien der Aufgabe enthoben, zu informieren und zu zerstreuen, an Kühnheit von den Erfindungen der Technik und an Phantasie von der Wirklichkeit übertroffen, durch die Wissenschaften der Pflicht enthoben, die Gesellschaft zu analysieren, in Konkurrenz mit Reportagen, Bekenntnissen, Tatsachenberichten, von den Lesern selbst verlassen . . .« – so lautet die kritische Diagnose über die Aussichten des Romans in »Unsere Vergeßlichkeit« (1987) von Gert Hofmann. Die Reflexion auf das eigene Medium ist eine Tendenz, die sich im Roman schon seit der Romantik beobachten läßt, und sie ist hier geradezu unüberbietbar radikalisiert: Hofmanns neuer Roman ist vor allem ein Dokument literarischer Selbstreflexion; ist romanhafte Kritik am Roman; ist Roman des Romans – eine Art Meta-Roman. Wie macht man das: einen Roman zu schreiben, der gleichzeitig mehr und auch weniger als ein Roman ist? Ein Ich-Erzähler wird konstruiert, der nicht einen Roman erzählt, sondern – auf melancholisch-ironische Weise – über einen Roman berichtet. Über die äußere (grotesk-komische) Handlung des Buches ist rasch berichtet: Der Held bzw. Unheld ist ein Masseur, der seine Praxis vernachlässigt und sich immer mehr aufs Schreiben verlegt. Zufällig trifft er den alten Schulfreund Quatember, einen Verlagslektor. Das erste Viertel des Buches schildert die Schwierigkeiten des Masseur-Schriftstellers bei seinen wirklichen und imaginierten Gesprächen mit dem Lektor. Quatember will Rechtfertigung, Gründe, Absichten des Romans formuliert bekommen, doch damit kann der Erzähler nicht aufwarten. »Ich kann mich nicht erinnern«, meint er, »daß ich beim Schreiben irgendwelche Absichten, Botschaften, Philosophien hineingesteckt hätte, die man nun herausziehen könnte.« Wie ein Echo der negativen Ästhetik Hermann Brochs klingen Eingeständnisse wie jene: »Überhaupt ist so ein Roman, besonders in dieser Zeit, ja eine Narretei. Und jetzt mußt du diese Narretei noch nach Gründen und Hintergründen untersuchen.«

In der Stadt F. erkundigt sich der Held (das Manuskript des Romans »Unsere Vergeßlichkeit« in der Tasche) nach dem Weg zum

Verlag. Jetzt wird die Szene vollends surreal: Der folgende Haupt-teil des Buches handelt vom Gespräch zwischen dem älteren Passan-ten Reisser, der nach dem Weg gefragt wurde, und dem Erzähler. Dabei erfährt der Leser einerseits etwas über den Inhalt des Roman-Manuskripts, und andererseits lernt er in Reisser die einzige Figur des Buches kennen, die kein Opfer der allgemein verbreiteten Vergeßlichkeits-Infektion geworden ist. Der Roman im Roman handelt von Fuhlrott, dem Angestellten in der Werbeabteilung eines Warenhauses. Fuhlrott heiratet, zeugt einen Sohn und läßt sich scheiden. Interessanter als dieser Nukleus-Roman, der sich wie die Parodie auf einen Trivialroman liest, ist die Rahmenhandlung. In den Gesprächen zwischen Reisser und dem Erzähler konturiert sich so etwas wie die Ästhetik des postmodernen Romans. »Erinnerung« war bisher als eine der vornehmsten Aufgaben des modernen Romans betrachtet worden. George Steiner sprach im Hinblick auf diese Funktion einmal vom »Writer as Remembrencer« (vom Dich-ter als Erinnerer). Bei Gert Hofmann aber geht es um das Gegenteil von Erinnerung: um Vergessen und Vergeßlichkeit. Fuhlrott ist ein Mensch, der alles vergißt und infolgedessen immer weniger wahr-nimmt, immer wirklichkeitsfremder wird. Nur Reisser hat die Vergangenheit, die Nazi-Zeit und den Krieg mit all den Opfern nicht vergessen. Ohne Erinnern kein Roman. Über das Vergessen – das demonstriert Hofmann mit der komplizierten Konstruktion dieses Un-Romans – läßt sich kein Roman schreiben. Im Medium des Romans läß sich höchstens ›unsere Vergeßlichkeit‹ reflektierend vergegenwärtigen. Die Krise des Erinnerns zieht auch die Krise des Romans nach sich.

Auch diesmal ist ein veritabler Vater-Sohn-Konflikt eingebaut. Der Vater des Erzählers macht dem dichtenden Sohn klar, daß er andere Probleme und Sorgen habe als jene, die in seinem »Vergeß-lichkeits«-Roman ausgebreitet werden, und er rät ihm, lieber an der Erweiterung seiner Masseur-Praxis zu arbeiten, statt seine Kraft in ein Schriftsteller-Projekt zu investieren, das ohnehin scheitern werde. Daß der Vater ein typischer ›Vergesser‹ und ›Verdränger‹ ist (seine Lieblingslektüre sind die Todesanzeigen in der Zeitung), versteht sich für den Hofmann-Kenner fast von selbst.

Dies ist kein Feierabend-Buch, keine Ferienlektüre. Der Sinn des Buches will erarbeitet sein wie Erinnerung selbst, verlangt eine intellektuelle Anstrengung vergleichbar jener, mit der man sich gegen das Vergessen geschichtlicher Erfahrung wehrt. »Vielleicht«, so meint der Lektor Quatember im Buch, »vielleicht hast du den Roman unserer Zeit geschrieben, der so dringend nötig ist und den alle von dir erwarten.« Die Antwort des Erzählers lautet: »Ich hatte die ganze Zeit den Eindruck, daß niemand auf ihn warte und er, weil keiner mehr liest, ganz überflüssig sei.« – »Unsere Vergeßlichkeit« ist mit ihrer komplizierten Konstruktion zu wenig ›eingängig‹ geschrieben, um »der Roman unserer Zeit« werden zu können; überflüssig aber ist das Buch mit der Erinnerung an Vergessenes und an das Vergessenwollen keineswegs. Gert Hofmann, einer der begabtesten deutschsprachigen Romanciers der achtziger Jahre, hat nach *Auf dem Turm*, *Der Blindensturz* und *Veilchenfeld* erneut ein hintergründiges und originelles Buch geschrieben. Man darf gespannt sein, wie er nach dieser romanhaften Selbstreflexion, nach dieser Kritik des Romans im Roman weiterschreiben wird.

II

Leonore Schwartz:
Erinnern und Vergessen.
Der Erzähler Gert Hofmann und
die deutsche Melancholie

Der Schriftsteller Gert Hofmann – Jahrgang 1932 – ist ein Spätgeborener. Ganz sicher einer, der von der plump akzentuierten »Gnade« eines solchen Zustands nichts zu profitieren hat. In unserer Epoche der flott etikettierten und allseits akzeptierten »post-histoire« geschehen ja die seltsamsten Dinge, ohne großes Aufsehen zu erregen: Vor unser aller Augen werden Ereignisse, für die es (noch) verläßliche Zeugen gibt, aus dem Bereich des individuellen Erlebens in die Festlegung der historischen Deutung überführt. Es darf darüber diskutiert werden, doch die Diskussion findet auf einer Ebene statt, auf der eine Abstraktion die andere aufhebt. Daß die Funktionen des Gedächtnisses nur teilweise der Kontrolle des Bewußtseins unterliegen, fällt in solchen Debatten nicht ins Gewicht. Ist die Moral der einzige Hüter des Gedächtnisses? Kann man andererseits Vergessen legitimieren? In jedem Gehirn gibt es Zonen, in denen erlebte oder vermittelte Bilder bereitliegen, die sich nicht einfach durch Versiegeln bannen lassen. Eines ist jedenfalls festzustellen: Je eindeutiger sich die Gegenwart von der Vergangenheit trennt, um so deutlicher treten Züge einer neurotischen Unlust hervor, sich als Teil der Gesellschaft überhaupt noch ernst zu nehmen. Da helfen weder Politiker noch Gurus – der Grund, auf dem wir stehen, schwankt wie eh und je in den letzten vierzig Jahren.

Eine andere Sache ist: das Schwanken wahrzunehmen. In der Rollenverteilung der Gegenwart fällt dieser Part vorwiegend Festrednern zu, doch auch Schriftstellern, die dazu delegiert scheinen, unsere Dämonen wach zu halten. In der Kunst wird das Leiden jedoch stellvertretende Qual, sie evoziert die Schrecken, lindert sie aber auch zugleich, indem sie sie erhellt und ihnen die Zwänge austreibt. »In der Kunst«, schreibt die amerikanische Essayistin Susan Sontag, »ist der Inhalt gleichsam das Lockmittel, durch das unser Bewußtsein in vorwiegend formale Prozesse hineingezogen wird.« Kunst, indem sie ihre eigenen Zwänge sichtbar macht, verhindert eine vorschnelle, fahle und schwache Identifikation. Kunst ist kein Ventil zur unschädlichen Abfuhr störender Affekte, kein sozialpsychologischer Reinigungsmechanismus. Sie ist, im günstigsten Fall, verstörend und verwirrend, ihre Wahrheit ist erkennbar nur in der Form.

Gert Hofmann ist ein solcher Verwirrtechniker par excellence. Der perfekte Bau seiner Szenen, das nie aus dem Rhythmus fallende Stakkato seiner Prosa, die lakonisch vorgebrachten Pointen und der souveräne Umgang mit seinem jeweiligen Material – das alles weckt Einverständnis, Bewunderung, bisweilen Begeisterung beim Leser, ohne daß durch solche technische Brillanz von der melancholisch-stoischen Grundstimmung seiner Bücher abgelenkt würde. Hofmann schreibt über Menschen in den extremsten Lagen, über Vereinsamte und Ausgestoßene, Psychopathen und Hinfällige, und er tut es keineswegs ohne Einfühlung und Anteilnahme, aber er verweigert die Erlösung, die Lossprechung vom Übel. »Die Verfassung der Welt und der Menschen«, so betont er häufig und unüberhörbar, ist durch keine Reproduktions- und Erkenntnisanstrengung zu begreifen. Erinnern und Vergessen, die beiden Mechanismen, die letztlich den Inhalt unserer Köpfe bestimmen, sind für Hofmann Schicksalswerkzeuge, doch wie und durch wen diese Hebel bewegt werden, das bleibt Geheimnis, nüchterner gesagt: ein unauflösliches Rätsel.

Schon in seiner ersten Prosaarbeit, der Novelle »Die Denunziation« (1979), hat Hofmann zwei Brüder dargestellt, von denen der eine durch seine Erinnerung zugrunde gerichtet, der andere von seiner Vergeßlichkeit eingeholt wird. Es geht dabei um Vorgänge während der Nazizeit, welche die Brüder als Kinder miterlebt haben. Während der eine außer Landes gegangen ist und, unfähig zur Verdrängung, von seinen Erinnerungen bis zum Wahnsinn gejagt wird, hat sich der andere in einer bürgerlichen Existenz eingerichtet, die sich als gänzlich brüchig erweist. Am Ende der Erzählung hört der herzkranke Rechtsanwalt Hecht, der sich die Welt als eine »gewaltige Maschine« vorstellt, »deren Räder sich zu einem uns unbekannten Zweck und in einem von uns undurchschaubaren Rhythmus bewegen«, das Rauschen eines unterirdischen Stroms, das er zunächst für eine »Organstörung von innen« hält, dann aber visionär als »das Weltende, das ja von uns allen insgeheim erwartet, wenn nicht herbeigesehnt wird«, wahrnimmt. Die Sehnsucht nach dem Weltuntergang ist die Konsequenz einer

Haltung, die sich scheut, der Verfassung der Welt und der Menschen offenen Auges zu begegnen. Doch auch der, und gerade der, dessen Gedächtnis keine blinden Stellen aufweist, der sich bewahrt und ausspricht, in welch verzweifelter Verfassung er Welt und Menschen sieht, ist dem Untergang verfallen.

Die Verstrickung des Menschen in seine Lage, sein Verirrtsein im Räderwerk der Welt, ist Hofmanns unablässiges Thema geblieben. Wir haben es hier allerdings nicht mit einem Autor zu tun, der moralisierend auf Zustände hinweist, deren Besserung oder Veränderung er für möglich hält. Zum leidenden Fatalismus seiner Figuren hält er den Abstand, den ein keineswegs allwissender, aber scharf und nüchtern blickender Erzähler sich zugesteht. Sachlichkeit und Pathos mischen sich in der lückenlosen Dramaturgie seiner gleichnishaften Romane und Erzählungen – der Leser wird immer wieder ausgesetzt im Schnittpunkt der Spannungen, an Kreuzungspunkten von Fiktion und Wirklichkeit, ohne daß ein Kommentar ihm weiterhilft. In den konkret und anschaulich aufgezeigten Verhältnissen verbergen sich Signale und Zeichen – mehr nicht. Hofmanns Prinzip, wenn man es so nennen darf, ist es, keine Plädoyers zu halten, ein, gemessen am Gewicht seiner Thematik, durchaus ungewöhnliches Verfahren.

Daß die am dichtesten und eindruckvollsten gelungenen seiner bisherigen Werke diejenigen sind, die sich mit der jüngeren deutschen Vergangenheit befassen, liegt gewiß nicht nur daran, daß der Autor seine eigenen Erinnerungen an die Zeit, die er als Kind erlebte, als Zeugnis besitzt. Wie in »Die Denunziation« wird auch in der Erzählung »Veilchenfeld« (1986) die Demütigung und Verfolgung jüdischer Bürger dargestellt. Aus Gesprächen, Gerüchten und Berichten, in »Veilchenfeld« intensiviert dadurch, daß ein Kind sie wahrnimmt, dessen Bewußtsein noch ungeübt im Ausweichen, Beschönigen und Zurechtbiegen ist, entsteht das Psychogramm einer Kleinstadt, in der mit öffentlicher Anheizung und Genehmigung die Hölle losbricht. Nicht nur die Spur von Haß, Terror und Selbsttäuschung verfolgt Hofmann hier, er sucht auch ihre Motive, ihre Wurzeln auf: soziale Verflechtungen, Neid, Dumpfheit, persönliche Not. In »Die Denunziation« greifen die Folgen der Vergangenheit tief in die Gegenwart ein, in »Veilchenfeld« beläßt es Hofmann bei der Beglaubigung des Geschehenen, leistet aber mit den Mitteln der Literatur, was die Zielsetzungen der Geschichtsschreibung nicht erfüllen können. Er zwingt zur existentiellen Teilnahme – was sein kindlicher Erzähler in einem »beängstigenden Land« (Thomas Mann) beobachtet, wird, so deutet sich auf beklemmende Weise an, noch für die Angst von Generationen in diesem Land fruchtbar sein.

Indes sind Hofmanns Prosaarbeiten, wie gesagt, keine Lehrstükke, die in historischen Konstellationen besonders augenfälliges Demonstrationsmaterial gefunden haben. Nicht nur die »unerhörte Begebenheit« gibt Anlaß zu dem apokalyptischen Pessimismus, der seine Weltsicht grundiert. Es ist unübersehbar, daß die Trauer einer Welt ohne metaphysische Perspektiven gilt, in der auch Aufklärung mit dem Ziel utopischer Hoffnungen nur ein Vorstoß ins Leere ist. Hofmanns Erzählpersonal teilt sich nicht in Täter und Opfer, es erscheint insgesamt unter den Vorzeichen des Verworfenseins, den Figuren Kafkas und Becketts näher als denen Brechts und seiner Nachfolger. Und der Künstler, der diese Welt vermittelt? In Hofmanns Werken erscheinen immer wieder Künstler mit all ihren Leiden und Widersprüchen – in den Novellen des Bands »Balzacs Pferd« treten sie als Scheiternde oder bereits Zerbrochene auf; eine Variante von eisiger Folgerichtigkeit ist der Kustode in dem Roman »Auf dem Turm«, ein dämonischer Unterhaltungskünstler, der mit dem Tod eines Kindes Touristenwerbung betreibt, und mit ironisch gespiegelter philosophischer Weltläufigkeit äußert sich der berühmte Maler in der Erzählung »Der Blindensturz« zum Elend der Kreatur und der Aufgabe der Kunst.

Daß Kunst zunächst einmal den Künstler beschäftigt, daß es bei ihr nicht um die Wiedergabe des Lebens, sondern um das Wie, also um Form und Gestaltung geht und daß auch dieser Prozeß sich nicht geheim, sondern vor einem zwar unsichtbaren, doch stets gegenwärtigen Publikum abspielt, daß also Welt und Künstler zwar im Gegensatz zueinander, jedoch auch in einer unauflöslichen Beziehung zueinander stehen – das hat Gert Hofmann in seinem jüngsten Roman »Unsere Vergeßlichkeit« zu einem imponierenden Gedankengebäude gefügt, dessen Schlüssigkeit allein genügte, um den Leser bei der Stange zu halten, wären da nicht noch andere Vorzüge, bekannte und neue, welche die Lektüre zu einem nachhaltigen Erlebnis machen. Die Vermessung der Welt im Kopf geht hier um einige Grade abstrakter vor sich, als wir es sonst bei einem Erzähler gewohnt sind, aber immer noch konkret genug, um die Mischung aus Komik und Entsetzen, die dem Roman als Treibstoff dient, nicht in verzwickter Logik verpuffen zu lassen. Die beiden monologisierenden Helden – der Ich-Erzähler, der gegen das Vergessen, und sein Zufallspartner, der gegen die Erinnerung ankämpfen muß – sie sind, wenn es auch passagenweise so aussieht, nicht als Bauchredner in eine raffinierte Montage eingebaut, um die Ansichten des Autors zu verkünden. Sie sind, so stellt sich bald heraus, wahr genug, um für sich zu bestehen, zumindest im Konjunktiv der bedrohlichen Möglichkeit.

Dem Beruf des Schriftstellers, seinem eigenen, hat Gert Hofmann in »Unsere Vergeßlichkeit« eine abgründige Studie gewidmet. Schriftsteller haben schon immer gern über Schriftsteller geschrieben – die Zweifel und Vorbehalte, die sie selbst gegenüber der Fixierung der Welt in der Sprache empfinden, vor dem Leser auszubreiten, sich einmal vor Publikum der ganzen Misere zu vergewissern, die ihr tägliches Brot ausmacht, ist eine Genugtuung, die sich die wenigsten Schreibenden versagen. Mit grimmiger Ironie geht Hofmann an die Entmythologisierung des Künstlerlebens, tief taucht er ein in die triste Materie der aller Wärme und Direktheit beraubten, allein vom Formulierungszwang regierten Existenz.

Sein namenloser Held, ein Masseur mit einer dürftigen Privatpraxis, ist, weil ihm das Leben abhanden kam, dem Schreiben verfallen. Frau und Kind sind auf und davon, ein starrsinniger alter Vater tut am Telefon sein Bestes, dem Sohn die Schreibbemühungen auszureden, sie, behauptet er, gingen »in die falsche Richtung«. Freilich glaubt auch der Masseur nicht an den großen Auftrag, er hat der Welt nichts Entscheidendes mitzuteilen. Er haust in einer engen Wohnung, in »dunklen und schlauchartigen Räumen«, die er selten verläßt. Außer dem Kontakt mit den wenigen »Krüppelchen«, die sich noch seiner Behandlung überantworten, hat er so gut wie alle Verbindungen zur Außenwelt abgebrochen. Das Schreiben hat allmählich jede andere Regung, jedes vitale Bedürfnis verdrängt, er hat sich, wie man sagt, darin eingerichtet, durchaus im wörtlichen Sinn (»Ich schreibe auf den Knien, auf dem Fensterbrett, auf dem Fußboden.«), doch läßt er auch einen bürgerlichen Ekel vor der Besessenheit erkennen, »meine armselige und von keinem erwünschte Existenz mit Hilfe von Bleistiftstummeln schriftstellerisch zu fixieren«. Sein Romanheld, dem er den dumpf klingenden Namen Fuhlrott gegeben hat, ist sein Doppelgänger in jenem Vorleben, das er zwar aufzuzeichnen, aber nicht zu reflektieren weiß. Allerdings ein Alter ego, das noch tiefer im Loch sitzt: Ihm ist die Kompensation des Schreibens versagt.

Vom Schaffensrausch ist nicht die Rede, auch nicht vom erhabenen Aufenthalt in anderen Welten – Hofmanns Schriftsteller ist dennoch, freilich ohne dessen reizvolles Dekadenzparfum zu verströmen, ein später Bruder des Thomas Mannschen Tonio Kröger, dazu verurteilt, ins »Innere der Welt« zu blicken und, in Thomas Manns Formulierung, dort nichts anderes zu entdecken als »Komik und Elend«. Obwohl er nichts so sehr begehrt, wie seine gleichgültige Masseurexistenz mit einer auch äußerlich anerkannten Schriftstellerexistenz zu vertauschen, hegt er tiefe Zweifel, weniger an seinen Fähigkeiten als vielmehr an dem Handwerk, das auszuüben er sich, ohne zu wissen, in wessen Auftrag, gezwungen sieht: »Immer von neuem überwältigt von der Unzulänglichkeit der Phantasie, der Verlogenheit der Sprache, dem faulen Zauber jedes einzelnen Satzes, des soeben hingeschriebenen beispielsweise. Was ist Schreiben? Übersehen einerseits, andererseits übertreiben. Dann der Ansichten- und Perspektivenwechsel, das Hoch und das Niedrig, das Schreien und Raunen, alles nötig zur Fesselung des Publikums, der Vorspiegelung von Tatsachen, die falsch sind.« Ein Einwand, der jedoch im Ganzen nicht allzu schwer wiegt: Für einen Amateur bewegt sich dieser Schreibende doch zu sicher im Bereich von Erfahrungen, die sein Erfinder über längere Zeiträume hinweg gesammelt hat.

Wenn der Schriftsteller gegen Ende des Romans mit erheblichem Pathos ausruft: »Warum wird in einer abgeschlossenen und längst zu Ende gedachten, wenn auch unbegriffenen, übrigens unaufhaltsam ihrer Auflösung zuschießenden Welt so ein Roman überhaupt noch geschrieben?«, so beleuchtet dieser Weltschmerz, mehr als den Zeitgeist, das alte persönliche Drama des Künstlers, der, wie es in Hofmanns Roman »Die Fistelstimme« (1980) einmal heißt, »hinter den Dingen her(schreibt), um sie einzuholen«.

Jedenfalls sieht sich der Masseur, der ursprünglich nichts anderes im Sinn hatte, als »dem Unbewußtwerden unseres Lebens entgegenzuwirken«, alsbald in ganz andere, nämlich in Formprobleme verstrickt, die sich ihm wesentlicher aufdrängen als das Stück fragwürdiger Realität, das er festzuhalten trachtet. Der Zufall – alles ist Zufall und zugleich unerläßlicher Bestandteil in diesem in einer stählernen Konstruktion steckenden Buch – führt ihm einen Lektor zu, seinen Jugendfreund Quatember, die gelungene Karikatur eines Kulturaktivisten, der mit Manuskripten umgeht wie mit Schlag- oder Stichwaffen. Quatember zeigt sich bereit, den endlich abge-schlossenen Roman – daß er »Unsere Vergeßlichkeit« heißt und, wie das vorliegende Buch, 301 Seiten umfaßt, wird schon auf der ersten Seite mitgeteilt – für eine Veröffentlichung zu prüfen. »Mehr Wirklichkeit!« und »Mehr Wahrnehmung!« fordert Quatember kategorisch von einem Buch, in das er noch keinen Blick geworfen hat. »Keine Phantasie!« ruft Hofmanns Schriftsteller verzweifelt, an Montaigne erinnernd, der von sich sagte, er habe aus Stoffmangel über sich selbst geschrieben. Nun wissen wir, daß Gert Hofmann kein Autor ist, dem es an Material, an Einfällen oder an Lebens-kenntnis fehlt. Aber es ist weniger das diffuse Lebensgewebe an sich, aus dem er seine poetischen Räume bildet, als eine Vorstellung von den Möglichkeiten des Menschen, die er abgewandelt immer wieder der darstellenden Analyse unterzieht. Ein Buch über ein Buch zu schreiben, einen Roman im Roman zu erzählen – das wäre ein Programm für einen Literaturbesessenen, ein Kopfabenteuer, mit intellektueller Bravour zu bestehen. Aber Hofmann hat es wie immer auf etwas anderes abgesehen – er will den alltäglichsten Lebensstoff in Literatur verwandeln, das Unscheinbare und das Überwältigende, den Untergang einer kleinen privaten Welt und den düsteren Überhang der Geschichte.

Hofmanns Arsenal stilistischer und dramaturgischer Kunstgriffe scheint unerschöpflich – Rhetorik und Rückblende, Naivität und spekulative Einschübe, Zitat und Anspielung fächert er auf, um das ganze vielschichtige Kompositionsverfahren dem irrlichternden Glanz des Absurden auszusetzen. Auf dem Weg zum Lektor begegnet der mit der Vergeßlichkeit befaßte Schriftsteller einem Mann namens Reisser oder Reizer – sein Name bleibt so unbestimmt wie seine Erscheinung, die sich ständig zu verändern scheint. Reisser ist eine Ruine des Erinnerns, bröckelnd, zerfallend, von ansteckendem Mitteilungsdrang. Die beiden wandern durch die von Hitze gelähmte Großstadt und reden aufeinander ein, monoman der eine wie der andere. Mit der komischen Energie von Weltfremden, denen jede Spur der Wirklichkeitsteilhabe, wie sie sich im Zeitunglesen, Herumreisen, Mitreden kenntlich macht, längst verlorengegangen ist, packen sie den Inhalt ihrer Köpfe aus, wobei der Schriftsteller nichts anderes als seinen Roman zum Vorschein bringt. Er soll ihn vor dem Lektor erklären und rechtfertigen, eine Idee, die ihn in Panik versetzt, »denn ich kann mich nicht erinnern, daß ich beim Schreiben irgendwelche Ansichten, Botschaften, Philosophien hineingesteckt hätte, die man nun herausziehen könnte«. Einmal fällt ihm das Stichwort »Schuld« ein, wie ein fernes Echo aus Kafkas »Prozeß«, in dem der Angeklagte K. vom Gericht sagt: »Zum Schluß aber zieht es von irgendwoher, wo ursprünglich gar nichts gewesen ist, eine große Schuld hervor.«

Ursprünglich war tatsächlich nicht mehr als ein einprägsamer Romananfang: Fuhlrott sitzt mit dem Staubbesen in der Hand und kann sich beim besten Willen nicht mehr darauf besinnen, ob er sein Sofa, wie er es vorhatte, nun abgestaubt hat oder nicht – ist er nicht der vollkommene Repräsentant der Vergeblichkeit, des geduckten, verscheuchten Lebens »am Rande der Weltgeschichte«, dessen Bewußtsein die eigene Bedeutungslosigkeit nicht einmal spiegelt? Ein verbummelter Student, der in einem Kaufhaus Arbeit gefunden hat, den man übersieht und herumstößt, dessen Name permanent falsch geschrieben wird. Da sitzt er und wird von einer Erkenntnis heimgesucht, die ihn mit metaphysischem Schrecken erfüllt – ein »Vergessensloch« hat sich neben ihm aufgetan, in dem er selbst mitsamt seinem kleinen Elend, das das Elend von vielen ist, zu verschwinden droht. In dem winzigen Ereignis, einer Zerstreutheit, wie sie jedem widerfährt, verbirgt sich der Verlust jeder Sicherheit im Hier und Jetzt. Ein banales Dilemma wird umfunktioniert zum zeitgenössischen Symbol, zum düster-komischen Memento mori.

Hofmann entwickelt aus diesem signalhaften Anfang eine Geschichte von provozierender Einfachheit, in der vieles von dem vorkommt, was die alten Inhalte von Literatur, als sie sich noch als episches Abbild des Lebens verstand, ausmachte: Innigkeit und Nähe, Verdacht und Verrat, schließlich Verlust und Einsamkeit. Fuhlrott heiratet – sein Motiv zu diesem Schritt seziert bereits die Vergeblichkeit eines solchen Unterfangens: Kein stürmischer Drang zwingt ihn, seine bisherige isolierte Lebensform zu verändern, sondern ein zaghaftes Kalkül: Er wünscht sich einen »Mitmenschen«, der seine angsterregende Vergeßlichkeit auffangen, der ihn vor dem Vergessensloch retten soll. Auch ein Sohn wird gezeugt, zur Unterstützung der Glücksfassade, und eine Zeitlang sieht es so aus, als sei das Gewebe schlichter, trivialer Genügsamkeit tragfähig genug, die Furcht zu bannen.

Warum erzählen? Hofmanns Schriftsteller beharrt darauf, daß nur der Bericht Gültigkeit habe, daß keine Welt hinter der Welt sichtbar zu machen sei. »Dahinter ist alles leer.« Doch auch der Bericht kann täuschen und fälschen, er unterliegt den Gesetzen der Wahrnehmung, die auswählt und verwirft – der einfachste Satz, das anschaulichste Bild bekennen nichts als ihre trügerische Subjektivität, sie sind nur als Kunstgebilde wahr.

Der Schriftsteller erzählt, und in seine Erzählung mischt sich mit der Stimme Reissers eine Wirklichkeit ein, die im Kopf dieses Mannes sozusagen ihr Denkmal errichtet hat, ein einsames Monument des Erinnerns, für niemanden mehr sichtbar und auch von ihm nicht mehr sichtbar zu machen. Wie ein Fremdenführer geleitet er den Fremden durch die Stadt, nennt Straßennamen und schlägt Umwege vor, spricht von seiner Gewohnheit, diese Straßen täglich zu durchqueren, in einem scheinbar sinnlosen Hin und Her. Ein Kranker? Gewiß, aber seine Krankheit sind Kriegserlebnisse, furchtbare Einzelheiten, die er als Kind mit angesehen hat, die sich in diesen jetzt sauberen, modernen Straßen abgespielt haben, und die ihn auch heute noch dazu bewegen, das Vorhandensein dieses Neuen, das er unentwegt mit seinen Gängen ausmißt, zu leugnen.

Ein Ballett der retardierenden Schritte führt Hofmann uns vor. Seine beiden Gesprächspartner reden ins Dunkel, lauschen sich selbst, finden nicht zur Verständigung. Unter den Szenen aus Fuhlrotts Ehe eine der schönsten und eindringlichsten: Seine junge Frau Elisabeth steht am Küchenfenster und singt. Fuhlrott hört ihr mit einfältigem Entzücken zu, er träumt sogar davon, ihre Stimme ausbilden zu lassen, sie auf dem Konzertpodium zu sehen. Ein böser Sarkasmus freilich, daß Fuhlrott in seiner Freude an diesem Gesang beinah die Angst vor dem Vergessen und Vergessenwerden vergißt. Denn Elisabeths Gesang ist nicht an ihn gerichtet, er ist reiner Ausdruck ohne Mitteilung.

Frauen in den Werken Gert Hofmanns bewohnen gleichsam ein anderes Land als die Männer. Sie handeln, wenn überhaupt, intuitiv, und ihre Einsicht gilt nicht der Verfassung der Welt, sie spüren oder ahnen nur die Destruktivität eines von Männern geprägten Weltbilds. Sie besitzen keine eigene Sprache, ihre ureigene Artikulation ist der Schrei oder der Gesang, das beschwörende Raunen oder der orakelhafte Spruch, aus archaischen Bereichen kommend, unzugänglich und unergiebig für die spekulativen Bemühungen des männlichen Geists. Diese Frauen sind jedoch kein Gegenbild, ihr Anderssein bewirkt nichts, ihre Fähigkeit zu kommunizieren ist, sollte das möglich sein, noch geringer als die der Männer. Immerhin können sie verstummen, während die Männer in unermüdlicher Beredsamkeit weiter klagen, räsonieren, rationalisieren.

Was hat das Scheitern von Fuhlrotts Ehe, sein Betrogen- und Verlassenwerden mit der kreisenden Vergangenheit in Reissers Kopf zu tun? Es könnte so scheinen, als sei hier gewaltsam ein Zusammenhang hergestellt worden, künstlich konstruiert oder im Spiel von Figur und Gegenfigur zur Herstellung der notwendigen Spannung erfunden. Aber leben wir nicht alle in diesen Zusammenhängen? Ist die Welt, durch die wir uns täglich bewegen, die sich uns nützlich und schwierig, fordernd oder entmutigend darbietet, nicht immer auch eine, auf der die Schatten des Gewesenen lasten, in der, wie Reisser sagt, »die Toten nicht hochgeholt« worden sind? Versucht wird in diesem Roman, erzählend einen Widerspruch aufzudecken, der sich nicht auflösen läßt – der einzelne, auch der farbloseste Jedermann, tritt mit der Erwartung an, sein Leben selbst zu gestalten und ist doch von Anfang an gefangen in den Umständen und Zuständen, die er vorfindet. Fuhlrott in seiner unbeweglichen Ich-Befangenheit verschließt sich vor der Welt, die, wie er glaubt, mit ihm nichts zu tun hat. Für Reisser ist die Welt verschlossen, mit seinen Kindheitserinnerungen ist sein Leben stehengeblieben wie eine beschädigte Uhr. Und der Schriftsteller? Die Kunst ist keine Zuflucht, kein märchenhaftes Versteck, in dem die Phantasie eine Freiheit gewährt, die draußen nicht zu finden ist. Sie hat, für den, der sie ausübt wie für den, der sie rezipiert, nur »verundeutlichte Sinnvermutungen« anzubieten.

In diesem von der ruhigen Verzweiflung handelnden Buch herrscht eine schwebende Heiterkeit, die dem Stoff seine Schwere nimmt, den Protagonisten ihre Würde beläßt. »Das öffentliche Unglück«, sagt Reisser, »grüßt das private Malheur, beide leiden sie.« Zynismus? Nein: sie leiden.

Nach neun Prosaveröffentlichungen, neben zahlreichen Hörspielen und Theaterstücken, wird deutlich, daß Hofmanns Themen, Figuren und Örtlichkeiten eine Art geschlossenen Kosmos bilden, mit deutlich markierten Grenzbereichen und unverwechselbaren Positionen. Wenn Gert Hofmann von »uns« spricht – und er hält diesen Plural ja in einigen Büchern von Anfang bis Ende durch –, so wird damit nicht nur eine bestimmte Gruppe oder Gemeinschaft gekennzeichnet. »Wir« – das meint eine spezifische Welterfahrung, die in diesem Jahrhundert und in diesem Land gemacht wurde. Auch wenn sich die Verfassung der Welt und der Menschen, soweit sie zu überblicken ist, im wesentlichen kaum verändert hat, weicht Hofmann nicht in Allgemeinheiten aus. Selbst in Sizilien oder im Flandern des 16. Jahrhunderts, das eine Schauplatz in »Auf dem Turm«, das andere in »Der Blindensturz«, bleibt seine Melancholie eine deutsche, beruhend auf den Grunderfahrungen seiner Generation.

Klaus Hoffer: Stätte des Gerichts.
(»Auf dem Turm«)

Bei jedem Roman, den er geschrieben habe, stellt Marcel Proust einmal fest, habe er sich wieder ganz um- und aufgraben müssen. Literatur ist Grabarbeit. Ihre Affinität zur Arbeit der Archäologen und Detektive liegt auf der Hand. Schreiben heißt, das immer Unerledigte wieder aufgreifen. Man muß es genau wissen. Im Wiederholungszwang kehrt man zurück an den Ort der Tat, um zu suchen, was man vergessen hat. – Immer wieder nähert man sich von neuem der eigenen Geschichte, versucht man, sich mit ihrer Hilfe einen Reim zu machen auf die gegenwärtige Ratlosigkeit, andere Beweisstücke für den Prozeß zu finden, den man sein Leben lang mit dem Leben führt. Alles wird ausgegraben, untersucht, beschaut, und der Betrug, dem man im Zuge dieser Arbeit auf die Spur kommt, ist der Augenblick der Wahrheit in der Literatur.

In seinem Roman »Auf dem Turm«, für den Gert Hofmann den Alfred-Döblin-Preis erhalten hat, findet sich dieser Augenblick der Wahrheit, um den es immer geht und um dessentwillen es sich einzig lohnt, zu schreiben und zu lesen, in den letzten beiden Sätzen. Sie lauten: »Eine Marotte, uns immer nur mit uns selber und mit unseren Beziehungen zueinander zu beschäftigen, rufe ich, glaube ich, noch und steige rasch in den Wagen. Plötzlich ein Vorgefühl der Wahrheit über die Verfassung der Welt, über Maria, Mario, über mich, den Kustoden, letzten Herbst, hinter Cefalú.« Im Zweifel dieses: »glaube ich« und dem fluchtartigen Aufbruch mit dem Auto kündigt sich dieser Blitz der Erkenntnis an. Denn während der ganzen, ihn und seine Frau Maria von einem Entsetzen ins nächste jagende Geschichte weigert er sich, sich mit sich selber und seinen Beziehungen zu den anderen ernsthaft auseinanderzusetzen.

Er hat aufgegeben. Das Leben, läßt man es an sich herankommen, bedeutet Leiden. Die Beziehungen, die man zu anderen eingeht, machen, daß man leidet. Aber er will nicht mehr, er möchte an der Oberfläche bleiben, er will sich auf nichts mehr einlassen. Neue Beziehungen knüpft er erst gar nicht an, die bestehenden will er abbrechen oder sich zumindest, soweit es geht, vom Leibe halten: Die Verantwortung für die halbwüchsige Tochter aus seiner Ehe mit Maria schiebt er zur Gänze der Frau zu; von seinem dreijährigen, außerehelichen Sohn, von dessen Existenz Maria erst zu Beginn dieser Geschichte erfährt, sagt er, für ihn sei er tot. Von seiner Frau will er sich trennen, und als sie ihm gesteht, daß sie schwanger sei, verlangt er sofort die Abtreibung.

Nach Dikaiarchaeia hat es den Erzähler und seine Frau verschlagen. Ein Schaden an der Kupplung des alten Wagens macht einen eintägigen Aufenthalt notwendig; die Heimfahrt aus dem Urlaub – dem letzten gemeinsamen, wenn es nach ihm geht – muß unterbrochen werden. Von der »*autostrada*« aus Palermo kommend und unterwegs nach Messina, wo vor über zweitausend Jahren der mögliche Namenspatron des Ortes, Dikearch von Messene, gelehrt hat, es gebe keine unsterbliche Seele, müssen die beiden hinter Cefalú landeinwärts abbiegen.

Dikaiarchaeia, wo sich ein »*mecanico*« findet, der den Schaden reparieren will, liegt inmitten der »*zona morta*« Siziliens, im Land des Todes also. Den Namen der Ortschaft deutscht sich der Erzähler fälschlich mit »Stadt der Gerechten« ein – eine andere, vielleicht treffendere, aber für ihn gerade deshalb gefährliche Übersetzung böte sich an: »Stätte des Gerichts« oder »Strafgericht«.

Das umliegende Land, dessen Zentrum der Ort bildet, die »*zona morta*« also, macht seinem Namen Ehre: Es ist ausgebrannt, unwegsam; ein widerwärtiger, süßlicher Aasgeruch liegt ständig über ihm, seine Zypressen sind von dunklen, krebsartigen Schwären bedeckt – den »Zeichen ihres beginnenden Todes«. Von der ehemals reichen Fauna dieses Gebiets sind nur noch wenige Arten erhalten – Aasfresser vor allem: Ratte und Fuchs.

»Wie schrecklich, an einem Ort wie diesem begraben zu sein«, denkt der Erzähler, der beim Anblick des fingerdicken weißen Staubs, der hier auf allem liegt, sofort an Knochenasche und Tod erinnert wird. Und alles, was er an diesem Tag gemeinsam mit seiner Frau noch sehen wird, wird ihn daran erinnern: die schwarzgekleideten alten Frauen, die wie riesige Totenvögel auf den Stangen im Inneren ihrer »*dammusi*« hocken; das Findelhaus mit seinem viel zu kleinen Einschubloch, durch das die unerwünschten Kinder vor noch nicht allzulanger Zeit, wenn nötig mit Gewalt, hindurchgequetscht wurden; der Turm, der der Geschichte ihren Namen gegeben hat und in dessen schon lange nicht mehr regelmäßig benütztem Aufgang man von Krähenskelett zu Rattenkadaver steigt, vom »harten« auf das »weiche« Tote; der Jammerzug der Elendsten dieses Ortes schließlich, der sich durch eine Seitengasse, nein, »Seitenkloake« auf die kamerabehängten Touristen zubewegt; und vor allem natürlich der Todessprung, der »*Salto mortale*« des vierzehnjährigen Jungen, der sich – die einzig mögliche Touristenattraktion in diesem gottverlassenen Nest – vom Wasserturm herunterstürzt und auf den der Erzähler sein geiles, kaltes Auge geworfen hat.

Bei all dem wird er immer wieder daran erinnert, woran er nicht denken darf, was er nicht sehen und hören will – daß er ein Toter unter Toten ist, daß er nicht lebt, sondern lebendig in der Welt begraben ist.

Die einzig noch zählende Beziehung, die zu seiner Frau (allen anderen gelingt es ihm ja weitgehend, sich zu entziehen), möchte der

Erzähler also abbrechen. Den letzten Anstoß und Vorwand liefert sie ihm selbst, mit dem Geständnis ihrer Schwangerschaft, für das er sie augenblicklich mit dem Geständnis seines Ehebruchs, dem Mario seine Existenz verdankt, bestraft. Bereits im Auto auf der Fahrt nach Dikaiarcheia, ist die Trennung, die Auflösung dieser Beziehung, deren Kitt Unterdrückung, Lüge und vorsätzliche Täuschung sind, beschlossene Sache, »sozusagen schon vollzogen«. Nur die Mitteilung des Trennungsentschlusses braucht es noch, die aber will vorläufig nicht über seine Lippen, er zögert sie hinaus, zu gefährlich, das begreift er, ist das Dilemma, in das er sich damit begeben könnte.

Er ist ein Meister, wenn es um Paradoxa geht, und so weiß er auch, daß die verlogene Beziehung zu Maria paradoxerweise nur durch die Einführung der Wahrheit abgebrochen werden kann. Die Lüge war bisher der Schutz davor, selber zu leiden und der Versuch, allzu großes Leid wenn möglich zu verhindern, deshalb weiß er noch nicht, deshalb überlegt er hin und her, bis zu welchem Punkt er die Wahrheit einführen kann, ohne dabei Gefahr zu laufen, in eine neue, unbekannte und für ihn vielleicht viel schrecklichere, weil wahrhaftigere Beziehung zur Frau verwickelt zu werden, und deshalb schiebt er die Mitteilung über seinen Trennungsentschluß immer wieder hinaus.

Zunächst einmal, als er mit ihr in den von Fliegen belebten, nein: »bestorbenen« Speisesaal des Hotels, in dem sie nächtigen wollen, essen geht. Kaum sitzen sie, kommt – eine willkommene Verzögerung – der Kustode, der sie einlädt, die Ortschaft und vor allem den Turm zu besichtigen. Die beiden gehen mit. Sie widerwillig, er, scheinbar auf ihrer Seite, Widerwillen vortäuschend, in Wahrheit froh, obwohl schon nach den ersten Worten des Kustoden klar ist, was dieser später auch bestätigt: daß es in diesem Ort nichts zu sehen gibt, was wert wäre, besichtigt zu werden.

Unter den ständigen Beteuerungen des Erzählers, nicht gehen, nicht mehr mitmachen zu wollen, und nach ebenso ständigem, vorsätzlichem Nichteinhalten der Beteuerungen gehen sie also und kommen zu den »dammuse«, zum »mercato« mit seinem desolaten Findelhaus, wo er zum ersten Mal ahnt, was er später, angesichts des Umzugs der Elendsten des Ortes sich ausdrücklich fragt: »Ob es nicht ein Fehler gewesen ist zu kommen.« Noch denkt er allerdings:

»Jawohl, jederzeit kannst du diese Sache hier abbrechen und weggehen und weiterleben wie früher.« Aber eben das kann er nicht. Es wäre schon zu spät, selbst wenn er seinen Trennungsentschluß wieder rückgängig machte.

Noch immer kann er ihn nicht äußern. Und es gelingt ihm auch weiterhin nicht – nicht, als sie vor der Leiter stehen, über die die zum Tode verurteilten Revolutionäre der Umgebung einstmals zum Galgen hinaufsteigen mußten, und nicht, nachdem er Maria zu Sprüngen ermutigt hat, von denen er sich erhofft, daß sie »die Sache« – gemeint ist der Abgang des Kindes – »ins Rollen« bringen könnten.

Aber dann sind sie endlich auf dem Turm und schauen hinunter auf das tote Land und kommen in das beim Turm gelegene Café und sehen den Zug des Elends – und da, plötzlich ergeht es ihm wieder, wie es ihm schon ganz zu Anfang ergangen war, als ihm jeder Baum nicht wirklich, sondern als Kulisse einer inszenierten Wirklichkeit vorkam, der er »nur schwer gewachsen ist«. Etwas hakt bei ihm aus. Was ihm da vorgeführt wurde und wird, es darf nicht wahr sein, es ist ein Witz, es ist alles ganz anders; die Demonstration, die »*manifestazione*«, erklärt er seiner Frau, »ist gespielt«; »um eine der hier üblichen stark übertriebenen schauspielerischen Darstellungen von Elend« handle es sich. Würde man sich nämlich auf dergleichen einlassen, all das ernst nehmen, dann »hast du von dem ganzen Land, ja von der ganzen Welt genug, weil sie sich plötzlich als Armenhaus und Bettelnest entpuppt hat, das dir die Freude an allem nimmt«. Und wie um die Glaubwürdigkeit der Lüge von der schauspielerischen Darstellung zu unterstreichen, verknipst er gleich den ganzen Film in seiner Kamera »an die guten Leutchen« da unten.

Und dann ist er aber endlich wirklich so weit, daß er begreift, daß es ein Fehler war, den Kustoden zu begleiten. Denn der fragt – wie immer, wenn es um den Tod geht, die Hand schützend und streichelnd auf dem Geschlechtsteil – frank heraus, ob das Paar auf seiner Reise vielleicht schon mit dem Tod Bekanntschaft gemacht habe.

In diesem Augenblick weiß der Erzähler, auch wenn er sich noch windet, daß alles vorbei ist. Durch den Friedhof möchte er jetzt dem Kustoden entkommen, aber das geht schon nicht mehr, also drückt er sich, so tief er nur kann, hinein in sein »Sesselgrab«, flüchtet aus der grauenhaften Vorstellung, die ihm die Welt gibt, in ein anderes

Theater, in das Theater in seinem Kopf: »Immer wenn ich verloren oder fast verloren bin, erzähle ich mir die Geschichte meiner Verlorenheit« – und diesmal ist es die Geschichte, die er nun tatsächlich gleich erleben wird. Es ist der Sprung des Jungen, den er – stellvertretend für sich selber – sich vom Turm stürzen läßt.

Jetzt steckt er in dem Dilemma, daß er nicht mehr anders kann als anzuerkennen, daß die ihm angeblich vorgespielte Wirklichkeit in Wahrheit das Leben ist, und daß, umgekehrt, sein Leben ein nur gespieltes, gar nicht wirkliches ist. In diesem Zustand höchster psychischer Anspannung (»Das ist der Augenblick, auf den ich gewartet habe«, sagt er). »In dem Augenblick dieses Satzes«, heißt es da im Text, »ergreift meine Frau, die an diesem Tag schon seit dem allerfrühesten Morgen, seit ich ihr in meinem Zorn über ihre Schwangerschaft mein uneheliches Kind hingeworfen habe, bis zum Hals, nein, bis zu den Zähnen in Entsetzen getaucht ist, bis jetzt aber still und nach innen gewendet dagesessen hat, ohne das, was nun kommt, durch eine Bewegung oder durch einen Laut einzuleiten (unter den hiesigen Menschenlauten fehlen die Laute meiner Frau), kurz: sie ergreift, indem sie sich plötzlich viel zu weit über die einst weißlackierte, zerfledderte und zerrupfte Armlehne ihres Korbsessels hinauslehnt, habichtartig, schießt es mir durch den Kopf, die fleischige, rote, bis jetzt schlaff über die linke Armlehne *seines* zerrupften und zerfledderten Sessels herabhängende linke Kustodenhand, reißt sie, (meine Frau, meine Frau!) mit einer Schnelligkeit, die mir unbegreiflich ist, an ihren Mund und beißt hinein, beißt hinein.«

Und dann springt der Junge also tatsächlich. Aber vielleicht will er gar nicht springen, vielleicht ist doch alles nur Theater, die irreführende Vorstellung eines Sprunges – »aber da ist es dann schon zu spät«. »Da hat er durch den Schwung, den er genommen hat und den er wieder bremsen will, die Brüstung unter sich schon verloren, hat schon alles hinter sich und liegt, ohne es zu wollen, schon in der Luft, die ihn, denkt man, tragen sollte, aber die warme Luft, obwohl er seine Arme ausbreitet und sich leicht wie ein Vogel macht und wie ein Vogel steigen möchte, die Luft, nein, sie trägt ihn nicht, die Luft läßt ihn im Stich. So daß er dann, auch wenn er wollte, nicht mehr zurück kann.«

»Etwas platzt.« – »Vorbei«, denkt er, »vorbei.« – Aber noch einmal scheint für ihn alles gutzugehen, denn – »Tatsache ist, ohne ihren Schock über die Veranstaltung wäre die erwünschte, ja ersehnte Blutung meiner Frau ausgeblieben.« – Schwein gehabt!

Also wäre auch die Sache mit der unerwünschten Schwangerschaft noch einmal glimpflich abgegangen, und so kann er den Brief, den er ihr schreiben wollte und bei dessen Abfassung – wieder im Hotel und kurz bevor er sie noch einmal mißbraucht hat – er sich ein letztes Mal den Kopf darüber zermartert hatte, »welches Stück von der Wahrheit« er ihr nun zukommen lassen solle, so kann er diesen Brief also auch wieder verschwinden lassen. Und da ruft er ihr noch im letzten Augenblick »Kopf hoch!« zu und versucht es noch ein allerletztes Mal damit, »daß alles, und zwar schon sehr bald ... wieder besser, so wie früher ... sein wird.« Das will er ihr erst sagen, unterläßt es aber dann doch lieber. Er unterläßt es, weil er weiß, daß jetzt wirklich alles vorbei ist, daß es jetzt keinen Sinn mehr hat zu lügen, weil der Prozeß schon abgeschlossen ist, weil das Gericht schon das Urteil berät, daß jetzt er es ist, der am Ende ist. Er weiß, daß er kurz davor steht, verrückt zu werden.

Einmal, während einer der Erläuterungen des Kustoden, wäre es ihm beinahe herausgerutscht, hätte er den Kustoden beinahe zurecht- und darauf hingewiesen, daß er es vorzöge, wenn der andere mehr an der Oberfläche bliebe. Er kennt die Binsenweisheit, daß der Überlebenswille der Feind der Selbsterkenntnis ist. Er weiß, wie lebensgefährlich es ist, dieses Leben an sich herankommen zu lassen. Und weil er überleben will, darf er es nicht an sich herankommen lassen. Er kann es sich – will er nicht verrückt werden – einfach nicht leisten, sich auf mehr als die Oberfläche einzulassen, er muß die Beziehungen, die er hat und gehabt hat, abbrechen, er muß geschichtslos werden wie Dikaiarchaeia, der Ort, an dem über ihn Gericht gehalten wird und der, weil er geschichtslos ist, bevölkert ist von Toten.

Das ist das Großartige an diesem Roman, der an keinem Punkt an Spannung und Intensität verliert, daß er zeigt, wie eben diese Überlebensstrategie, die auf die Gefährdung des Lebens durch das Leiden mit Beziehungslosigkeit, Vereinsamung, Gefühlskälte und listigem Kalkül reagiert, gerade das verhindert, was sie zu ermöglichen verspricht – daß man lebt.

Wer nur überleben will, ist ein zu Lebzeiten Toter. So ist das.

Hans Christian Kosler: Das fremde Kunstwerk.
Anmerkungen zu einem Artisten

In Gert Hofmanns Roman »Die Fistelstimme« lernt der neu in Ljubljana eingetroffene Lektor, der an der dortigen Universität Deutsch lehren soll, am Vortag seines Unterrichtsbeginns den slowenischen Sprachstudenten Ilz kennen. Der Student, der schon zweimal durchs Examen gefallen ist, offenbart dem Lektor in einem merkwürdigen Redeschwall, daß er sich – sollte er die Prüfung abermals nicht bestehen – das Leben nehmen werde. »Ein Scherz ohne Zweifel«, antwortet der erschrockene Lektor, doch der Student bekräftigt sein Vorhaben energisch, und zwar mit dem Hinweis, daß die Selbstmordrate bei den Slowenen beträchtlich sei und sich allein in seinem Bekanntenkreis in letzter Zeit *neunzehn* Menschen umgebracht hätten. Wie man merkt, tut Gert Hofmann einiges, um den ernsten Sachverhalt nicht allzu glaubwürdig werden zu lassen. Doch kaum hat sich der Leser darin versucht, dem Unwahrscheinlichen eine mögliche Wahrscheinlichkeit abzugewinnen, da steht er schon vor der nächsten Überraschung. Nur aus »Übungsgründen«, erfährt er auf einmal, habe Ilz mit dem Lektor gesprochen, nur aus Übungsgründen von dem Selbsmord erzählt. So daß der erstaunte Lektor zusammenfaßt: »Da liegt hinter Ihren Wörtern also gar keine Not, gar keine Wirklichkeit. Sondern Sie sagen nur, sage ich, ein paar Präpositionen und Verben auf . . . Das geht aber nicht, Herr Ilz.«[1] Die Verwirrung hat damit allerdings noch kein Ende. Als der Lektor eine Weile später das Zimmer von Ilz betritt, fällt ihm ein in die Türbalken geschraubter Haken auf: »Geben Sie doch zu, will ich rufen, ich weiß ja alles. Und daß Sie sich diesen Haken zum Aufhängen und zu sonst nichts eingeschlagen oder wie immer Sie den Haken befestigt haben, liegt ja auf der Hand, rufe ich, aber da steht Ilz, den ich mir die ganze Zeit doch bloß vorgestellt habe, auf einmal *wirklich* in dem Zimmer, hoch über mir, steif und schmal, und sagt: ›Ja, *ich* habe den Haken eingeschlagen, Herr Doktor, wenn auch ohne die Erlaubnis, und ich werde mich bei eintretenden Umständen auch, wenn auch ohne die Erlaubnis, an diesem Haken aufhängen.‹«[2]

Welche Aussage ist verbindlich, was ist Sache, worin liegt der Sinn dieses Täuschungsmanövers, der Sinn des gesamten Romans?

Um eines scheint es Gert Hofmann – nicht nicht nur in diesem Roman – am allerwenigsten zu gehen: um Plausibilität, um Verifizierbarkeit, um Wahrheit im banalsten Sinne des Wortes. Steckt – möchte man mit den Worten des seltsam-verrückten, hier aber in seiner Verwirrung dem Leser ähnlichen, Lektor fragen – hinter den Wörtern am Ende gar keine Not, keine Wirklichkeit? Wer von der Literatur verbindlich Auskünfte, Antworten statt Fragen, womöglich sogar Erbauung erwartet, wird darin bereits einen entscheidenden Einwand gegen einen Autor formuliert sehen, dem man – immer wenn man von seiner Prosa ebenso irritiert wie fasziniert war – viel zu gern vorwarf, daß er »nur« Sprache, nur Kunst fabriziere. Wie ein Echo pflanzte sich der Kunstverdacht in den ansonsten fast ausnahmslos positiven, ja begeisterten Kritiken über Hofmanns Bücher fort. Der Verdacht, so heißt es in einer Rezension zur »Fistelstimme«, läge nahe, »die geschlossene Bildwirkung sei durch ein zu deutliches Übergewicht einer allgemeinen, schon vorgegebenen, auch vielfach schon vorformulierten, hier nur raffiniert neu arrangierten Aussage über die konkrete Erfahrung erkauft. Literatur aus dem literarischen Vorrat an Imaginationen also. Da fällt die Kunstfertigkeit leichter.«[3] Von Kunstfertigkeit ist noch fünf Jahre später in Reinhard Baumgarts – keineswegs kunstloser – Kritik die Rede. »Hofmanns Prosa hat ihre Thematik bald so sicher, selbstsicher, unangefochten im Griff, so rasch ihren Ton und Rhythmus gefunden, daß erzählend nur noch addiert, gedehnt, variiert werden muß . . . Unübersehbar scheint mir die Gefahr, daß dieser Autor sich selbst abhanden kommen könnte in seinem kunstfertigen Schreiben, ja daß seine Prosa, je wirkungsvoller sie musiziert wird, desto weniger Wirklichkeitsdruck spüren läßt.«[4] Hier artikuliert sich neben einer gewissen Ratlosigkeit darüber, wie denn Leiden, authentische Erfahrung und gemeisterte Form überhaupt miteinander in Verbindung zu bringen seien, auch die berechtigte Frage, wie und wo in seinen Büchern der Autor überhaupt zu »fassen ist«. In der Tat – und dies scheint mir eher rühmens- als verdammenswert – gehört Gert Hofmann zu den Autoren, die sich am wenigsten in die Karten schauen lassen, bei denen der Weg vom subjektiven Erlebnis zur formalen Umsetzung denkbar weit bzw. gar nicht vorhanden ist. Weder in Verbindung mit einer »Vorlage« zu bringen ist diese Literatur noch läßt sie sich im Bereich einer wuchernden »Fantasy«

ansiedeln. Ihr den Mangel an »Wirklichkeitsdruck« anzulasten, muß sich tollkühn ausnehmen in den Augen desjenigen, für den die Wirklichkeit gar keinen Druck ausübt.

Was ist Wirklichkeit, wie kriegen wir sie zu fassen, zu spüren, wie ist sie in Sprache umzusetzen? Das Ungenügen an ihren Erscheinungen durchzieht geradezu leitmotivisch Hofmanns Bücher, dessen Figuren als Sprachrohre einer Wahrnehmung dienen, die sich immer wieder mit dem Substanzverlust der Realität auseinandersetzt. Was wir als greifbare, faktische Wirklichkeit vorfinden, lohnt nicht der Beachtung. »Die gelegentlich notwendigen frischen und sozusagen blutigen Eindrücke von Wirklichkeit«, heißt es in »Unsere Vergeßlichkeit«[5], werden mit Hilfe eines alten Opernguckers vom Schreibtisch oder Sofa aus erledigt unter der ausgegebenen Devise: »ein wenig zurücktreten von der Welt, wenn es um ihre Darstellung geht!« Ganz im Gegensatz zu dem von Hofmann ausgesprochen selbstironisch gezeichneten Schriftsteller steht der Lektor Quatember, Vertreter des Allgemeinstandes, der dem Schriftsteller gerade die Unwirklichkeit seiner Existenz vorwirft: »Weil, ruft er und klopft an die Fensterscheibe, das alles gar nicht wirklich ist . . . Wie willst du, so von aller Wirklichkeit verlassen, mit deinem Geschriebenen den Anteil von Wirklichkeit erwecken?«[6] Die Wirklichkeit, auf die der Lektor aufmerksam machen will, interessiert den Dichter nicht. Sie ist für ihn ein schaler Abklatsch, ein enttäuschendes Klischee. Die Dinge haben ihre Plastizität verloren und den Charakter von flachen Abziehbildern angenommen: »Das ist merkwürdig. Wenn ich jetzt die sechs Stockwerke hinab auf die Straße schaue, das Gebäude hinab, die Mauern, Sockel, Fensterbänke, Vorsprünge, Verzierungen undsoweiter hinab, soweit eben das Auge reicht, ich meine, sage ich, soweit das möglich ist bei dem dichten Nebel, wo ja, sage ich, alles ausgedehnt im Raum ist, *plastisch*, wissen Sie, da ist nun plötzlich alles *flach* . . . Aber auch die Menschen auf der Straße, sage ich, wenn ich so aus dem Fenster sehe, die doch körperlich sein und ein Volumen haben müßten, sind in zwei Dimensionen. Schauen Sie, rufe ich, die flachen Menschen.«[7]

Was zu sehen ist, erscheint entweder geschrumpft oder als schon bekannt; statt neu erfahrbar ist die Wirklichkeit nur noch wiederzuerkennen. »Komisch, Herr Ilz, ich bin doch fremd hier, ich sollte die Passanten hier doch nicht kennen. Wenn nun . . . der Fall eintritt, daß ich sie aber kenne? So daß unter einer oberen Schicht Mensch also noch eine zweite, frühere, aber gleichfalls wirkliche, wenn auch weniger bekannte Schicht liegen muß und der gleiche Mensch dann in beiden Schichten, nicht bloß hier, auch dort . . .«[8] Der Lektor weitet seine Erkenntnis zu einem philosophischen Small talk aus: »Der Verstellungscharakter der Wirklichkeit, also der um mich herum aufgebauten Weltkulisse, der aber bereits erwähnt worden ist, sage ich. Die Erwähnung, der Park, die Tauben, das sei alles gleich, weswegen heute eigentlich gestern . . . Alles Einzelheiten des wirklichen Lebens, ohne Leben, sage ich. Die angeblichen Fenster, in denen angeblich Obst liegt, das angebliche Trottoir. Und nach oben, lächerlich, immer dieser angebliche Himmel.«[9] Auch der Erzähler in »Auf dem Turm« will den Turm, bevor er ihn gesehen hat und ohne daß er ihm näher beschrieben worden wäre, schon kennen: »Und eben jetzt, als Sie von den Sesseln sprachen, ist mir eingefallen, daß ich den Turm möglicherweise schon kenne. Daß ich diesen Turm, wenn auch vor langer Zeit, ja, es liegt so lange zurück, daß es, wie ich immer sage, schon gar nicht mehr wahr ist, vielleicht schon einmal gesehen habe.«[10] Und als gleichsam krönenden Schluß in der »Fistelstimme« hat der Lektor die Überraschung parat, daß er ja auch Ilz schon einmal gesehen habe: Da habe »Ilz nämlich auf einmal seine spitzen Schultern hochgezogen, *und das habe ich dann schon gekannt*. Und so habe ich, noch ehe Ilz antworten kann, plötzlich die ebenso überflüssige wie traurige Idee gehabt, daß Ilz (da zieht er die Schultern schon wieder hoch) gleichsam *faksimiliert* ist. Daß ich auch Ilz schon einmal, wenn auch in einer anderen Rolle, erlebt habe und diesen früheren und, zugegeben, gesünderen und fleischigeren Ilz, in dem der knochige und mutlose und kranke aber bereits vorgebildet und enthalten war, dann bloß aus den Augen, dem Sinn . . . Und nun wiedergefunden habe. Und von dieser jämmerlichen und krankhaften Idee bin ich dann nicht mehr losgekommen. Gott, wie langweilig! Gott, doch nun nicht auch noch Ilz!«[11]

»Gott, wie langweilig!« – die Wertung des Geschehens liegt nicht im ethischen, sondern rein ästhetischen Bereich. Der schlimmste Feind, das Empörendste liegt nicht im Bösen, sondern in der Wiederholung, dem Gleichbleibenden, der Langeweile –, spiegelt sich in dieser Haltung nicht zugleich auch Hofmanns Poetik wider, die – wenn überhaupt gegen etwas – gegen das uns Bekannte, uns überdrüssig Gewordene gerichtet ist? Dichtung ist für diesen Autor – um mit einem Tasso-Zitat zu sprechen – »Verblüffung; die freie Phantasie berauscht sich im Niegeschehenen; Unwahrheit ist dichterischer als Wahrheit ... Das Grauen wird schön.«[12] Schönheit *und* Grauen erscheinen in einem Zusammenhang – bei Hofmann ist es – nicht viel anders – das Entsetzliche, das »alle ergreift« (s. Fußnote 24), auch das Schöne. Das Spiel mit der Wirklichkeit bekommt hier – in der Absicht zu verblüffen, zu wirken – bei Hofmann seinen Sinn, dessen Werk sich in vielen Passagen wie seine eigene Exegese liest. In der Betrachtung der Wolken ist nicht nur die Welt-Anschauung des Lektors enthalten: »Und als ich die Wolken dann lange genug betrachtet habe, stelle ich plötzlich fest, daß *ich* ja die Wolken mache, indem ich sie sozusagen aus meinem Kopf hervorgehen lasse. Da habe ich dann festgestellt, daß die Wolken ja *von mir gedacht sind.* Jedenfalls kann ich sie wahrscheinlich, wie und wann ich will, sowohl aus meinem Kopf in den Himmel hinein – wie auch aus dem Himmel heraus – und in meinen Kopf wieder zurücklegen. Das sage ich Ilz dann auch. ›Es scheint‹, sage ich und lege den Kopf zurück, ›daß die Wolken immer erst als Gedanken in meinem Kopf sind, sozusagen im Stadium des Entwurfs, ehe sie dann als Wolken am Himmel sind, sozusagen *de facto.*‹«[13]

Erst in Gedanken, dann de facto – hier wird gleichzeitig auch Hofmanns literarisches Verfahren gekennzeichnet, zu dessen Vorlieben es gehört, in einem Nachsatz darüber zu informieren, was nun eigentlich »in Wirklichkeit« der Fall ist, nachdem er vorher über die Wirklichkeit hinweggetäuscht hat. »Wenn ihr aber bloß *denkt,* daß ich es bin, der auf der Bühne steht, und mein Name steht nicht im Programm, dann habt ihr euch wahrscheinlich getäuscht. Dann bin ich es in Wirklichkeit überhaupt nicht, sondern es ist ein anderer, und ihr braucht auch nicht zu klatschen.«[14] Auch hier ist die Wirklichkeit wie sooft nichts anderes als eine Enttäuschung, über die in der Regel nur der Lug und Trug hinweghelfen kann.

Erstaunlich und amüsant an Hofmanns Täuschungsmanövern ist, wie schnell die Frage »Realität oder Fiktion?« wieder in die andere Richtung korrigiert werden kann, nachdem sie schon in die eine gelöst gewesen zu sein schien. So hat sich der Lektor in der »Fistelstimme«, nachdem er in dem Haus seiner Vermieterin umhergeirrt war, gerade darüber beruhigt, daß die in einem »Kabuff« zwischen staubigen Flaschen kauernde alte Frau gar nicht seine »Mama«, sondern logischerweise nur die Hausbesitzerin sein könne, als es kurz darauf zu einem Wortwechsel mit ihr kommt: »›Kabuff‹, erläutere ich, ›ist die umgangssprachliche Bezeichnung für den Abstellraum, in dem Sie sich eben verstecken wollten.‹ Sie sagt: ›Aber ich habe mich nicht verstecken wollen.‹ – ›Kabuff‹, sage ich, ›ist ein Wort, das Abstellraum bedeutet. In dem Sie sie sich eben versteckt hatten.‹ ›Aber ich habe mich‹, sagt sie, ›auch nicht versteckt.‹ ›Ja, natürlich‹, sage ich und schließe den letzten Koffer, ›da habe ich mir das Kabuff eben auch bloß vorgestellt.‹«[15] Gibt es nun das Kabuff oder nicht? Die Bereitwilligkeit, sich vom Gegenteil überzeugen zu lassen, ist erstaunlich groß und verkörpert nichts anders als das Vorhaben des Autors, den Leser hinters Licht zu führen, ihn immer wieder in eine neue Unklarheit zu versetzen. Am raffiniertesten und kurzweiligsten praktiziert Hofmann das Verwirrspiel zwischen verschiedenen möglichen Realitäten in »Auf dem Turm«. Die Frage »Realität oder nicht« wird hier hinfällig, die Welt löst sich in Vorstellung auf. Der Turm, auf den, bevor er endlich auftaucht, ständig verwiesen wird, entpuppt sich zunächst – wie von Hofmanns Dramaturgie der Verblüffung nicht anders zu erwarten war – als Enttäuschung: »Nichts Altes, Hohes, Nobles also, wie ich mir vorgestellt hatte, aber auch nichts Bulliges, Rundes, sondern der gefürchtete Turm hält sein Versprechen nicht.« – »Kein Kustode, ein *furbo* ist er. Und du, was du in deiner Naivität dir unter dem Turm nicht alles vorgestellt hast? Was sage ich ihm denn nun? Daß der Turm schön ist? Das wäre lächerlich. Alt? Nein, alt ist er nicht. Hoch? Nun, seine sieben, acht Meter kann der Turm schon haben, doch kann man sich mühelos einen *höheren* Turm vorstellen.«[16] Wer nun meint, daß der Turm nicht hoch ist, sieht sich drei Seiten später getäuscht: »Denn sein Turm, obwohl häßlich, ist hoch. Noch nie habe ich einen gleichzeitig so hohen und häßlichen Turm gesehen, geschweige denn bestiegen.«[17] Ist der Turm nun tatsächlich hoch? Im Anschluß wird er gerade um einen Meter höher als seine bisherige Durchschnittshöhe angegeben: »Auf acht, neun Meter, wenn nicht höher, schätze ich den Turm nun, wenn ich, den Kopf in den Nacken gelegt, in die Höhe schaue.«[18] Aber der Erzähler bleibt dabei: Der Turm ist hoch, und er wird in seiner Vorstellung – so scheint es – von Mal zu Mal höher. »Wir hatten keine Ahnung gehabt, daß dieser Turm so hoch ist! Und können bei jeder Wendung seiner flachen glatten Stufen durch einen Luftschlitz auf eine von neuem verwandelte, immer tiefer unter uns zurückbleibende Erde schauen. Nein, wir hatten keine Ahnung gehabt, daß sein Turm so hoch ist!«[19]

Steckt hinter Hofmanns Sätzen gar keine Not, keine Wirklichkeit? Das Publikum, das für seine Bücher geschaffen ist, dürfte dem avancierten, hochgradig dekadenten und verwöhnten Publikum in »Gespräch über Balzacs Pferd« entsprechen, das von der Literatur Abwechslung, den unter die Haut gehenden Schock statt der üblichen Botschaften, Lebenshilfen oder Ähnlichkeiten mit dem eigenen Lebensbereich erwartet. »Wir sind gepudert und geschminkt und warten auf keine Wahrheit, sondern im Gegenteil. Was uns fehlt, ist ein Zauberkünstler, jemand in einem Sternenmantel, der auch pfeifen und singen und auf den Händen gehen kann. Denn im Ernst . . . Denn im Ernst, sagt Balzac, kann ich mir die Wirklichkeit nun schon längere Zeit nicht mehr vorstellen. Sie schneidet mir den Atem ab, sie legt sich mir aufs Herz. Mein Arzt sagt immer: ›Machen Sie Atemübungen, Balzac!‹ Atemübungen! Ich sage mir: ›Mach Phantasieübungen, Balzac, Phantasieübungen!‹«[20] Keine Frage – woran Hofmann, der ähnlich einem Zauberkünstler mit verschiedenen Ebenen der Wahrnehmung und des Bewußtseins jongliert, seinen Leser teilhaben läßt, das sind Phantasieübungen, Bewußtseinserweiterungen, Erweiterungen des »normalen« Vorstellungsvermögens. Schreiben hat, um der Wirkung willen – wie uns der schriftstellernde Masseur in »Unsere Vergeßlichkeit« verrät –, durchaus auch mit faulem Zauber zu tun: »Immer von neuem überwältigt von der Unzulänglichkeit der Phantasie, der Verlogenheit der Sprache, dem faulen Zauber jedes einzelnen Satzes, des soeben hingeschriebenen beispielsweise. Was ist Schreiben? Übersenden einerseits, andererseits übertreiben. Dann der Ansichten- und Perspektivenwechsel, das Hoch und das Niedrig, das Schreiben und Raunen, alles nötig zur Fesselung des Publikums, der Vorspiegelung von Tatsachen, die falsch sind.«[21]

Es geht um Wirkung, Fesselung, weniger um den emphatischen Begriff der Wahrheit und am allerwenigsten um Wahrscheinlichkeit. Der außergewöhnliche Zulauf, den der Inspektor der Kloaken mit seiner unterirdischen Abdeckerei findet, gründet keineswegs in deren Wirklichkeitscharakter, auch wenn Brissot im Anblick der ausgebleichten Tierknochen wie ein anpreisender Impresario »wirklich, wirklich« ausruft. Im Gegenteil – für das verfeinerte adelige Publikum, das mit Tierknochen, Blut und Tötungen sonst nicht in Berührung kommt, hat die makabre Zeremonie etwas anziehend Ungewohntes und Unwirkliches. Balzac, der die größere Attraktivität von Brissots »Kellertheater« erkannt hat und mit seiner Idee, künstliche Kloaken auf die Bühne zu bringen, vor dem neuen Theater der Grausamkeit die Waffen strecken muß, weiß, was das Publikum will: »Immer, sagt er, wollen sie etwas anderes, etwas Neues.«[22] Was das gegenüber den konventionellen ästhetischen Reizen abgestumpfte Publikum wieder *fühlen* (»Der Schweiß tritt ihnen auf die Stirn, und sie rufen: ›Schaut, wir fühlen!‹«) läßt, sind – bei der Sezierung des Pferdes – »die Zusammensetzungen der Wirklichkeit, ihre Hintergründe, *die Ungeheuerlichkeiten*, aus denen alles besteht«.

Das Thema, daß das Ungeheuerliche, auch Bestialische[23] zum Gegenstand der Kunst wird, daß sich ein Romancier die Methoden eines Inspektors der Kloaken (!) abschauen muß, ist nicht von ungefähr gewählt. Der Künstler selbst ist, um die größtmögliche Wirkung zu erzielen und das Objekt mit einem teilnahmslosen Interesse zu studieren, Zuschauer wie das Publikum. Immer wieder müssen im »Blindensturz« die Blinden stürzen und schreien, damit das eigentliche Motiv, der Schrei und damit das Entsetzen, auf die Leinwand gebracht werden kann: »Ein wahres und schönes und entsetzliches, uns alle ergreifendes Bild.« – »Und warum hebt er, auf Kosten von allem andern, den Schrecken so hervor? Den Schrecken? Ach, tut er das wirklich, das spürt er gar nicht so. Das, was die Leute *Schrecken* nennen, ist ja sein Element. Bestimmt will er ihnen nicht Angst machen, das liegt ihm ganz fern, aber er übertreibt auch nicht, sondern faßt nur das zusammen, was sie übersehen . . .«[24] Nicht weniger ist der Schrecken auch das Element eines Gert Hofmann, nicht weniger steht bei ihm das Entsetzliche im Mittelpunkt des Interesses und in der Nachbarschaft – wenn nicht zum Schönen, so doch zum Unterhalten, zum komischen Moment, zur grotesken Situation.

In der poetologischen Devise »Übersehen und Übertreiben«[25] spielt der Tod als wirkungsvollste Instanz des Schreckens die

Hauptrolle, wobei der Eindruck von ihm nie mit Mitleid gepaart ist. Er fungiert im Register der Effekte als Joker; aber seine Rolle wäre zu banal, wenn sein Einsatz nicht zugleich auch immer als Kunstgriff erkennbar wäre. Das Deuten, Auslegen, Zuspitzen, im Sinne eines Nietzschschen Perspektivismus – Hofmanns eigentliches Stilmittel –, erfährt in der Regel zugleich seine ironische Brechung. Wie Reinhard Baumgart bemerkt hat[26], sprechen Hofmanns Blinde »oft und gerne als ihre eigenen Interpreten«, sie werden, »sich selbst zurechtdeutend, so etwas wie ihre eigenen Germanisten«. Mehr oder weniger trifft das auf alle Figuren – auf Reisser in »Unsere Vergeßlichkeit«, auf den Lektor in »Die Fistelstimme«, auf den Kustoden in »Auf dem Turm« – in Hofmanns Romanwelt zu: Sie werden, bei jedem Fünkchen abstrahierbarer Wahrheit, das in ihren Worten steckt, immer auch gleich zu grotesken Verdeutlichern ihrer eigenen Lebenssituation. Der zentrale Gestus in diesem Werk ist – obwohl Hofmanns paarweise in Beckettscher Verfremdung auftretende Figuren meist eng beieinander stehen, sich fortwährend berühren und antasten – das Rufen und das Zeigen. Sie schwingen – wie der Kustode oder Reisser – Stöcke, sie deuten mit Stöcken auf Gegenstände und Gebäude, klopfen eine gleichsam kulissenhafte, poröse Außenwelt mit Stöcken ab. Allen Personen eignet eine geradezu aberwitzige Geschwätzigkeit und Aufdringlichkeit, sie sind – und auch hierin tritt der künstliche Charakter dieser Romane zutage – geradezu Abladeplätze für allerlei pseudophilosophischen Sprachmüll. Sie reden fortgesetzt Überflüssiges oder – wie der Schlachthofdirektor, der die Kinder auf das Sprichwort vom schlechten Apfel, der den ganzen Korb verdirbt, hinweist[27] – Unpassendes, das zur Situation aufgesetzt wirkt.

In vielen Fällen treibt Hofmann die Verdeutlichungssucht seiner Figuren derart auf die Spitze, daß ihr Sprechen gleichsam ad absurdum und der künstliche Charakter ihrer Sätze ins Lächerliche gesteigert wird. So stößt der Lektor in der »Fistelstimme«, von der abweisenden Haltung des Dekans aggressiv gestimmt, diesem mit einem kindischen »Puff, puff, puff« in den Bauch. Restlos albern verdeutlicht der Student Ilz dem Lektor sein verpfuschtes Studentenleben: »Die Stadt sei für ihn eine Falle gewesen, und die sei nun zugeschnappt. ›Schnapp‹, sagt er, ›hat die Stadt gemacht.‹ Auch das Studium der Philologie, besonders der deutschen, sei eine Falle gewesen. ›Schnapp, hat das Studium der deutschen Philologie gemacht. In einem Augenblick der Gedankenlosigkeit‹, sagt er, ›wirft sich jemand wie ich so einem Studium der deutschen Philologie in die Arme, und dann schnappt das Studium plötzlich zu.‹«[28] Die grelle Komik, die über der Szene liegt, steht im Kontrast zu dem übrigbleibenden Quentchen Ernst ihres Inhalts. Die Tendenz zur Aufhebung des Inhaltlichen, die durch die Verselbständigung formaler Elemente ausgelöst wird, macht den Text unfaßbar. »Kunstfertigkeit« heißt in diesem Zusammenhang nichts anderes als eine kaum definierbare Ambivalenz, Verzicht des Autors auf eine erkennbare Anwesenheit. Alles Gemeinte bleibt so beunruhigend ungewiß; kein Satz dient einer eindeutigen Aussage. Schreiben heißt für Hofmann sichtbar machen, dem Leser die Augen öffnen, ohne ihm dabei das beruhigende Gefühl zu vermitteln, das auf diese Weise neu Gesehene in den Griff kriegen zu können. Im Gegenteil – das wie durch eine Lupe Vergrößerte entzieht sich immer wieder »unserer Eroberung« in Form einer verbindlich sinnstiftenden Beurteilung. Entsprechend fremd steht das Werk dem Leser gegenüber. Es fasziniert, löst Betroffenheit oder Zustimmung aus, ohne jemals zur Identifikation einzuladen, es bleibt Kunstwerk, wird niemals zum »Lesestoff«.

Wie bewußt Hofmann auf diese Ambivalenz des Sinns und der Wahrnehmung abzielt, geht aus seiner Rede anläßlich der Verleihung des Hörspielpreises der Kriegsblinden hervor, in der er am Hörspiel Eigenschaften hervorhebt, die auf seine durch den Dialog gekennzeichnete Prosa nicht weniger zutreffen. »Hier kann, völlig ungezwungen, jede Sache von den vielen Seiten, die sie immer hat, vorgeführt werden, ihre Widersprüche treten an den Tag, bei aller Direktheit kann ebensoviel gesagt wie verschwiegen, verstanden wie mißverstanden werden.«[29]

In »Unsere Vergeßlichkeit« charakterisiert der Erzähler sein schriftstellerisches Verfahren als »Verfremdung und Verundeutlichung der Motive und des Formgegenstands, so daß man lange nicht weiß, worum es geht, und es sich bei deiner Vergeßlichkeit für den Leser, wie im Leben selbst, immer nur um *Sinnvermutungen*, die sich aber gleich wieder entziehen, handeln kann . . .«[30] Das dem Verstehen gleichgeordnete Mißverstehen, Sinnvermutungen – nur zu gut weiß der Autor, sein eigener souveräner Interpret, was er mit dem Leser »veranstaltet«, wohin er ihn schickt: ins Ungewisse, das – wie man am Vorwurf der Kunstfertigkeit beobachten kann – dann dem Rezipienten dementsprechend viel Kopfzerbrechen bereitet. Neben solch deutlich merkbaren Verfremdungen, die den Kunstcharakter dieser Literatur nur allzu offen zur Einsicht freigeben, sind auch rein spielerische Tendenzen unverkennbar. Zu ihnen zählt die Neigung, die Sprache als Material zu nehmen und ihren Mitteilungscharakter zu untergraben oder wertlos erscheinen zu lassen. So schildert der Kustode die ohnehin schon wie künstlich hergestellt wirkenden Gestalten, die in dem »dammuso« auf der Stange sitzen, durch eine Aneinanderreihung von Sprichworten: »Es sind damals alles Bauern gewesen. Erst hat man ihnen das Wasser abgegraben, dann den Brunnen vergiftet, dann die Scheune angesteckt.«[31] Auch der Verhaltenskodex, den sich der Kustode gegenüber seiner Frau auferlegt, setzt sich aus Redensarten zusammen: »So daß ich mir meinerseits das Haar nicht zerraufen darf und die Augen schließen und die Zähne zusammenbeißen und zu gewissen Zeiten nicht nach Hause kommen muß.«[32]

Sozusagen synthetisch wird hier der Text aus Sprachmaterial zusammengesetzt. An anderen Stellen erweisen sich die wörtlichen Reden als geschickte Montagen von typischen umgangssprachlichen Wendungen, die zu allem, nur nicht zu ihrem Träger und der Situation passen, in der sich dieser befindet. Die Komik, die in dem Frage-Antwort-Spiel Hofmannscher Dialoge liegt und die keineswegs unterhaltend harmlos ist, sondern in der sich stets auch Machtstrukturen, List und Angst widerspiegeln, sucht in der deutschen Gegenwartsliteratur ihresgleichen. Kaum ein Detail hält – wie im »Schlachthof-Kapitel« in »Unsere Eroberung« – der näheren Überprüfung auf Stimmigkeit und Logik stand und überzeugt doch durch seine Wirkung. Was Hofmann dem Leser hier bewußt schuldig bleibt, ist die Wahrscheinlichkeit, was er ihm schenkt, ist ein Kunstgebilde, das aus lauter Realitätspartikeln besteht. Literatur wird zu einem grandiosen, mit Schauereffekten angereicherten Schwindel. Schon in der »Vorgeschichte« zum »Verhör« im Schlachthof geht Hofmann mit Effekten nicht gerade zimperlich um: Ausgerechnet den Klavierunterricht soll der »umfunktionierte« Schlachthof während des Krieges beherbergt haben, wobei sich der ungeschlachte Schlächter auch noch dem unterrichtenden Fräulein zu nähern versucht hat. Unwahrscheinlich genug, weshalb dem Leser auch zugleich wieder mit einem Fingerzeig die Möglichkeit eingeräumt wird, daß die Kinder sich das »eben bloß wieder vorgestellt haben«. »Feststeht, daß wir während des Unterrichts oft müde gewesen sind und uns viel vorgestellt haben und dabei über die eine Seite der Wahrheit vielleicht hinausgegangen sind.«[33]

Gut beraten ist derjenige, der in dieser Anmerkung schon eine Vorwarnung auf die Glaubwürdigkeit des kommenden »Verhörs« liest, das voller Theatralik, Schein und Gebärde ist. Weder die Entrüstung über den Zustand des Schlachthofgeländes (»Was wir sehen, ist natürlich schlimm. Daß ein so verödetes Stückchen Welt bei uns überhaupt möglich ist. Da, diese entsetzlichen Rinderhallen! Hier das schlimme Schweinehaus!«[34]) klingt aus dem Munde neugieriger Kinder überzeugend noch das hilflose »Oh, ich könnte euch«, das der Schlachthofdirektor vor ihnen ausruft, um sie dann mit einem »Jetzt muß verhört werden« in Begleitung des besenschwingenden, »Hü, Lahmer, Hott, Blinder!« rufenden Schlächters zum Verhör zu scheuchen. Erstaunlicherweise muß sich der Schlachthofdirektor vor dem aberwitzigen Dialog noch konzentrieren und geht gesenkten Kopfes mit verschränkten Armen hin und her. Die Kinder hingegen sind keineswegs vor Schrecken starr und stumm, sondern erweisen sich als äußerst gesprächig, vorlaut und frech. »Da sind wir also verhaftet, fragen wir.« – »Was machen Sie mit der Zigarette jetzt, fragen wir, werden Sie sie sich wieder zwischen die Zinken klemmen?« – »He, was machen Sie denn da, rufen wir, als wir sehen, wie sich das Wundenplaner Schlachthoftor langsam hinter uns schließt, muß das Tor denn nicht offenbleiben?«[35] Es gehört zu Hofmanns Strategie der Verblüffung, daß die Rollen hier vertauscht sind, daß die Kinder gerissen und überlegen, der Schlachthofdirektor hingegen geradezu infantil wirkt: »Ach, rufen wir, wie es hier dampft! Ja, sagt der Schlachthofdirektor stolz, hier dampft es. Und warum, fragen wir, dampft es hier so? Weil wir, sagt der Herr Schlachthofdirektor, alles gründlich gesäubert haben. Warum hattet ihr denn gedacht, daß es hier so dampft, fragt er nach einem Augenblick. Oh, sagen wir, wir hatten gar nichts gedacht, wir hatten ja noch gar keine Zeit zum Denken.«[36] Daß Hofmann das Melodram des Schlachthofverhörs in einem Assoziationsraum nationalsozialistischer Gewalt ansiedelt (die blankgewichsten Stiefel, die unter dem Hallentor hervordringende »dunkle Flüssigkeit«, wahrscheinlich Blut, das auf heimliches Töten schließen läßt), ohne wie in dem gesamten Buch je konkret historisch zu werden, erhöht neben den künstlichen Gruseleffekten als mögliches reales Grauen die Vielschichtigkeit der gesamten Passage. Nie ist es Hofmanns Absicht zu informieren, wenn man sich – wie in »Veilchenfeld«, wo das Wort Jude kein einziges Mal auftaucht – einen Sachverhalt denken kann, nie will er den »vollen Umriß« eines Tatbestands oder einer Person geben, dessen Fehlen der ratlose Philologe Walter Hinck an »Veilchenfeld«[37] bemängelt. Hofmann »arbeitet« – wie er andererseits die Übertreibungen und Zuspitzungen liebt – mit Andeutungen, Anspielungen und Winken, die stets Neugierde und Interesse erwecken, nie aber befriedigen sollen.

Als ein durch und durch artifizielles und kompliziertes Gebilde, dessen Erkenntnischarakter keineswegs durch das mit ihm verbundene intellektuelle Vergnügen beeinträchtigt wird, tritt uns Hofmanns Romanwelt entgegen. Keinen Hehl macht der Autor daraus, daß er mit Sprache ein künstliches Konstrukt errichtet, das in erster Linie die Phantasie des Lesers beschäftigen soll, wie es während der Entstehung seine Phantasie beschäftigte. Er zwingt den Leser geradezu, sich zu vergegenwärtigen, daß er ein Stück Fiktion, ein Stück Kopfwirklichkeit vor sich hat, die absolut nicht vor Irrtümern gefeit ist und denen der intelligente Leser seine eigenen Gedanken entgegensetzen kann. Abrupte Einschübe, daß »nun etwas ganz andres folge«, oder der wie eine an den Leser gerichtete Entschluß »Gehen wir hinein« (in den Schlachthof)[38], machen immer wieder darauf aufmerksam, daß hier *erzählt* wird. Wiederholt wird der Leser wachgerüttelt, wenn er auf das Paradoxon trifft, daß das Erzähler-Wir in einen Anzug schlüpft. Auch in der fast »ewigen« Wiederkehr Hofmannscher Motive offenbart sich der Text als »gemacht«, als Produkt intellektuellen Kalküls. Jedes Buch wird durch die Verknüpfung derselben Motive zum integralen Bestandteil eines intendierten Ganzen, für denjenigen Leser geschrieben, der Lust am Wiedererkennen empfindet. Die lädierten Extremitäten, der halbe Zeigefinger des Partisanen, der herabhängende Arm der Frau Kohlhund, die »Pfote« des Kustoden, auch die klauenartige »Pfote« des Schauspielers, die halbabgestorbene, wie an einem Strick herabhängende Hand der Frau Henne, die Zinken des

Schlachthofdirektors werden zum erkennbaren Zubehör ein- und desselben Makabaretts. Seriell, wie von einem Buch zum anderen, stampfen Hofmanns »Helden« mit dem Fuß auf: der Erzähler in »Auf dem Turm«, dessen Frau, der Kustode, Casanovas Mutter, die Kinder in »Unsere Eroberung«, der Vater, der Schlachthofdirektor, der Schauspieler, Ripolus in »Der Blindensturz«.

Autor und Leser werden in der gemeinsamen Lust am Effekt, im geteilten Spaß an der gelungenen Formulierung, am Paradoxen oder an der sarkastischen Zuspitzung (Der Anzug des verstorbenen Herrn Henne ist »freigeworden«, der Vater hat das Butterschmalz »erobert«) zu überlegenen Verbündeten. Mag sein, daß in Hofmanns künstlicher Welt die epische Schlüssigkeit geopfert wird[39], aber schlüssig wollen Hofmanns Erzählungen zu allerletzt sein. Im Gegenteil – nur durch die stete Verunsicherung wird für Hofmann das (eigene) Interesse an der Literatur wachgehalten. Literatur muß der »Beladenheit« unseres Kopfes entsprechen, denn die im Gegensatz dazu befindliche Welt ist, wie Brissot, der Inspektor der Pariser Kloaken, befindet: »Die erfreuliche, runde, gefüllte Welt, die Sie sich immer vorgestellt haben, gibt es, wie sich inzwischen herausgestellt hat und wie es für alle Zeiten unabänderlich feststeht und bewiesen ist, . . . gar nicht, sondern die Welt, bis an ihren äußersten Rand, genauso wie meine Bühne, ist leer, meine Herren, ist leer.«[40]

Anmerkungen

1 Gert Hofmann: Die Fistelstimme. Reinbek bei Hamburg 1983. S. 59 f.

2 Ebenda, S. 136.

3 Heinrich Vormweg: Bücher im Gespräch. Manuskript, Deutschlandfunk, 20. 7. 1980.

4 Reinhard Baumgart: Der Blindensturz. In: Frankfurter Allgemeine Zeitung, 11. 5. 1985.

5 Gert Hofmann: Unsere Vergeßlichkeit. Roman. Darmstadt/Neuwied 1987. S. 36.

6 Ebenda, S. 47.

7 Die Fistelstimme, a. a. O., S. 202.

8 Ebenda, S. 167.

9 Ebenda, S. 167 f.

10 Gert Hofmann: Auf dem Turm. Roman, Darmstadt/Neuwied 1984. S. 61.

11 Die Fistelstimme, a. a. O., S. 234.

12 Zit. n. Gustav René Hocke: Manierismus in der Literatur. Reinbek bei Hamburg 1959. S. 159.

13 Die Fistelstimme, a. a. O., S. 228 f.

14 Gert Hofmann: Unsere Eroberung, Darmstadt/Neuwied 1984. S. 242.

15 Die Fistelstimme, a. a. O., S. 128.

16 Auf dem Turm, a. a. O., S. 74 u. 75.

17 Ebenda, S. 78.

18 Ebenda, S. 79.

19 Ebenda, S. 81.

20 Gert Hofmann: Gespräch über Balzacs Pferd. Novelle. München 1984. S. 141.

21 Unsere Vergeßlichkeit, a. a. O., S. 33.

22 Gespräch über Balzacs Pferd, a. a. O., S. 132

23 Ebenda, S. 138 u. S. 142.

24 Gert Hofmann: Der Blindensturz. Erzählung. Darmstadt/Neuwied 1985. S. 101.

25 Offenbar hat sich Hofmann Nietzsches Ratschlag zunutze gemacht, daß man als Künstler »ein Sammler bei Tag und Nacht« sein solle. Heißt es bei Nietzsche, daß die Hauptmittel der Kunst im »Weglassen und Übersehen« bestehen, so sieht sie Hofmann im »Übersehen und Übertreiben« (»Unsere Vergeßlichkeit«, S. 33). Spricht Hofmann von der »Vorspiegelung von Tatsachen, welche falsch sind«, so betont Nietzsche das »Zurechtfälschen« der Wirklichkeit. Vgl. Bruno Hillebrand: Artistik und Auftrag. München 1966. S. 27 u. passim. Wie brillant Hofmann die Kunst des Auslassens beherrscht, machen vor allem seine beiden Bücher »Unsere Eroberung« und »Veilchenfeld« deutlich, in denen mit ausgesprochener Provokanz alle konkret historischen Reminiszenzen an den Nationalsozialismus ausgespart bleiben und das, was dokumentarisch überzeugend belegt werden könnte, wider alle Logik der Gewohnheit als böses Märchen serviert wird.

26 Reinhard Baumgart: Der Blindensturz, a. a. O.

27 Unsere Eroberung, a. a. O., S. 76. Selbst eine so realistisch gezeichnete Figur wie Veilchenfeld in Hofmanns untypischstem Roman wirkt übertrieben leutselig, etwa wenn er sich am Tisch des Arztes mit den Worten bedankt: »Jedenfalls werde ich Ihnen diese Einladung nie vergessen, und wenn ich hundert Jahre alt werden sollte, was ich aber für unwahrscheinlich halte.« (Gert Hofmann: Veilchenfeld. Erzählung. Darmstadt/Neuwied 1985. S. 22).

28 Die Fistelstimme, a. a. O., S. 51.

29 Gert Hofmann: Hörspiel und Literatur. In: Neue Rundschau, 1983. H. 4., S. 156.

30 Unsere Vergeßlichkeit, a. a. O., S. 64.

31 Auf dem Turm, a. a. O., S. 37.

32 Ebenda, S. 57.

33 Unsere Eroberung, a. a. O., S. 63.

34 Ebenda, S. 77.

35 Ebenda, S. 83.

36 Ebenda, S. 87.

37 Walter Hinck: Der Tod des »Großen Ohrs«. In: Frankfurter Allgemeine Zeitung, 25. 3. 1986.

38 Unsere Eroberung, a. a. O., S. 184 u. 49.
39 S. Jochen Hiebers Kritik: Die Schrecken der Welt am Tage Null. In: Frankfurter
    Allgemeine Zeitung, 17. 4. 1984.
40 Gespräch über Balzacs Pferd, a. a. O., S. 133.

Peter Urban-Halle:
Schauplatz Menschenkopf.
Wahrheit und Wirklichkeit bei Gert Hofmann

In Gert Hofmanns Dankesrede zur Verleihung des Hörspielpreises der Kriegsblinden 1982 findet sich ein Satz, der zum Verständnis seines gesamten Werkes beitragen kann. Er heißt: »Der Schauplatz meiner Werke, ob man sie nun liest oder hört, ist und bleibt der Menschenkopf.«[1] Auch eingedenk der grotesken Phantastik, die Hofmanns Bücher bestimmt, überrascht dieser Satz durch seine Pointiertheit. War man nicht immer davon ausgegangen, daß Hofmanns Schauplätze in Slowenien und Holland, in Sizilien und Sachsen lägen? Gab es nicht einen deutschen Sprachlehrer, der an der Universität Ljubljana ankam, bekannte Dichter, die nach Riga oder Bern reisten, ein Ehepaar, das in das trostlose Nest Dikaiarcha-eia verschlagen wurde, Kinder, die durch das irritierende Labyrinth des zerstörten Limbach stolperten? Und gibt es in »Veilchenfeld« nicht wiederum ein Kind, das von den Ereignissen im Sommer 1938 wiederum in Limbach berichtet?

Doch Menschenkopf und realer Ort sind zwei verschiedene Schauplätze. Hofmann spiegelt die Wirklichkeit nicht einfach ab, denn das hieße, vor ihr zu kapitulieren, sie so zu akzeptieren wie sie ist. Dem widerspricht auch nicht das Urteil seines Kollegen Klaus Hoffer, welcher Hofmann als Archäologen und Detektiv pries, der jenen Augenblick der Wahrheit suche und finde, um den es immer gehe und um dessentwillen es sich einzig lohne zu schreiben und zu lesen.[2] Denn es reicht offenbar nicht aus, objektiv zu berichten, was war, um die Wahrheit zu finden. Es reicht nicht aus, gewissenhafter Abschilderer der Wirklichkeit zu sein, der, und kopierte er sie noch so meisterhaft, immer nur ihr Apologet und damit Verfechter der herrschenden Verhältnisse bliebe. Offenbar gibt es einen Unterschied zwischen Wirklichkeit und Wahrheit. »Der Schauplatz meiner Werke (. . .) ist und bleibt der Menschenkopf.« Was anderes ist damit gemeint als Imagination und Manipulation? Wer die Wahrheit sucht, muß – die Wirklichkeit im Blick – gegen diese anschreiben, denn nichts gibt sie freiwillig her. Wer die Wahrheit sucht, muß sie erfinden.

Überaus deutlich wurde das bei der Erzählung »Der Blindensturz«, einer Geschichte, die von Anfang bis Ende erfunden ist. Hofmann ließ sich von dem gleichnamigen, ebenso faszinierenden wie mysteriösen Bild Pieter Brueghels inspirieren, das 1569 entstand und heute im neapolitanischen Museo Nazionale hängt. Aber es ist kein historischer Rapport über die Entstehung eines Bildes. Nach Hofmanns eigener Aussage habe ihn Brueghel wenig interessiert, sein Vorbild sei eher Francis Bacon gewesen, den die Darstellung des Schreis immer beschäftigt habe.

Noch etwas verbindet den Maler im »Blindensturz« mit Bacon: Sie halten sich ihre Modelle – diese sozial isolierten, deformierten Figuren – vom Leibe. Bei Bacon kauern sie irgendwo in einer übermächtigen kahlen Zone (als habe er gegen den Horror vacui einen Horror tactus, ein Grauen vor der Berührung, eingetauscht), bei Hofmann studiert der Maler aus einem Fenster blickend die organisierte Farce. Er braucht die Distanz, um seine Idee ungestört formen und den von ihm veranstalteten Schrecken selber aushalten zu können. Was sich lange anbahnt und nun vollstreckt wird, ist ein Menschenexperiment. Der Maler entpuppt sich als teils kalte, teils besessene Seele, er ist insofern Künstler, als er der Inszenator eines Opferganges ist, den er, um ihn schmackhaft zu machen, ästhetisieren will. Darin liegt die Wahrheit dieser Erzählung: in Motivation, Arbeitsweise und dann vollendetem Werk dessen, der die Blinden und ihren Untergang porträtiert, und in der naiven Gutgläubigkeit der Opfer, die aus ihren Wahrnehmungsschwierigkeiten herrührt.

»So, und nun, mein guter Freund, sag ihnen, daß sie noch einmal stürzen sollen, sagt der Maler dann, weil er uns nicht gestellt, sondern beschleunigt, in Bewegung, als Vorgang nach unten bringen will.

Und dann schweigt er und steht wahrscheinlich vor der Staffelei und umreißt uns oder füllt uns aus, während die Magd uns enger aneinanderstellt, uns die Kappen tiefer in die Gesichter zieht und uns, unter Händeklatschen, wieder auf die Brücke jagt.

Aber wir gehen ja schon, rufen wir.

Und dann laufen und straucheln wir wieder und schreien und stürzen so langsam und so deutlich wie möglich in den Bach und liegen eine Weile auf den Steinen, und dann richtet man uns wieder auf. Andererseits auf der Leinwand, wie der gute Freund sagt, die rasche Verwandlung der überflüssigen und häßlichen Blinden in ihr wahres und schönes und entsetzliches, uns alle ergreifendes Bild.«[3]

(Mit dem Erscheinen des Malers schlägt die Groteske ins Tragische um. Der Sturz des blinden Häufchens Elend, dieser »düstere Zug nach unten« ist unaufhaltsam. Kann die Wahrheit der Erzählung noch weitergetrieben werden? Kann sie womöglich als Anspielung auf den Nationalsozialismus verstanden werden? Hat der mühevolle Weg der Blinden in der Juden-Deportation sein Vorbild?)

Vielleicht ist »Der Blindensturz« Hofmanns bislang beste Arbeit, weil es seine tiefgründigste ist. Darüber hinaus wird er hier zum Virtuosen eines sozusagen narrativen Dialogs. Unterstützt durch Formalitäten wie das Weglassen der Anführungsstriche erzählt er die Geschichte durch ein in Zeit und Ort fortlaufendes Zwiegespräch.

Komplizierter ist das Verhältnis von Wirklichkeit und Wahrheit in der längeren Erzählung »Auf dem Turm«. Ein deutsches Ehepaar bleibt wegen einer Autopanne in einem sizilianischen Nest stecken. Der Ort könnte zwar durchaus existieren, doch sind die phantastischen Elemente so deutlich oder, wenn man will, so dick aufgetragen, daß es sich auch hier um »erfundene Wahrheit« handeln muß. Da treibt ein satanisch gezeichneter Kustode die Fremden durch den trostlosen Flecken, wo Halbwüchsige auf bestialische Weise eine Ziege abschlachten, wo alte Frauen, von denen man nicht weiß, ob sie tot oder lebendig sind, in einem schimmligen Loch vor sich hindämmern, wo ein Knabe sich als Clou einer touristischen Veranstaltung von einer Turmruine stürzt.

Der Weg durch den sizilianischen Ort gehört zu den infernalischsten ›Spaziergängen‹ der deutschen Literatur. Die Innenwelt dieser beiden grotesk miteinander verketteten Menschen manifestiert sich in der Wirklichkeit der Außenwelt. Dazu bedurfte es freilich der Bearbeitung durch den Autor. Erst mit den Etappen der Zweierbeziehung in Zusammenhang gesetzt, kann in der Wirklichkeit die Wahrheit erkannt werden. Bei Hofmann bekommt die Beziehungsproblematik, die in der Literatur zur Genüge bekannt und breitgetreten ist, eine weitere Dimension: sie wird als Weltflucht dargestellt und der Welt zugleich gegenüber gestellt. Diese Weltflucht schlägt sich – paradox, aber wahr – in einem ausschließlichen *Überlebenswillen* nieder, wie es Klaus Hoffer formuliert. Über die oben angesprochene *private* Deutung hinaus liegt für ihn die – allgemeine – Wahrheit der Erzählung in der Einsicht, daß der Überlebenswillen der Feind der Selbsterkenntnis und daß, wer nur überleben will, ein schon zu Lebzeiten Toter sei.[4] Nach den entsetzlichen Vorgängen des Tages, nach gegenseitigen Enthüllungen und zwischen Eros und Todestrieb angesiedelten Bettszenen heißt es – privaten und allgemeinen Gehalt zusammenfassend – im letzten Kapitel: »Gut, und dann sind wird wieder allein, ich und meine Frau. Stumm stehen wir uns gegenüber. Schnell werden ein paar Lügen gewechselt, ein paar Seufzer hervorgebracht. Einander in den Armen hängend, küssen wir uns auch. Von Scheidung soll nun nicht mehr die Rede sein, wir sehen unserer Heimkehr entgegen. (. . .) Eine Marotte, uns immer nur mit uns selbst und mit unseren Beziehungen zueinander zu beschäftigen, rufe ich, glaube ich, noch und steige rasch in den Wagen. Plötzlich ein Vorgefühl der Wahrheit über die Verfassung der Welt, über Maria, Mario, M. Diagonale, den Kustoden, über mich.«[5]

Im sächsischen Limbach spielt das umfangreiche Buch »Unsere Eroberung«. Wenn auch das kürzere Genre dem Autor mehr liegt, ist dieses Buch für die Dialektik von Wahrheit und Wirklichkeit beispielhaft. Zum erstenmal führt Hofmann hier einen Wir-Erzähler ein: Kinder erleben den 8. Mai 1945 – ihre Eroberung, unsere Befreiung. An diesem realen Tag, in dieser realen Stadt, werden sie von der Mutter auf eine irreale Odyssee geschickt: Es soll Butterschmalz im alten Schlachthof geben, bei einer Kriegerwitwe ist ein praktisch ungetragener Anzug zu erben, und im Theater geraten sie fast in die Finger eines Päderasten. Auch hier wird keine Wirklichkeit abgeschildert, die die Wahrheit doch nur verdeckte.

Ähnlich wie in der Erzählung »Veilchenfeld«, die zwar später entstand, aber eigentlich die Voraussetzungen für die Situation in »Unsere Eroberung« beschreibt, geht es um Verdrängung. Nur daß hier die Verdrängung der NS-Vergangenheit die handgreifliche Form der Verbergung annimmt. Wohin die Kinder auf ihrem Weg durch »ihre kleine Stadt« auch geraten, immer wird vor ihnen etwas versteckt. Nun wird ein Satz verständlich wie: »Zwar sind wir in der Stadt gewesen, (. . .) aber gesehen haben wir nicht viel, das heißt, dasselbe wie immer.«[6] In Wirklichkeit sehen die Kinder tatsächlich nicht nur »nicht viel«, sondern gar nichts oder allenfalls den Akt des Versteckens. Die Wahrheit liegt dahinter. Die Frage nach dem Grab eines tschechischen Zwangsarbeiters, den der Vater wegen Arbeitsverweigerung im Bottichraum seiner Peitschenfabrik offenkundig töten ließ, wird von den Eltern als unsinnig hingestellt oder provoziert Wutausbrüche. Dieser Wirklichkeit wird vom kindlichen Wir-Erzähler die Imagination entgegengestellt, durch die sie der Wahrheit auf die Spur kommen. Vorher verschlossen sie Augen und Ohren, um die väterliche Fabrik nicht einmal von außen wahrnehmen zu müssen, nun lassen sie ihrer Phantasie freien Lauf, um sogar in sie hineinblicken zu können. Über vier Seiten führt uns Hofmann die Enthüllung jenes »Ereignisses« vor, wobei sich die Kinder die Zwangsarbeiter in dem stinkenden, glitschigen Bottichraum immer deutlicher vorstellen können. »Kaum einen Schritt können wir in unserer Vorstellung zwischen den Bottichen ohne zu stürzen gehen. Während die Tschechen, die, wie unsere Häute, aus Dippoldiswalde kommen, auf Wunsch unseres Vaters, der vom Schreibtisch her alles dirigiert, zwischen den Bottichen sogar rennen müssen. Weil in unserem Kopf, von Edgar hineingetrieben, nun auch die Tschechen wieder da sind. (. . .) Merkwürdig, denken wir, er erinnert sich nicht an die rissige, hohe, von den Bottichdämpfen ganz grau verschmierte Wand, an die man sich nicht lehnen darf! Doch dann fällt uns ein, er kann sich ja auch nicht erinnern, wir haben uns die Wand ja bloß *gedacht*. Und daß wir ihm die Wand des Bottichraums, an die sich der Tscheche gelehnt hat, gezeigt haben, haben wir uns wohl auch bloß *gedacht*, denn wir haben den Bottichraum in Wirklichkeit ja niemals betreten.«[7]

Auch die vier Novellen in dem Band »Gespräch über Balzacs Pferd« handeln von wirklichen Personen an wirklichen Orten. Die »Wahrheit« ihrer Existenz besteht in der Einsamkeit des Dichters, in seinem Verlassensein in und von der Wirklichkeit. Am erschütterndsten liest sich die Lenz-Novelle, in der die Hauptperson in die Heimat zurückkehrt, aber auch dort nun fremd geworden ist und ihre Worte an ein stummes Phantom, den Vater, richtet. Das Verhältnis von Wirklichkeit und Wahrheit ist in den anderen drei Novellen spannungsvoller dargestellt: die Wirklichkeit hat zwar redende Menschen aufzubieten, in Wahrheit kommt aber keine Kommunikation zustande.

Der Vater-Sohn-Konflikt der vier Texte – in der Lenz-Erzählung eindeutig, in den anderen Novellen in abgewandelter Form – trägt das Gleichnis vom verlorenen Sohn in sich. In der biblischen Tradition aber beruhigt ja noch eine Ordnung, welche die Verlorenen wieder aufzunehmen bereit ist. Eher entspricht Hofmanns Gleichnis dem Sturm und Drang, wo die Selbstkastration des Lenzschen Hofmeisters zum Symbol des Sich-Entziehens, der Rebellion gegen Althergebrachtes, der Negierung bürgerlicher Pflichten wird und damit zugleich jede Verbindung zur Welt – oder sollte man besser sagen: zur Wirklichkeit? – kappt. Lenzens Rückkehr ist darum keine. Hofmanns Künstlernovellen sind sein radikalster Versuch zu zeigen, daß die Künstler in der Wirklichkeit nicht zuhause sind, weil sie die Brücken hinter sich abbrachen und somit nirgends mehr zuhause sein können. Ihre ubiquitäre Fremdheit zwingt sie, ihre Wahrheit in sich zu tragen. Diese Wahrheit hat mit der Wirklichkeit wenig gemein, denn Wirklichkeit wird von den vier Protagonisten schlichtweg ignoriert. Hofmann indes schreibt *gegen* die Wirklichkeit an, ja kann es nur, weil er sie zuvor beachtet und in seine Überlegungen mit einbezogen hat. Muß nicht in den Novellen auch eine Kritik an einem sei es absoluten, sei es sich abkapselnden Kunstbegriff gesehen werden? Lenz zu seinem Vater: »Verse, Vater, lauter Verse!‹ In welche er sich selbst, wen sonst, hineingegossen hat.«[8] Und ein paar Zeilen weiter sein Gedicht:

»Hier ist nichts für mich
In dem weiten All,
Viele sind mir nichts,
Können mir nichts sein,

Und der einzige, der vielleicht
Mir sein könnte,
Ist nicht.«[9]

Und was sagt Balzac? »Das Leben, sagt er, ist nur unter der
Bedingung erträglich, *niemals darin zu sein.*«[10] So einfach, daß die
Wahrheit unter allen Umständen in der Kunst ihre Heimat fände,
kann es demnach nicht sein. Zuversichtlicher scheint mir das
Theater, mithin die Kunst, in »Unsere Eroberung« eingeschätzt zu
werden: »Welches Leben es da gibt, verglichen mit unserem Leben!
Wie die Schauspieler, wenn der Vorhang oben ist, plötzlich als ganz
andere Menschen (auch *Un*menschen, Tiere, Ungeheuer) aus den
Kulissen springen (. . .)«[11], Sätze, die das Theater als Inbegriff
erfundener Wahrheit den Verhüllungsmechanismen der Wirklichkeit (in der der Vorhang immer unten ist) entgegenhalten. Balzac
dagegen findet das vieldeutige Wort vom »Wirklichkeitstheater«[12],
das seinem eigenen »falschen« Stück, wie er es resigniert nennt, den
Rang abläuft.

In seinen Künstlernovellen sieht Hofmann die Kunst auch unter
dem Aspekt des Selbstbetrugs. Er sieht neben der blinden Ignoranz
des Bürgers auch den verblendeten Wahn des Dichters. Aber der
Dichter bleibt für ihn das Besondere. Während er die Grenzen des
Individualismus aufzeigt und einem Empirismus mißtraut, der den
lebendigen einzelnen ignoriert, sucht Hofmann in diesem Besonde-
ren den Geist des Humanen, der eben nicht nur den Bürgern,
sondern auch – wie in »Veilchenfeld« demonstriert – dem totalitären
Staat und seinen Einwohnern unerträglich ist.

Die Erzählung »Veilchenfeld« entstand, wie erwähnt, nach dem
Buch der Eroberung, ist aber deren historische Voraussetzung.
Wieder leiht sich der Autor eine Kinderstimme, die des kleinen
Hans, um, gewissermaßen aus der Froschperspektive, wieder aus
Limbach zu berichten. Der 63jährige Philosophie-Professor Bernhard Veilchenfeld, nunmehr Bernhard Israel Veilchenfeld heißend,
der von der Leipziger Universität verbannt wurde, zieht in eine
sächsische Kleinstadt, wo er außer von Hansens Eltern von allen
anderen Bewohnern gemieden wird. »Er denkt eben anders«, lautet
die Antwort auf eine diesbezügliche Frage der kleinen Schwester.
Veilchenfeld verkörpert die Figur des vielseitig gebildeten, bürgerlichen Juden, der dem teils subtilen, teils offenen Terror des Pogrom-

jahrs 1938 hilflos gegenübersteht. Er ist ein Verwandter der weltfremden Dichter-Figuren der früheren Novellen. Nicht nur die Aussage, daß sie Repräsentanten des Geistes sind, die gegen die Macht nichts auszurichten vermögen, kann man über sie machen, sondern aus ihren Schicksalen muß man auch die Erkenntnis gewinnen, wie wenig der Geist gegen die sei es Gefühllosigkeit, sei es Brutalität dessen vermag, das einfach nur *ist* und diesen Geist nicht besitzt. Es ist eindrucksvoll und befremdlich zugleich, mit welcher Stille und Zurückhaltung Gert Hofmann die Demütigung und Vernichtung des Menschen durch den Menschen darstellt. Immer steht bei ihm die desperate Kreatur, das deklassierte Geschöpf im Mittelpunkt. Das Motto seines Werkes müßte lauten: »Homo homini lupus.« Allerdings sind die Täter in der Regel weder präsent noch gilt ihnen das Hauptaugenmerk. Im Mittelpunkt steht vielmehr das Opfer (nur der »Blindensturz« gibt dem Täter, dem Maler, größeres Gewicht). Die Leidenserfahrung ist es, die alle Bücher Hofmanns gemein haben; sie macht ihn zu einem Moralisten, aber – da er bei aller Wahrheitssuche kein Weltverbesserer ist und sein Wahrheits-Wirklichkeits-Konflikt immer ein wenig dem Kampfe Davids gegen Goliath ähnelt – eben zu einem »hoffnungslosen«[13] Moralisten.

Die Erfahrung des Leidens wie die Fähigkeit zu solcher Erfahrung besitzen neben dem Protagonisten auch die Eltern des kleinen Hans; sie sind weltläufiger als ihre Nachbarn. Angesichts des Verhaltens der Obrigkeit und – schlimmer noch – der Bevölkerung überfällt den Vater der alptraumartige Zweifel, daß falsch sein könnte, wofür man sich zuvor womöglich eingesetzt hatte. Als die Eltern den Professor gleich nach seiner Ankunft einladen, werden ihnen die Scheiben eingeworfen. Dem Vater, der Arzt ist, wird vom Gesundheitsamt »nahegelegt, ›den Patienten Veilchenfeld wegen mutmaßlicher Erbkrankheiten nicht mehr ärztlich zu betreuen‹«.[13a] Eine trinkende Nazigesellschaft, der er nachts in die Hände fällt, setzt ihn unmenschlichen Demütigungen aus. Vollends gebrochen wird er durch die Unerbittlichkeit der amtlichen Stellen. Als er den Ausreiseantrag stellen will, bekommt er die organisierte Gemeinheit in ihrem ganzen Ausmaß zu spüren. Unzählige Male muß er sich zu der betreffenden Behörde bemühen, ohne jemals vorgelassen zu werden. Ein mitgebrachter Klappstuhl wird ihm als Provokation ausgelegt. Als er endlich vor dem zuständigen Beamten steht, der seinen Paß in Händen hält, glaubt er sich am Ziel seiner Wünsche. Aber dem Tor, das sich scheinbar öffnet, wird nur ein letzter Riegel vorgeschoben: »Herr Professor Bernhard Israel Veilchenfeld, kraft der mir verliehenen Befugnisse entziehe ich Ihnen hiermit die Staatsangehörigkeit eines Deutschen und stoße Sie für immer aus unserer Volksgemeinschaft aus. Und dann hat Herr Thiele, noch ehe Herr Veilchenfeld hat nicken können, vor den zwei Zeugen den Paß in zwei Teile gerissen und die Teile dann immer weiter zerrissen, und den Deckel, weil er zum Zerreißen zu fest gewesen ist, mit einer Papierschere durchgeschnitten, das ging leichter. Bis von dem Paß nur noch Schnipsel übrig waren, die Herr Thiele vor sich zu einem Häufchen aufgeschichtet hat. So, hat er gesagt.«[14]

All dies will man nicht wahrhaben. Die Eltern befinden sich in einer zwiespältigen, aber für viele damals typischen Lage. Sie wollen den aufrechten Gang beibehalten und stecken dabei den Kopf in den Sand. Nicht einmal die Gedanken sind mehr frei. Gekonnt zeigt Hofmann, daß ein System erst dann den Sieg davongetragen hat, wenn alle unter Kontrolle sind und vor allem sich selber unter Kontrolle haben. Hofmann macht das an kleinen Dingen klar, zum Beispiel, daß die Stimme des Vaters, ob er nun traurig oder froh ist, »stets ebenmäßig« bleibt. Oder daß Sätze und Gedanken, die zu weit führen könnten, hastig abgebrochen werden. Der plötzliche Satzabbruch ist ein Kunstmittel, das Hofmann gerne einsetzt und das früher auch schon als »überstrapaziert« kritisiert wurde. Hier hat dieses Mittel – auch gehäuft – durchaus seine Berechtigung, da es die tief wurzelnde Angst vor einer nicht greifbaren Macht und die Selbstkontrolle der Menschen veranschaulicht. In der Pariser Zeitung »Le Monde« erklärte er: »Es ist nicht die Angst vor den konkreten Dringen wie den Atomkraftwerken, sondern vor dem Leben allgemein. Um diesen Zustand des Unbehagens beim Leser hervorzurufen, gebrauche ich die Syntax, ich zerhacke die Sätze.«[15] Zum Beispiel: »Da ist der Vater schon aus der Tür. Und denkt: Nie, nie lasse ich Veilchenfeld sterben selbst wenn . . . Und vergißt den Schluß seines Gedanken dann.«[16]

Dem Verhältnis von Tatsache und Verdrängung entspricht unser Begriffspaar Wahrheit und Wirklichkeit. Die Wirklichkeit dieser gemütlichen Kleinstadt ist das »grausige Gerücht«, wie es der Vater nennt, die Wirklichkeit ist das Raunen, das Darüber-Hinweggehen und Vergessen – die Wahrheit dagegen ist der Folterkeller unterm Rathaus oder die zerschlagenen Schaufenster des jüdischen Konfektionshauses Eplinius & Hirsch. Die Wirklichkeit heißt Weggucken, wenn man zu nahe dran ist, und Hingucken, wenn man in sicherer Entfernung sich befindet. Sie heißt Nicht-Berühren, sonst verbrennt man sich die Finger. Nach der Nacht des Überfalls auf Eplinius & Hirsch gibt es eine vielsagende Szene für diese Dialektik von Wirklichkeit und Wahrheit. »Als wir mit der Mutter am nächsten Morgen langsam daran vorbeigehen, sind die Schaufenster eingeschlagen, und die Scherben liegen auf dem Fußsteig, man zerschneidet sich die Schuhe daran. Also bitteschön nicht reintreten, sagt die Mutter und führt uns an den Scherben vorbei.«[17] Das Vorbeiführen der Kinder an den Scherben ist nichts anderes als die Kapitulation vor der Wirklichkeit und das Nichtakzeptieren der Wahrheit. Die Erzählung beginnt und endet mit dem aus der Stadt geschleppten Sarg des alten Philosophen; eindringlicher kann ein System nicht charakterisiert werden, das auf dem Tod gründet und in den Tod führt. Veilchenfels »Verfall«, wie es heißt, beginnt sich in der Mitte des Buches abzuzeichnen. Die Aufwartefrau kündigt, und man stellt ihm – »Pst (. . .) es handelt sich um einen Scherz« – das Wasser ab: die Wohnung und er verkommen immer mehr. Nur die Hoffnung auf den Paß hält ihn noch am Leben. Als auch die sich zerschlägt, ist der »Verfall« nicht mehr aufzuhalten. Um der »Verlegung«, wie die Deportation beschönigend genannt wird, zu entgehen, läßt er sich vom kleinen Hans ein Pflanzenschutzmittel besorgen – vorgeblich um dem Insektenbefall seines winzigen Gärtchens vorzubeugen.

Mit dem Tod des Professors ist die Unschuld endgültig aus dem Buch verbannt. Die Erwachsenen sind mitschuldig, weil sie in Gedanken oder Worten am Vernichtungszug teilnehmen oder auch nur tatenlos zusehen. Sie bilden eine harmonische Horde. Die Hofmannsche Harmonie ist keine Versöhnung der Gegensätze, im Gegenteil: sie schließt aus, sie ist die dumpfe Harmonie einer Gemeinschaft, die sich gegen den Außenseiter richtet. Sie hat ihre grellen Vertreter vom Schlage Joseph Lansky, der Veilchenfeld unvermittelt ein »entartetes Krüppelvieh« nennt, das man »in unsere Stadt nie hätte hereinlassen sollen.« Schneidender aber wirken jene

Volksgenossen, die die schweigende Mehrheit bilden, jene zuschauenden Nichtstuer wie der Postkartenverkäufer Schindler oder die Frau Stöck oder die Herren Berger, Biele, Schöpke oder die Frau Miller-mit-i. Sie alle gucken zu, wie die Bücher Veilchenfelds aus dem Fenster geworfen werden und machen sich Gedanken über die Konstellation der Sterne. Und sie gucken zu, wie seine Leiche aus der Stadt geschafft wird.

Wie in Hofmanns früheren Büchern spielt das Zuschauen als perfides Instrument der Demütigung und Unterdrückung eine wichtige Rolle. Ja, nicht einmal der Vater, der den Patienten Veilchenfeld immerhin bis zuletzt behandelt, ist unschuldig. Schon ziemlich zu Beginn meint er, daß Beste für den Professor sei der Selbstmord. Wie jeder gemeine Nazi-Scherge wünscht er ihm also – aus welchen Gründen auch immer – den Tod.

Und wie verhält es sich mit den Kindern, mit dem Rettungsring, auf dem »Gnade der späten Geburt« geschrieben steht? Selbst sie werden systematisch in die Schuld getrieben. Nachdem sie sich schon lange an allerlei Schikanen beteiligen mußten, geht ihre Unschuld spätestens in dem Augenblick unwiderruflich verloren, als Hans dem Professor das Gift überreicht. Und wie werden die jugendlichen Fanatiker bezeichnet, die die Bibliothek des Professors vernichten? »Da tritt das Kind einen Schritt zurück, damit es Herrn Veilchenfeld besser überschaut. (. . .) Es hat, wie alle anderen auch, sein ganzes Leben in unserer Stadt verbracht und stößt in dieser Nacht überraschend auf Herrn Veilchenfeld, es wundert sich, daß es so etwas gibt. In seinen hübschen glatten Kopf paßt er nicht hinein. (. . .) Das Kind ist siebzehn, vielleicht achtzehn, wenn es neben Herrn Veilchenfeld steht und ihn töten will. Einer muß es ja tun, sagt es sich. (. . .) Aber dann überlegt das Kind es sich anders und steckt das Messer, das es im Geiste schon aus seiner Scheide gezogen hatte, wieder weg. Und zupft den verlegen lächelnden Herrn Veilchenfeld bloß am Ohr, so wie er nun manchmal gezupft wird.

Ein Ohr, sagt es. Ja, sagt Herr Veilchenfeld. Willst du, daß wir es dir abschneiden? Nein. Nicht wahr, sagt das Kind.[18]

Kinder also! Sie wissen nicht, was sie tun. Aber unschuldig sind sie in Wahrheit nicht. Der einzige Unschuldige, ein überdies Argloser und Geduldiger – welch rotes Tuch für die Meute! – nimmt sich das Leben. Es ist für ihn die einzige Möglichkeit, seine Besonderheit zu bewahren. Alles Besondere wollte der Nationalsozialismus im gewaltsamen Tod von Millionen einebnen. Er greift auch nach Veilchenfeld. Humanität und Einspruchsvermögen kann er nur retten, indem er die besondere Todesart des Suizids der Ermordung und ihrer gleichmacherischen Wirkung vorzieht.

Es gibt Kritik an Hofmanns »Veilchenfeld«. Nicht sehr stichhaltig ist die des Germanistik-Professors Hinck, der den Philosophie-Professor Veilchenfeld als wissenschaftlich unausgefüllt empfindet. Um das Ausmaß menschlicher Erniedrigung zu begreifen, müssen wir nicht bis ins Kleinste die von Veilchenfeld vertretene Philosophie erfahren.

Berechtigter ist die Kritik an Hofmanns Diktion. Sie ist ja auf den ersten Blick das Auffallendste an seinen Texten. Seine virtuose, souveräne Sprachbeherrschung wurde seit der ersten Prosaveröffentlichung »Die Denunziation« von 1979 hervorgehoben. Das Überraschende aber ist die Naivität seines Stils, die lethargische Leser gerade aufzustören vermag. Walter Hinck drohte bereits mit dem neuen Schlagwort der »Neuen Naivität«, obwohl damit nur die halbe Formfrage beantwortet wird, denn die Konstruktion ist – im Gegensatz zur Diktion – alles andere als naiv. Im Gegenteil: In hier willkürlich herausgegriffenen Beispielen wie der ambivalenten Darstellung von Mord und Selbstmord in »Veilchenfeld« oder im langsam sich steigernden, mit retardierenden Momenten verzögerten Aufbau im »Blindensturz« oder in der gelungenen Verbindung von Innen- und Außenwelt im »Turm« verrät er nicht nur Finesse, sondern auch Raffinesse. Hofmann kann dunkel sein, ohne zu raunen, er besitzt Weisheit, ohne den Esprit zu vernachlässigen, er benutzt die Phantasie, ohne den Geist hintanzustellen.

Mit seinem teils kindlich-unschuldigen, teils naiv-sachlichen Ton, mit dem er die schrecklichsten, empörendsten Dinge erzählt, hat er einen eigenen Stil gefunden. Ein zweischneidiges Lob. Denn damit läuft er Gefahr, auf veränderte Verhältnisse und Erfordernisse nicht mehr adäquat reagieren zu können (vielleicht ist es für einen Künstler besser, fortwährend auf der Suche nach dem eigenen Stil zu sein, als ihn zu finden). Einerseits wird durch den Kunstgriff, aus der Warte eines Kindes berichten zu lassen, größtmögliche Glaubwürdigkeit angestrebt. Nach dem Motto »Kindermund tut Wahrheit kund« soll unverstellter, offener und direkter gesagt werden, was ein Erwachsener, durch Konventionen gegängelt, vielleicht verfälschen würde. Das Leiden soll formuliert werden, ohne daß ihm etwas dabei verlorengeht. Und im naiven Ton soll sich die Einsamkeit des Kindes spiegeln, das, versunken in sein Spiel, der Wirklichkeit den Rücken zuwendet und nun erst die ganze Wahrheit entdeckt. Andrerseits aber könnte eben dieser Kunstgriff ein Gefühl der Künstlichkeit und Abstraktheit erzeugen. Geht es Hofmann neben der Wahrheitssuche, für die er die dichterische Freiheit einsetzt, vielleicht um die Reinheit einer Sprache, der keine Schwäche, kein Pathos, aber auch keine Leidenschaft mehr erlaubt ist? Die pädagogische Absicht des Autors scheint auf der Hand zu liegen: Er will die Ereignisse von einem berichten lassen, der sie nicht versteht, um dem Leser selber Analyse und Urteil zu überlassen. Aber sein charakteristischer Ton kann bei grundsätzlicher Anwendung dazu führen, einen Text seelenlos zu machen. In einem Interview verriet Gert Hofmann seine Vorliebe für das Groteske, das dem Humor seine Betulichkeit nehme. Es bleibt zu fragen, ob der naive Stil das Groteske noch betont oder ihm gerade die Betulichkeit anhängt, die ihm sonst nicht eigen ist.

Anmerkungen

1 Gert Hofmann, Hörspiel und Literatur. In: Neue Rundschau, Band 3, Frankfurt/Main 1983, S. 158.
2 Klaus Hoffer, Stätte des Gerichts. Gert Hofmanns Roman »Auf dem Turm«. In: Die Zeit, 8. Okt. 1982, Literaturbeilage, S. 7.
3 Gert Hofmann, Der Blindensturz. Darmstadt/Neuwied 1985, S. 111 f.
4 Klaus Hoffer, a. a. O., S. 8.
5 Gert Hofmann, Auf dem Turm. Darmstadt/Neuwied 1982, S. 212 f.
6 Gert Hofmann, Unsere Eroberung. Darmstadt/Neuwied 1984, S. 299.
7 ebd., S. 148 f.
8 Gert Hofmann, Gespräch über Balzacs Pferd. Salzburg/Wien 1981, S. 28.
9 ebd., S. 29.
10 Unsere Eroberung, a. a. O., S. 13.
11 ebd., S. 113 f.
12 Balzacs Pferd, a. a. O., S. 143.
13 Hörspiel und Literatur, a. a. O., S. 158.

13a Gert Hofmann, Veilchenfeld, S. 118.
14   Gert Hofmann, Veilchenfeld. Darmstadt/Neuwied 1986, S. 141.
15   J.-L. Rambures, Les mauvais rêves de Gert Hofmann. In: Le Monde, 19. Dez.
     1986, S. 22 (»Ce n'est pas la peur des choses concrètes, disons des centrales
     atomiques, c'est celle de la vie en général. Pour recréer cet état de malaise chez le
     lecteur, je me sers de la syntaxe, je hache les phrases.«).
16   Veilchenfeld, a. a. O., S. 137.
17   ebd., S. 84.
18   Veilchenfeld, a. a. O., S. 128 f.

Lily Maria von Hartmann: Auf der Suche nach dem Autor.
Erzählstrukturen im Werk Gert Hofmanns

Seit 1979 hat Gert Hofmann sieben Prosawerke veröffentlicht.[1] Man hat diesen Autor anläßlich jeder Neuerscheinung als Erzähl- und Sprachkünstler gerühmt und ihm »Souveränität«, »Kunstfertig-keit«, »Virtuosität« u. ä. zugesprochen.[2] Wiederholt wurde allerdings zugleich Skepsis angemeldet, die im Ansinnen Reinhard Baumgarts gipfelte, Gert Hofmann müßte »mehr von sich preisgeben als sein Können«.[3] Erst 1986 mit dem Erscheinen der Erzählung VEILCHENFELD wird dem Erzähler Hofmann nahezu uneinge-schränktes Lob zuteil, und Verena Auffermann antwortet auf ihre, die kritischen Stimmen zusammenfassende Frage »Wo ist der Autor?«: »Daß er sich im Hintergrund hält, bedeutet nicht, daß er nicht anwesend sei.«[4] Eine Antwort auf die Frage, in welcher Form der Autor anwesend ist, sucht man in den Rezensionen jedoch vergeblich – wenn man sich mit der Herstellung autobiographischer Bezüge, z. B. bei VEILCHENFELD, nicht zufrieden geben will. Gefragt wird auch nicht wirklich nach dem Autor, sondern nach einer Erlebnisperspektive, mit der sich der Leser identifizieren könnte. So ist nicht weiter verwunderlich, daß wesentliche Erzähl-momente entweder gar nicht erfaßt oder unverstanden bleiben.

In der Novelle DIE DENUNZIATION (1979) wendet sich *der Anwalt Karl Hecht* schreibend an einen Kollegen, den er mit *lieber Flohta* anredet, und berichtet von Ereignissen, die sich 1944 abspielten, und Ereignissen mit aktuellem Bezug. Der Bericht bzw. die Berichte sind in eine *ich*-Rede eingefügt, die sich zeitlich über eine Nacht erstreckt. Einschübe wie *lese ich* oder *denke ich* lassen den Text als protokollartige Niederschrift erscheinen, die aber ihrerseits in die *er*-Rede eines mit Hecht nicht identischen Erzählers eingebettet ist, der sich seinerseits in wiederholten Einschüben von der Art *schreibt Hecht, schreibt er, liest er* oder *hat Hecht gedacht* manifestiert. Die Einbettung in die lediglich formal signalisierte *er*-Form fand man verwirrend und überflüssig.[5]

Hauptfigur von DIE FISTELSTIMME (1980) ist ein Lektor, der in der Nacht in Ljubljana ankommt und die Stadt einen Tag später, ebenfalls in der Nacht, wieder verläßt und im Zug niederschreibt, was sich in den vorangegangenen vierundzwanzig Stunden ereignet hat. Diese Niederschrift in *ich*-Form hat ebenfalls einen Adressaten, der beim ersten Mal mit *lieber Herr (liebe Frau), und wenn ich schreibe Sie, meine ich Sie, lieber Herr (liebe Frau)!*[6] Die namenlose Anrede findet sich einige Male im Text, und der Angeredete wird an dem Geschehen auch durch Aufforderungen wie *wie Sie vielleicht denken* oder *schauen Sie* oder *werden Sie mich fragen* u. ä. beteiligt. Ein hin und wieder eingeschobenes *er schreibt* oder auch *schreibt der Lektor* verweist auf eine mit dem Lektor nicht identische Erzählinstanz. Gegen das Ende des Romans ist drei aufeinanderfolgenden Passagen einmal ein *Ich schreibe:*, dann ein *Er schreibt:* und dann wieder ein *Ich schreibe:* vorangestellt. Mit *lieber Herr (liebe Frau)* könnte der Leser angesprochen sein, doch ist dieser wohl kaum der fiktive Referent. Warum, fragt man sich, erzählt Gert Hofmann im Rahmen einer so verwirrenden Konstruktion?[7]

In CASANOVA UND DIE FIGURANTIN im 1981 veröffentlichten Novellenband sind die Szenen aus Casanovas Leben ebenfalls in eine Konstruktion eingebettet:

In einem kürzlich ans Licht gekommenen Brief an den Portugiesischen Gesandten Da Silva schreibt der Fürst von Ligne (1735–1814) über seinen Freund Giacomo Casanova (1725 bis 1798) unter anderem, wie dieser an einem bestimmten Punkt seines Lebens eine bestimmte unheimliche Begegnung gehabt habe, die sein Leben gewiß geändert hätte, wenn sein Leben an diesem Punkt noch zu ändern gewesen wäre. Denn Ihr müßt Euch, schreibt er, vorstellen, daß [. . .][8] Über Casanova geschrieben hat der Fürst von Ligne, und

Adressat des Schreibens ist Da Silva, der, wie hier, hin und wieder aufgefordert wird, sich etwas vorzustellen oder zu denken. Der Konjunktiv und das *schreibt er* signalisieren vermittelte Rede. Wer ist der Vermittler? Fürst von Ligne spricht von sich in *wir*-Form: *Das ist die unheimliche Begegnung, von der wir erzählen wollten.*[9] Diese Begegnung findet erst im zwölften und vorletzten Kapitel statt, da in den ersten elf Kapiteln von anderen Begegnungen berichtet wird. Nun heißt es: *Um ehrlich zu sein: er* (Casanova) *hatte gar nicht mehr damit gerechnet, er hielt sie* (die Mutter) *nämlich für tot.*[10] Wenn man sich nicht vorstellt, daß der Erzähler und Casanova identisch sind, ist das *um ehrlich zu sein* nicht adäquat. Zum Darstellungsstil Gert Hofmanns gehört, daß sich nahezu alles aktuell ereignet, daß vor allem aber aktuell geredet und gedacht wird. Nur wenn der Erzähler sozusagen in der Hauptfigur steckt, kann er in dieser Form von ihr berichten. Im Widerspruch zu dieser Darstellungsform stehen Einwürfe von der Art *von der er uns aber selbst erzählt hat* oder *wenn wir uns nicht irren* u. ä. Zugleich signalisiert der *wir*-Erzähler aber auch, daß er über den Verlauf der Geschichte entscheidet: *Doch lassen wir das, und sagen wir nur so viel, daß dies die Begegnung gleichfalls nicht gewesen ist.*[11] Warum dieses Verwirrspiel mit der Erzählperspektive?

In der Novelle GESPRÄCH ÜBER BALZACS PFERD führt Gert Hofmann einen *wir*-Sprecher ein, den er fünfmal kurz zu Wort kommen läßt, jedesmal mit dem Hinweis *wir sind im Theater*. Von diesem *wir* erfährt der Leser: *Doch wir sagten es schon: wir sind im Theater! Wir haben Schminke im Gesicht, stecken in Theaterröcken, sitzen in Theatersesseln, Theaterluft hüllt uns ein. Wir sind also auf alles vorbereitet.*[12] An anderer Stelle heißt es: *Denn wir sind ja im Theater, Ihr erinnert Euch, der Monat ist August. Die Sonne wäre jetzt am Untergehen, wenn sie aufgegangen wäre, doch wird hier auf das Wetter verzichtet.*[13] Was ist das für ein *wir*? Es führt den Leser zum Schauplatz der Szene, ist aber eine vom Leser kaum zu realisierende Zutat.

Der Roman AUF DEM TURM (1982) hat eine vergleichsweise konventionelle Erzählstruktur: in *ich*-Form wird von den Ereignissen eines Tages berichtet. In der Erzählung DER BLINDENSTURZ (1985) spricht ein sechs Blinde repräsentierender *wir*-Erzähler. In VEILCHENFELD (1986) schließlich erzählt ein heranwachsender

Knabe, der teilweise für sich und seine kleinere Schwester in *wir*-Form spricht. Einmütig lobten die Rezensenten den Kunstgriff, die Demütigung, Mißhandlung und Vernichtung eines jüdischen Professors im Jahr 1938 aus der Perspektive eines Kindes zu erzählen. Nicht so bei dem zwei Jahre zuvor veröffentlichten Roman UNSERE EROBERUNG (1984), in dem ebenfalls aus der Kinderperspektive, aber durchgehend in *wir*-Form berichtet wird.

In diesem Roman scheint *wir* für ein Brüderpaar zu sprechen, bei dem sich der eine in nichts von dem anderen unterscheidet. Zwei müssen es sein, denn zu lesen ist *wir also, mit unserem Edgar in der Mitte* oder *unser Edgar zwischen uns.* Es fiel aber auf, daß dieses Brüderpaar mit nur einer Wunde, nämlich *unserer Wunde*, in nur einem Anzug herumläuft. An dem *wir* wird herumgerätselt. Ein Kritiker vermutet, hier spreche der Autor Gert Hofmann mit, ein anderer Kritiker stellt fest, daß nicht nur das *ich* Gert Hofmanns im *wir* mitrede, sondern daß es denunzierend auch den Leser miteinschließe.[14] Und in der Zürcher Zeitung wird kritisch bemerkt: »Kurz und gut: es wird nicht klar, mit wem man es zu tun hat, und was hier eigentlich los war.«[15] Was da festgestellt wird, ist ganz richtig. Es erstaunt nur die Unsicherheit. Jeder kann sich davon überzeugen, daß der Text von UNSERE EROBERUNG Äußerungen enthält, die aus dem Munde eines Kindes kaum denkbar sind, beispielsweise: *Von diesem Tag soll hier die Rede sein, bis in die Nacht hinein.*[16] Der Tag ist der 8. Mai 1945. Hier spricht ein Erzähler, der ausdrücklich über den Gegenstand seiner Erzählung entscheidet. Auch die folgenden Reflexionen nehmen sich im Munde eines etwa zwölfjährigen Jungen seltsam aus. *Wer käme auch auf die Idee, daß eine so kleine Stadt so einen großen Schlachthof hat! Möglich, daß man einen See hier vermutet, eine Fischzucht, einen Badestrand, aber einen Schlachthof? Ja, man muß sich Mühe geben, sich einen Schlachthof hier auch nur vorzustellen.*[17] Oder es heißt zur Mitteilung, daß eine Bombe achtundachtzig Menschen unter den Trümmern ihrer Häuser begraben hat: *Sie sollen gerade geschlafen, gegessen, über etwas nachgedacht, mit jemandem gesprochen, sich auf etwas gefreut, sich vor etwas gefürchtet haben, als . . . Nein, wir stellen es uns nicht vor, wir denken lieber an etwas anderes.*[18] Oder: *Gewiß die Leute waren damals verwirrt, und das Chaos war allgemein, aber trotzdem, trotzdem!*[19]

Das Erzähl-*wir* in UNSERE EROBERUNG ist ein »neuartiges Experiment«, schrieb P. M. Lützeler und stellte dazu fest, daß es ästhetisch nicht zu überzeugen vermag.[20] Dieses Urteil nehme ich als Fragestellung auf, um im Prosawerk von Gert Hofmann die konsequente Weiterentwicklung einer Erzählstruktur zu belegen, an der gemessen die von VEILCHENFELD viel weniger schlüssig ist.

Da ist in DIE DENUNZIATION der Anwalt Hecht, aus dessen Niederschrift hervorgeht, daß er, der nun Fünfundfünfzigjährige, weder von Vergangenheitsbewältigung noch von Gegenwartsbewältigung viel hält. Alle Informationen, die Hecht in unseren Augen denunzieren, vermittelt er dem Leser, ohne sich in Frage zu stellen. Seltsam!

In seiner Niederschrift zitiert Hecht Aufzeichnungen seines toten Zwillingsbruders, berichtet von Besuchen eines Lehrers in seinem Büro und von Auseinandersetzungen mit seinem Sohn. Von wem oder von was immer berichtet wird, es wird im unverwechselbaren Stil Gert Hofmanns erzählt. Die typischen Merkmale sind:

- zeitliche Einebnung im Präsens
- Einschub von *schreibe ich, lese ich, sage ich, rufe ich* und auch *sagt er, ruft er* oder *schreibt er*
- Hervorhebung von Worteinheiten durch Kursivdruck
- Abbruch der Rede gekennzeichnet durch Auslassungszeichen.

Hecht vertraut sich einer Person an, die nun ihrerseits unter Hinzufügung von *schreibt Hecht, liest er, hat Dr. Hecht gedacht* offenbar referiert, was Hecht mitteilte. Wer da eigentlich spricht, ist nicht eindeutig bestimmbar.

Mehr oder weniger unverständlich bleibt auch, daß der Bericht Hechts in einer Nacht von etwa 22 Uhr bis gegen 6 Uhr, also im Zeitraum von weniger als sieben Stunden zustande kommt. Zudem ist es äußerst unwahrscheinlich, daß jemand seine Bewegung im Raum, wie etwa aufstehen, ans Fenster treten, etwas trinken usw. gleichzeitig niederschreibt. Wenig plausibel ist außerdem, daß sich dieser Anwalt Hecht in diesen sieben Stunden zu einem lobenswerten Erzählkünstler entwickelt. Oder sollte die Person, an die sich Hecht mit *lieber Flohta* wendet, der Erzählkünstler sein? Lauter Unstimmigkeiten, die man dem Autor ankreiden könnte und auch angekreidet hat. Zu diesem Ergebnis gelangt man, wenn man die Rahmenkonstruktion ausblendet.

Was erfahren wir über diesen Flohta, an den sich Hecht wendet? Dem Text ist zu entnehmen, daß Flohta ein Kommilitone von Hecht war, also wohl im gleichen Alter und wohl ebenfalls Jurist ist. Einschüben wie *wie Sie sich vielleicht erinnern* und *wie Sie wissen* zufolge ist Flohta mit der Familie Hechts bzw. gewissen die Familie betreffenden Daten bekannt. Er weiß, daß Hecht von seinem Zwillingsbruder seit fünfzehn Jahren nichts mehr gehört hat. Er kennt die Lage des Hauses, er weiß, daß Hecht nicht über seinen Sohn spricht, und daß Hecht und sein Sohn nicht mehr miteinander sprechen, und zwar seit fünf Jahren. Hecht scheint sich diesem Flohta ziemlich kontinuierlich mitgeteilt zu haben. Die Voraussetzungen der beiden Existenzen sind offenbar die gleichen, denn Hecht sagt: *Wo ich mich, wo man sich, wo wir uns, guter Flohta, über unsere Erfolge ja wahrlich nicht beklagen können, oder?*[21] Mit dem *wir* spricht Hecht für sich, für Flohta und ihresgleichen, hier die Gruppe der Menschen, die meinten, die Geschehnisse im Dritten Reich ignorieren zu können. *Wir* schließt den Angesprochenen ein. Der Angesprochene ist Flohta, zugleich aber auch der Rezipient des Textes. Die selbst nicht in Erscheinung tretende Figur des Flohta motiviert diesen Sprachgestus. Wesentlicher ist hier aber ein anderer Aspekt. Genau betrachtet unterscheidet sich Flohta von Hecht überhaupt nicht und kann als ein Doppel des *ich*-Erzählers gesehen werden. Die Darstellung des *ich*-Erzählers ist dann als eine Auseinandersetzung mit einem nach außen projizierten Ich, dem Partner eines inneren Dialogs, zu lesen. Diese Doppelung oder Spaltung des Hecht-Ichs motiviert die für Gert Hofmann spezifische Erzählrede und spiegelt gleichzeitig die seelische Gestörtheit des bis zur Erzählsituation alles verdrängenden Hecht.

Wer aber ist die sich in den Einschüben *schreibt er, liest er, denkt er* u. ä. manifestierende Erzählinstanz, wenn nicht Flohta? Wenn es dieser nicht ist, bleibt nur der Autor Gert Hofmann. Eben diese Annahme würde nicht nur den durchgängigen und unverwechselbaren Erzählstil, sondern auch den Umstand rechtfertigen, daß Hecht berichtet, als sähe er sich selbst zu.

Die Struktur von DIE FISTELSTIMME ist ähnlich. Das erzählende Ich folgt sich schreibend durch die vorangegangenen vierundzwanzig Stunden. Mit *lieber Herr (liebe Frau)* wird eine scheinbar nicht identische und nicht weiter konturierte Figur angesprochen. Zusätze wie *er schreibt* deuten auf eine mit dem *ich*-Erzähler nicht identische Erzählinstanz.

Für beide Prosawerke ist kennzeichnend, daß die *ich*-Rede in einen Rahmen gelegt ist, in dem sie als referierte Rede erscheint, dabei aber die Merkmale sogenannter Zweckrede, d. h. auf Handlungsdisposition eines Hörers gerichtete Rede, bewahrt. Der Hörer ist nur als Angesprochener präsent und tritt nicht als selbständige Figur in Erscheinung. Ebensowenig wird der ›Referent‹ zur Handlungsfigur. Der Bewußtseinshorizont des sich selbst darstellenden Erzählers ist identisch mit dem des Adressaten und dem Referenten. Ziemlich schlüssig ergibt sich daraus die Annahme, daß es sich um eine Brechung oder Spaltung ein und desselben Bewußtseins handelt. Erzählstruktur und -technik entsprechen der jeweils erzählten Figur bzw. der ihr eigenen, an Schizophrenie grenzenden psychischen Gestörtheit. Obwohl auf den ersten Blick erzähltechnisch konventionell anmutend, ist die Novelle DIE RÜCKKEHR DES VERLORENEN JAKOB MICHAEL REINHOLD LENZ – die erste im 1981 erschienenen Novellenband – voller Hinweise auf die hier dargelegte Erzählkonzeption.

Der Anfang der Novelle lautet: *Kaum daß der Dichter Jakob Michael Reinhold Lenz am Morgen des 23. Juli 1779 mit dem Schiff von Lübeck nach Riga gekommen ist, begibt er sich* [. . .][22] Da ist ein Erzähler, der – heute nicht mehr ungewöhnlich – im sogenannten historischen Präsens von vergangenem Geschehen berichtet. Er zeigt uns einen Lenz, der an dem genannten Tag seinem Vater auf Schritt und Tritt folgen, hinter ihm herstolpern, ihn anrufen, auf ihn einreden wird. Es spricht, abgesehen vom Erzähler, ausschließlich Lenz. Der Vater bleibt stumm. Die Konstruktion der Novelle unterscheidet sich von der der beiden vorangegangenen Werke dadurch, daß ein Erzähler die Hauptfigur einführt, und daß diese Hauptfigur spricht und nicht schreibt.

Die Novelle hat zwölf Abschnitte, die sich wie eine Folge von Szenen aneinanderreihen und jeweils mit einer die Szene situierenden Beschreibung des Erzählers beginnen. Die Rede des Lenz, die mit dem Ruf *Vater!* einsetzt, ist ein dialogisierender Monolog. Lenz signalisiert die Anwesenheit des Vaters, indem er ihn anspricht, mitunter für ihn spricht und sich darauf bezieht, z. B. »*Sie möchten also [. . .] Sie wollen also [. . .] Gut, also ich bitte Sie!«* oder *Wovon er rede? Gut gefragt.* Der Text der einzelnen Abschnitte ist fortlaufend gedruckt, und wie immer bei Gert Hofmann prägen stilistisch-rhetorische Merkmale den Text durchgängig, unabhängig von Bezugsebenen und Bezugsformen. Von wenigen Ausnahmen abgesehen wird im Präsens erzählt und dies immer aus der Perspektive unmittelbaren, die Anwesenheit des Redenden voraussetzenden, Erlebens.

Die Position des Erzählers erscheint zunächst als Außenposition. Als habe er sich an die Fersen von Lenz geheftet, folgt er diesem seinerseits von einem Ort zum anderen, nämlich dem mit einem Umzug in ein neues Haus und den Vorbereitungen eines Festes anläßlich seiner Ernennung zum Generalsuperintendenten beschäftigten Vater. Vorletzte Station am Abend ist das Fest:

[. . .] doch Lenz, der mit ihm sprechen will, läßt ihn einfach nicht und klammert sich an ihn. Aber das geht doch nicht! Daß der würdige Vater den merkwürdigen Sohn, der nun buchstäblich an ihm hängt, so durch den ganzen Saal hindurch [. . .] Da tuscheln die Gäste natürlich. Aber das ist ja [. . .] Unerhört! Aber das ist ja unerhört![23]

Der Erzähler referiert und kommentiert das Geschehen aus der Perspektive eines Anwesenden. Der Kommentar ist mißbilligend. Er spricht offenbar als Repräsentant der den Lenz vernichtenden Wirklichkeit, personifiziert im Vater, der den Lenz sodann aus seinem Haus entfernen läßt und ihn damit einem zu denkenden schlimmen Ende ausliefert.

Die Aufhebung der räumlich-zeitlichen Distanz zur Erzählgegenwart mittels Präsens und die einen Adressaten voraussetzenden Ausrufe und Fragen gehören zu den vielen Merkmalen des Erzählstils von Gert Hofmann. Der Leser wird auf diese Weise als Publikum am dargestellten Geschehen beteiligt. Die Erzählperspektive ist jedoch nicht auf diese Aspekte festgelegt. Zu Beginn des neunten Abschnitts heißt es:

Aber nun weiter, weiter! Der Abend ist nun plötzlich da. Wohin jetzt mit dem jungen Lenz? Der noch in seinen Reisekleidern steckt, wenn sie auch abgeklopft sind. Und auf seine beharrlich insistierende Art nicht von dem Vater läßt. Was auf einem Einzugsfest natürlich peinlich ist.[24]

Auch hier deutet Mißbilligung auf eine Identifikation mit dem Vater, der sich möglicherweise fragt, was er mit Lenz machen könnte? Die Frage kann jedoch zugleich als Reflexion des Erzählers gelesen werden: wie nun weiter? Dann zeigt sich der Erzähler als Instanz, die den Verlauf der Geschichte bestimmt.

Es tritt, wie oben schon erwähnt, in der Novelle nur eine Figur als *ich*-Sprecher auf: Lenz. Seine Äußerungen sind mit Anführungszeichen versehen. Es können zwei Bezugsebenen unterschieden werden: die der Redesituation und die vergangener Situationen, d. h. Stationen auf dem Wege in materielle und psychische Not. Im Text stehen die Sequenzen in wörtlicher Rede in unmittelbarem Wechsel mit Sequenzen in *er*-Form, meist im Indikativ, vereinzelt auch im indirekte Rede markierenden Konjunktiv I. Dieser Wechsel der Redeart ist ein weiteres Merkmal der Prosatexte Gert Hofmanns. Konsequenterweise verzichtet er in den späteren Veröffentlichungen auf die Kennzeichnung wörtlicher Rede mittels Anführungszeichen. Der Text selbst ist wörtliche Rede, und Figurenrede ist bei Hofmann immer referierte Rede, erkennbar an den für seine Texte typischen Zusätzen *sagt er* oder *ruft er* sowie an der Einbettung in einen Dialog.

Die an den Vater gerichteten, die Erzählrede immer wieder unterbrechenden Rufe, wie »*Vater, bitte, sagen Sie doch was! Lachen Sie doch mit! [. . .]*« oder »*Jawohl, Herr Vater, ich sage Schmerz. [. . .]*« oder »*So warten Sie doch, mein Vater!*«, verleihen dem Text eine eigene dramatische Wirkung. Rufe und Fragen sind jedoch den Darstellungsstil durchgängig prägende Merkmale und begründen den Wechsel von *ich*-Form und *er*-Form kaum. Inhaltlich, d. h. die Kontinuität des erzählten Geschehens betreffend, ist der Wechsel ebensowenig motiviert. Sich auf vergangenes Geschehen beziehende Textausschnitte sollen diese Behauptungen belegen. Eine Textpassage lautet beispielsweise:

Lenz ist, weil er nun weiß, wie leicht seine Existenz sein könnte (wegen der enttäuschten Hoffnung also), in einer womöglich noch verzweifelteren Situation. Aus welcher nur ein Ausweg bleibt. Jawohl, ein Bettelbrief! Der an wen zu richten ist? Natürlich an den Vater! Und nimmt Feder und Papier, [. . .][25]

Ausruf und Frage verweisen auf einen Sprecher, der sich diese Situation vergegenwärtigt und wie Lenz zu jenem Zeitpunkt auf diese unmittelbar reagiert.

Der wörtlich wiedergegebene Brieftext endet mit *Bitte sagen Sie mir Ihre Meinung über diesen Brief und meinen Charakter nicht! Schicken Sie mir nur das Geld!*,[26] im Text ohne Anführungszeichen. An diese Aufforderungen unmittelbar anschließend *»Und wirklich«*, sagt Lenz, *»kommt dann ein Brief von Ihnen [. . .] Und dann, als der Brief geöffnet ist: Ha, aber Sie schicken mir das Geld ja gar nicht! Ha, sondern schreiben mir ja Ihre Meinung über meinen Charakter [. . .]«* und in dieser Form weiter über zwölf Zeilen bis zum Ende des vierten Abschnitts, wo die Rede dann mit *auch keine Gelegenheit versäumt haben* (der Vater), *mich auf die Gefängnisse hinzuweisen, in denen ich verfaulen . . .«*[27] abbricht.

Die Zitate belegen nicht nur die Durchgängigkeit des Darstellungsstils, die den Wechsel von *er*-Perspektive und *ich*-Perspektive unmotiviert erscheinen läßt. Sie lassen auch eine Verschiebung der Position des Erzählers von außen nach innen erkennen. Es ist Lenz, der vergangene Ereignisse ›vergegenwärtigt‹. Er ist erzählendes Ich, und es sind seine Bewußtseinsinhalte, die in der Rede vermittelt werden. Der Erzähler berichtet nicht nur, was von Lenz zu sehen und zu hören ist, sondern auch, was dieser denkt. Hin und wieder wird auch durch ein *denkt Lenz* oder *denkt er* u. ä. explizit darauf verwiesen. In den Textpartien in *er*-Form ist jedoch nicht immer erkennbar, was referierte Rede des Lenz und was Gedanke ist, denn Lenz denkt im gleichen Stil, in dem der Erzähler berichtet und Lenz spricht. Sehr häufig ist eine Äußerung des Lenz auf einen vorausgegangenen Gedanken bezogen und umgekehrt, wie beispielsweise in den folgenden Textsequenzen.

Wegen seiner . . . (hier zögert er) Krankheit? Doch er faßt sich wieder, denn die liegt ja hinter ihm. »Ha, die liegt hinter mir.«[28] Es wird hier noch in ganz konventioneller Form signalisiert, daß sich Lenz selbst eine Frage stellt. Da ist ein Gedanke, der ihn beunruhigt, der dann aber nicht ausgesprochen wird. Oder:

»Laufen Sie doch nicht so schnell.« Trotz seines Alters, wie ist denn das möglich, daß er da noch so kräftig ist? »Ein Hüne sind Sie ja!«[29]

Die in die direkte Rede integrierte Frage ist eine auf die von Lenz erlebte Situation bezogene Reflexion.

Die Position, aus der in der *er*-Form erzählt, gesprochen und gedacht wird, ist identisch mit der eines im Geiste neben sich stehenden Lenz, der wahrnimmt, was um ihn und mit ihm geschieht, der sich agieren sieht und hört. Nicht anders als in den vorangegangenen Werken Gert Hofmanns ist der Erzähler ein Doppel des erzählenden Ichs. Auch aus den Passagen, in denen der Erzähler sich Lenz von außen nähert, ihn vor das Auge des Lesers führt, erfährt dieser nichts, was von Lenz nicht ebenfalls wahrnehmbar wäre. Die Lenz-Novelle bietet insofern einen Schlüssel zur Erzählstruktur bei Gert Hofmann, als diese Verdoppelung auch eintragendes Erzählmoment ist:

Aber: Während Lenz so in den Vater hineinspricht und vor lauter Insistenz dann sogar seine Hand, die gesunde, nicht die gebrochene, auf die viel größere und fleischigere Hand des Vaters legt, hört er auch, wie er in den Vater hineinspricht, und sieht, wie er seine Hand auf die des Vaters legt. Daß er sich immer so verdoppeln, immer so außer sich sein muß! Und als der Vater, dem er von der Verdoppelung noch nichts gesagt hat, dann auf einen Sessel zugeht, um sich das Schuhband zu knüpfen, läßt er Lenz in der Ecke doppelt zurück, einmal als den, der betroffen und ungehört dasteht, und zum anderen als den, der zuschaut, wie er dasteht und wie er ungehört ist.[30]

In der Lenz-Figur ist eine ›Verdoppelung‹, eine Bewußtseinsspaltung angelegt. Lenz, der an den Forderungen und Vorstellungen der Außenwelt zerbrechende Dichter, der innen und außen, Vergangenheit und Gegenwart nicht mehr zu unterscheiden vermag. Eine der letzten Stationen seines Reise- und Leidensweges ist ein Irrenhaus. Er wird von seinem Bruder in Vertretung des Vaters dahin geführt: »*Ins Tollhaus. Zur Aufbewahrung.*« Im Rahmen dieser Vergegenwärtigung heißt es: *Und plötzlich, wie Lenz so gefoltert erzählt, wie er durch den hohen Turm hinter dem harten Bruder herläuft, während er in Wirklichkeit ja durch das neue Haus hinter dem gütigen Vater herläuft, doch da ist er dann gar nicht mehr in dem Rigaer Haus, sondern wieder in dem Turm in Frankfurt [. . .]*[31] Wer die Einebnung von Vergangenheit und Gegenwart bei Gert Hofmann nicht schon akzeptiert hat, findet hier einen anschaulichen Grund.

Im Widerspruch zu der These, es werde ausschließlich aus der Perspektive des Lenz erzählt, scheint zu stehen, daß der Erzähler sich aus der Außenposition mißbilligend äußert und, wie dargelegt, die Szene offenbar aus der Perspektive des Vaters kommentiert. Der

Vater wird zusammen mit Lenz vom Erzähler eingeführt, und der Leser erfährt weitgehend vom Erzähler, wo der Vater jeweils geht und steht. Die Vorstellung vom Vater als stumm und ungerührt wird aber vor allem dadurch erzeugt, daß er in Rede und Gedanken des Lenz als vergeblich Angesprochener erscheint. Im kranken (?) Bewußtsein des Lenz wird der Vater zu einem übermächtigen Gott — eine Szene, in der die Novelle kulminiert. Alle die Figur des Vaters darstellenden Textpartien können als Projektion von Lenz gelesen werden. Demzufolge sieht und hört sich Lenz nicht nur mit eigenen Augen und Ohren, sondern auch mit denen seines Vaters. Sich mit den Augen des anderen sehen, sei es mißbilligend oder liebend, ist wohl kaum einem von uns fremd. Gert Hofmann integriert dieses Verfahren in seine Erzählperspektive und begründet so unter anderem die Spaltung von Erzähler und erzählender Hauptfigur bzw. den Wechsel von direkter und indirekter Bezugnahme.

Nicht anders als in der DENUNZIATION und in der FISTEL-STIMME entspricht der Bewußtseinshorizont des fiktiven Erzählers genau dem des ›Helden‹. Stummer Adressat ist hier der Vater, dessen Bewußtsein ebensowenig eine eigene Kontur hat.

In den späteren Werken wird aus dem *er* und dem *ich* der ersten Erzählung ein *wir*. Dieses *wir* ist eine konstruierte Erzählinstanz. In seiner Dankesrede für den Preis der Kriegsblinden 1983 sagt Gert Hofmann: *Der Schauplatz meiner Werke, ob man sie nun liest oder hört, ist und bleibt der Menschenkopf*. Und dieser Kopf ist *ein mit sich selbst und den anderen tödlich entzweiter Kopf*.[32] Diese Gespaltenheit will Gert Hofmann durch die verschiedenen Erzählkonstruktionen vermitteln. Er, der reale Erzähler aller seiner Werke, vermag ohne sie nicht zu erzählen. Die kleine, weniger beachtete Erzählung FUHLROTTS VERGESSLICHKEIT (1981) ist im Hinblick auf die Erzählabsichten des Autors ein Kabinettstück.

Ein *wir*-Sprecher erkundigt sich bei einem Passanten nach dem Weg zu einem Verlag, wo er ein Manuskript, das er in der Tasche trägt, abliefern will. Dem Passanten erzählt er *unsere Geschichte*, in der *unser Held*, das ist *Fuhlrott*, Hauptfigur ist. Ausgangspunkt der Geschichte ist, daß Fuhlrott eines Tages nicht mehr weiß, ob er ein Möbel abgestaubt hat oder nicht. Darüber erschrickt er, eine etwas übertriebene Reaktion für die Banalität der Erfahrung, wie der *wir-Erzähler* feststellt. Dann heißt es: *Aber in den Geschichten, rufen wir, muß ja übertrieben und alles ins Metaphysische, für den Verstand Unbegreifliche hineingetrieben werden, das liegt so in ihrer Natur. Ohne Übertreibung und ohne diese für den Verstand unbegreifliche Methaphysik wäre ja gar keine Geschichte, wäre ja gar keine Kunst möglich.*[33] Diese Passage bietet nicht nur eine sehr deutliche Erklärung für groteske und makabre Horrorszenen im Werk des Autors, sondern verrät auch, daß jede Geschichte eine Konstruktion ist. Zusätze des Erzählers von der Art *wie es bei uns heißt* oder *heißt es bei uns ungefähr* unterstreichen die Arbitrarität der Mitteilung. An anderer Stelle heißt es: *in unserer Konstruktion, welche ja der Konstruktion von Fuhlrotts Kopf entspricht.*[34] Das ist ein klarer Hinweis auf die Position des Erzählers, der konstruiert, was im Bewußtsein des Helden vor sich geht.

In der Geschichte dieses Erzählers heiratet Fuhlrott eine junge Person, die dann mit einem Polen fremdgeht, dies ihrem Mann erzählt, aber Fragen nach Details nicht beantworten kann. Fuhlrott kann sich von der Vorstellung der Szene nicht lösen, wohingegen sich die Frau nach einiger Zeit überhaupt nicht mehr erinnern will. An dieser Stelle ist dann zu lesen:

Wissen Sie, rufen wir, ihr Kopf muß eine ganz andere Struktur haben als sein Kopf, wenigstens innen. Und greifen uns an unseren, seit Beginn unseres Ganges nun stärker und tiefer von innen heraus schmerzenden, nun gleich zerspringenden Kopf, in dem seit einiger Zeit, wie wir wissen, sicher etwas kaputt ist.[35]

Hier wird eine Identität von Erzähler und Hauptfigur angedeutet, und am Ende der Erzählung ist sich dann der Leser auch ziemlich sicher, daß dem so ist. Auf den Polen folgt ein Engländer, über dessen Auftauchen es später heißt:

Mag sein, daß uns damals, bei der Niederschrift, als wir Elisabeth nach langem Suchen endlich fanden, hinterm Schlachthof, gegen Mitternacht, mit einem, der betrunken war und fremdländisch auf sie einsprach, die Einführung des jungen Engländers in unsere Geschichte wichtig schien. Aber das waren andere Zeiten, da waren wir erregt.[36]

Die Geschichte endet damit, daß der Erzähler, vor der Anatomie, dem Arbeitsplatz des Passanten, stehend beschließt, *den jungen*

Engländer [. . .] aus unserer Geschichte wieder herauszuziehen[37]
und dem Leser zugleich den Eindruck vermittelt, daß er nicht nur
die Absicht hat, die Existenz des Engländers aus seinem Bewußtsein
zu verdrängen, sondern auch daran denkt, ihn umzubringen.

In dem den Passanten ansprechenden Erzähl-*wir* sind Autoren-Ich
und Betroffenen-Ich vereinigt. Die Konstruktion ist die Konstruktion einer Konstruktion, wobei die drei Ebenen, auf denen (1) die
Titelfigur sich mit ihrer Wirklichkeitserfahrung auseinandersetzt,
(2) der Sprecher als fiktiver Erzähler einen fiktiven Adressaten
anspricht und (3) der Autor sich mit der Konstruktion an einen
abstrakten Adressaten, den Leser, wendet, ineinandergearbeitet
sind. FUHLROTTS VERGESSLICHKEIT ist die letzte Erzählung, in der ein Adressat als Figur auftritt. In der Folge wird dem
Erzähl-*wir* die Pluralität der Außenwelt als stummer Adressat
gegenüberstehen.

Im Vergleich zu den vorangegangenen Prosawerken ist die Erzählperspektive des Romans AUF DEM TURM (1983) unkompliziert.
Es tritt ein Ich-Erzähler auf, der – wie in allen Texten Gert Hofmanns
– aus der Perspektive des unmittelbaren Erlebens, d. h. in der
Gegenwart berichtet. Der Erzähler ist mit seiner Frau unterwegs und
hat oft genug Grund, sie einbeziehend, im Plural von sich zu
sprechen. Dieses *wir* ist ausschließlich situativ begründet. Partner der
wiedergegebenen Dialoge sind der Erzähler und ein *Kustode* des
sizilianischen Ortes, an dem das Ehepaar sich aufhält. Die Frau
kommt nur ausnahmsweise direkt zu Wort, doch ist sie Hauptmotiv
einer das erzählte Geschehen begleitenden Auseinandersetzung. Im
Text finden sich keine Hinweise auf einen fiktiven Adressaten, wohl
aber Hinweise dafür, daß sich der Erzähler in seiner Rede selbst
Adressat ist, beispielsweise in der folgenden Form

*Und was du dir in deiner Naivität unter dem Turm nicht alles
vorgestellt hast! Was sage ich ihm* (dem Kustoden) *denn nun? Daß
der Turm schön ist? Das wäre lächerlich. Alt? Nein, alt ist er nicht.
Hoch? [. . .]*[38]

Die Bedingungen für den spezifischen Erzählstil scheinen erfüllt zu
sein. Auf eine Rahmenkonstruktion konnte Gert Hofmann erstmals

verzichten. Interessant ist, daß trotzdem ein Rezensent meinte, einen »Konstruktionsfehler« entdeckt zu haben. Er befand, daß der Erzähler in der Rolle eines beobachtenden Touristen mit dem Mann in der Rolle eines »grotesken und schäbigen Spießbürgers« nicht im Einklang stehe.[39] Es wird also an dem sich selbst darstellenden Erzähler die Erzählkunst kritisiert und damit genau dort angesetzt, wo Gert Hofmann zuvor Konstruktionen angeboten hatte, die diesen Erzählstil rechtfertigen.

In dem Roman UNSERE EROBERUNG begegnen wir sodann dem *wir*-Erzähler, der anscheinend für ein halbwüchsiges Brüderpaar spricht, oft auch *unseren Edgar*, mit dem die beiden am 8. Mai 1945 unterwegs sind, einbeziehend. Die Kinderperspektive fand Beifall. Sie fügte sich selbstverständlich der Feststellung, daß Zeit und Ort des erzählten Geschehens mit Lebensdaten des Autors korrespondieren, an dem *wir* also offenbar ein autobiographisches Ich beteiligt ist.[40] Sowohl inhaltlich als auch erzähltechnisch ist diese Erzählperspektive ergiebig. Kindermund tut Wahrheit kund! Die Wahrnehmung ist hinsichtlich der Auswahl und der Bewertung der Wirklichkeit eine andere; sie erscheint unverstellt, dekuvrierend, oft brutal. Nicht zuletzt ermöglicht diese Perspektive einen Verfremdungseffekt auf der Ebene der Sprache, unter anderem das bloßstellende Zitieren von Ausdrücken der Erwachsenen wie *Ausrottung, an der Heimatfront, Terrorflieger, flachgelegt* u. ä. All dies wäre jedoch ebensogut durch ein Erzähl-Ich vermittelbar. Warum konstruierte Gert Hofmann ein *mit einer Stimme* sprechendes Erzähl-Wir?

Zunächst stellt sich das grundsätzliche Problem der Kongruenz von Form und Inhalt. Wer Erzählungen mit kindlichem *ich*-Erzähler kennt, weiß wie problematisch diese Erzählstruktur ist: Je kunstvoller, desto widersprüchlicher. Diesem Widerspruch begegnet Gert Hofmann mit einer erkennbaren Fiktion: ein verdoppeltes Erzähl-Ich in Gestalt zweier Jungen, die sich in nichts voneinander unterscheiden. Diese *wir*-Konstruktion leistet allerlei, wobei die große Variabilität der Stellvertretung der wichtigste Aspekt ist. *wir*, das kann ein Sprecher sein, der für eine oder mehrere weitere Personen spricht. *wir* kann einen oder mehrere Angesprochene miteinschließen oder nicht. Schließlich käme noch der Autorenplural in Frage – auch »pluralis modestiae« genannt –, der ebenfalls Angesprochene einschließen kann, aber nicht einschließen muß.

Der *wir*-Erzähler in UNSERE EROBERUNG spricht für zwei Jungen, die in den wiedergegebenen Dialogen mit *ihr* angeredet werden; *unsere Mützen* sind die Mützen dieser beiden Knaben. Dagegen sind *unser Villenkeller* oder *unser Fabrikhof* Besitzdeklarationen der Fabrikantenkinder; das Fürwort hat abgrenzende Funktion, denn Edgar hat nichts. Auf eine Zugehörigkeit anderer Art verweisen *unsere Stadt, unser Theater, unser Schlachthof* u. ä. Unsere Stadt ist die Stadt der Bürger, die sie bewohnen. Eine kindliche Vereinnahmung, mag man meinen, doch ist der entscheidende Aspekt das auf ein Kollektiv erweiterte Erzähl-Wir:

Was wir sehen, ist natürlich schlimm. Daß ein so verödetes Stückchen Welt bei uns überhaupt möglich ist.[41]

Bei uns, das ist die betreffende und betroffene Stadt. Mit *uns* wird ein Kollektiv zur Rechenschaft gezogen. Zu den achtundachtzig Toten *unter unserem Wundenplan* heißt es: *Wenn man bedenkt, wie wenig Zeit seit dem 11. vergangen ist und wie sehr wir schon daran gewöhnt sind!*[42]

Wir, das sind die überlebenden Bürger der Stadt. *Wir,* das sind auch die Zeitgenossen des Autors. *Unsere Eroberung* ist nicht nur die Eroberung der Stadt L., sondern eben die Eroberung aller betroffenen Zeitgenossen, zu denen beispielsweise der Leser selbst gehört.

Schon im Zusammenhang mit der ersten Erwähnung von UNSERE EROBERUNG habe ich darauf hingewiesen, daß im *wir* wiederholt ein Autoren-Ich mitredet. Nicht die Kinder bestimmen den Verlauf des erzählten Geschehens, sondern eine im *wir* integrierte Erzählinstanz. Akzeptiert man die Annahme eines mehrdimensionalen Erzähl-Wir, stehen Einschübe wie *wir kommen noch darauf zurück* oder *doch hier können wir uns täuschen* nicht im Widerspruch zur Erzählstruktur.

Zur Mehrdimensionalität des *wir* gehört auch der aus der Darstellung verschwundene stumme Adressat. In der Fabrik des Vaters arbeiten tschechische Zwangsarbeiter, deren Überlebenschancen gering sind; einer wird umgebracht. Im Text heißt es:

Daß wir von dem vielen, was uns verstört, gerade unsere Tschechen vergessen! Und daß uns von dem vielen, das wir vergessen, nun gerade die Tschechen wieder eingefallen sind![43] Hier spricht einer mit sich selbst, macht sich selbst zum Angesprochenen. In diesem Zitat sind nahezu alle Dimensionen des Erzähl-Wir verschlüsselt. Die Zuweisung wird bewußt dem Leser überlassen. Es ist nicht zuletzt der für Zwölfjährige unangemessene, mit dem Finger auf sich weisende, aber sich selbst gar nicht meinende Redestil, der den Leser fesselt und aufhorchen läßt.

Noch unter einem weiteren Gesichtspunkt ist das *wir* zu sehen. Was gehört und gesehen wurde und wird, wird nicht von einem sondern von zweien, *mit unserem Edgar* sogar drei, gehört und gesehen. Das ist bereits ein kleines Publikum und verleiht der Erzählperspektive eine voyeuristische Dimension, die auch die beiden letzten Veröffentlichungen BLINDENSTURZ und VEIL-CHENFELD kennzeichnen.

Die von der Kritik als einfacher und gradliniger gelobte Struktur von VEILCHENFELD ist im Vergleich zu allen vorangegangenen Erzählungen weniger durchsichtig und schlüssig. Ein Indiz ist u. a., daß der *ich*-Erzähler, wie Rezensenten meinten, »sechsjährig« und »gerade schulpflichtig« sein soll, oder daß die Geschichte des Titelhelden Veilchenfeld ihren Beginn im Sommer 1938 habe, wie ein anderer Rezensent meinte.[44] Im September hat zwar die Erzählung ihren Ausgangspunkt, doch ist diese als Rückblende konzipiert. Das erzählte Geschehen erstreckt sich über einen längeren Zeitraum, zu belegen mit: [. . .] *Herr Veilchenfeld, seit er vor drei Jahren bei uns erschien,* [. . .][45] Im September 1938 ist der Junge wohl eher neun als sechs Jahre alt, wie auch aus der Beschreibung einer Unterrichtsstunde über *unsere Heimat* abzuleiten ist.

Das Zeitkonzept der Erzählung ist alles andere als gradlinig. Mit dem Satz *Wir lehnen an Höhlers Gartenzaun und machen uns nicht schmutzig*[46] führt der *ich*-Erzähler *Hans* sich und seine kleinere Schwester *Grete* als zusehende und zuhörende Instanz ein. Sie beobachten den Abtransport der Leiche des in den Tod getriebenen Professors Veilchenfeld. In kurzen szenischen Rückblenden werden Ort und Zeit des Geschehens situiert, werden die Titelfigur und die Familie des Jungen – der Vater ist Arzt – vorgestellt. Im siebten Abschnitt erfährt der Leser dann, daß ein Kollege und Schüler Veilchenfelds diesem in den Tod gefolgt ist. An diesem Tag fragt der Vater seinen Sohn, ob er mit ihm nach Frohna fahren wolle, um Eier zu holen. Im Text heißt es dann: [. . .] *aber ich habe keine Lust und bleibe auf dem Sofa und mache meine Augen wieder zu und stelle mir lieber alles vor.*[47] Es beginnt ein neuer Abschnitt mit: *Wie uns der Herr Doktor Margirius aus dem Schatten einer Hauswand heraus mit Veilchenfeld bekannt macht.*[48] Erzählt wird dann die Geschichte Veilchenfelds bis zu dem Tag, an dem die Kinder den Abtransport der Leiche beobachten.

Vergangenes Geschehen wird also von einem nicht einmal zehnjährigen Jungen durch Vorstellung in eine Erzählgegenwart geholt. Sehr plausibel ist diese Erzählkonzeption nicht, zumal dieser Junge uns im ›unverwechselbaren‹ Stil Gert Hofmanns als Erzähler entgegentritt. Nun bietet der Text aber einige Anhaltspunkte dafür, daß dieser Hans nicht die eigentliche Erzählinstanz ist. Der Kinderblick ist nicht ganz so »unwissend« und »naiv«, wie einzelne Rezensenten ihn sich gedacht haben mögen.

Da heißt es nach dem Selbstmord des Dr. Margirius über den Vater:

Lange steht er, als er wieder zurück ist, mit seiner Doktortasche an der Haustür, als wollte er, nachdem er den Tod von Herrn Margirius bestätigt hat, gar nicht mehr zu uns hereinkommen, sondern nun auch weggehen, bloß schien er noch unschlüssig wohin.[49]

Dann etwa, als der Vater beim Landarbeiter Lansky, der Veilchenfeld tot sehen möchte, Visite macht:

Ja, soll ich ihn denn sterben lassen, fragt der Vater.

Ja, laß ihn sterben, ruft Lansky.

Doch da ist der Vater schon aus der Tür. Und denkt: Nie, nie lasse ich Veilchenfeld sterben, selbst wenn . . . Und vergißt den Schluß seines Gedankens dann. [. . .][50]

Die in den Zitaten angedeuteten Gedanken hat der Vater seinem Sohn wohl kaum direkt vermittelt. Es ist auch kaum vorstellbar, daß sich ein heranwachsender Junge derlei vorstellt.

Gewiß erfährt der Leser vieles vom Schicksal Veilchenfelds aus dem Blickwinkel der die Erwachsenen sehenden und hörenden Kinder, z. B. wenn sie mit den Eltern am Tisch sitzen oder spazierengehen oder Besorgungen machen. Neugierige, unbefangene, naive Fragen der Kinder sind ein zentrales Mittel, Zeugen des Geschehens zu entlarven, doch sind viele Erzählmomente von der Art, daß sie weder als beobachtete noch als vermittelte, d. h.

referierte, angesehen werden können. Sehr oft steht die Darstellung aus der Perspektive des unmittelbaren Erlebens im Widerspruch zur »Kinderperspektive«.

Beim Schreiben war er zugleich allein und bei den anderen. Und sah seine Mitbürger, die ihn am liebsten davongejagt hätten – aus Angst, sagte der Vater, sie hatten vor ihm Angst! – [. . .][51] Nur wenn man davon ausgeht, daß Gert Hofmann gar nicht beabsichtigt, aus einer authentischen Erlebnisperspektive zu erzählen, fügen sich derartige Passagen widerspruchslos in die Erzählstruktur. Allerdings macht es der Autor dem Leser diesmal wesentlich schwerer, hinter die Konzeption zu kommen. Zwei Textstellen belegen jedoch, daß auch in VEILCHENFELD die Erzählinstanz ein Autor ist, der eine Erzählperspektive konstruiert, die nicht auf eine Figur festlegbar ist.

(1) Die Darstellung der Szene, in der der *ich*-Erzähler mit seiner Schwester den Abtransport der Leiche Veilchenfelds beobachtet, enthält folgende Passage:

Unter Anleitung von Frau Abfalter tragen sie den Sarg aus dem Kabinett wieder hinaus, das nun leer ist. Und wie leer es ist! Still, sagt der Vater, still. Und jetzt, sagt er, wollen wir einmal einen Augenblick an die berühmte, in allen Sterbezimmern herrschende Leere, an das plötzliche Vakuum denken, sagt er zur Mutter und zu uns.[52]

Der in der Erzählrede auftauchende Vater ist *nicht* anwesend. Das unvermittelte Zitat ist eine Vorstellung. Der Erzähler kehrt dann zu seiner unmittelbaren Beobachtung des Geschehens zurück.

(2) Der Vater geht zu Veilchenfeld, um dessen Tod festzustellen. Es heißt in diesem Zusammenhang:

Fast wäre ich gestürzt und hätte mir womöglich noch etwas gebrochen, als ich über die Schwelle wollte, sagte er zur Mutter, als er ihr damals in der Küche alles erzählte.[53]

Wohlgemerkt: die Rede des Vaters bezieht sich auf den Tag, an dem die Geschichte Veilchenfelds endet. Dieser Tag ist aus der Perspektive des Erzähl-Ich unmittelbare Vergangenheit. Auf welchen Zeitpunkt ist *damals* zu beziehen? Ein Konstruktionsfehler? Ich meine, nein. Die Erzählabsichten des Autors Gert Hofmann haben Methode.

Der Autor ist es, der sich in seiner Vorstellung in seine Kindheit zurückversetzt, doch fehlen diesmal die rhetorischen Hinweise darauf, beispielsweise die typischen Aufrufe, sich etwas vorzustellen. Dagegen begegnen wir im die Schwester einbeziehenden *wir* wieder einem kleinen Publikum. Wiederholt heißt es im Text *erzählt der Vater der Mutter und uns*. Der Bewußtseinshorizont der Kinder ist begrenzt, aber nicht der des ausgegrenzten Erzähl-Ich. Es ließe sich noch an vielen Beispielen belegen, daß dessen Bewußtseinshorizont über den der Figuren weit hinaus geht. Eine Begründung für diese Diskrepanz bietet der Autor nur in dem kleinen Versteckspiel.

Anmerkungen

1 Drei kurze Erzählungen blieben unberücksichtigt.
2 Rezensionen entnommene Zitate belege ich nur im Einzelfall.
3 Reinhard Baumgart, Frankfurter Allgemeine Zeitung, 11. 5. 85.
4 Verena Auffermann, Süddeutsche Zeitung, 30. 4./1. 5. 85.
5 Vgl. Jens Frederiksen, Rheinische Post, 9. 2. 80, oder Albert von Schinding, Süddeutsche Zeitung, 10. 10. 79.
6 Gert Hofmann, Die Fistelstimme, Rowohlt Taschenbuchverlag, Reinbek 1983, S. 5. – Gesperrt gedruckte Wörter in zitierten Textpassagen stehen im Originaltext in Kursivdruck.
7 Vgl. Heinz F. Schafroth, die Weltwoche, 1. 7. 80.
8 Gert Hofmann, Gespräche über Balzacs Pferd, Deutscher Taschenbuchverlag, München 1984, S. 41. – Da in den Texten G. Hofmanns Auslassungszeichen einen eigenen Mitteilungswert haben, verweise ich mit dem in Klammer gesetzten Zeichen auf ausgelassene Textstellen.
9 A. a. O., S. 64.
10 A. a. O.
11 A. a. O., S. 53.
12 A. a. O., S. 96.
13 A. a. O., S. 136
14 Vgl. Jochen Hieber, Frankfurter Allgemeine Zeitung, 17. 4. 86.
15 Hg., Neue Zürcher Zeitung, 11. 5. 84.
16 Gert Hofmann, Unsere Eroberung, Darmstadt 1984, S. 21.
17 A. a. O., S. 48.
18 A. a. O., S. 44.
19 A. a. O., S. 55.
20 Paul Michael Lützeler, Die Zeit, 4. 7. 86.
21 Gert Hofmann, Die Denunziation, Rowohlt Taschenbuchverlag, Reinbek 1982, S. 26.
22 In: Gespräche über Balzacs Pferd, a. a. O., S. 7.

23 A. a. O., S. 37.

24 A. a. O., S. 30

25 A. a. O., S. 17.

26 A. a. O.

27 A. a. O., S. 18.

28 A. a. O., S. 12.

29 A. a. O., S. 14

30 A. a. O., S. 25.

31 A. a. O., S. 31 f.

32 Zitiert nach Mathias Altenburg, Deutsche Volkszeitung, 8. 11. 85.

33 Gert Hofmann, Fuhlrotts Vergeßlichkeit/Portrait eines uns bekannten Kopfes, Graz 1981, S. 8.

34 A. a. O., S. 11.

35 A. a. O., S. 27.

36 A. a. O., S. 32.

37 A. a. O., S. 33.

38 Gert Hofmann, Auf dem Turm, Darmstadt 1983, S. 85.

39 Hg., In: Neue Zürcher Zeitung, 1. 1. 83.

40 Vgl. Walter Hinck, Frankfurter Allgemeine Zeitung, 25. 3. 86.

41 Gert Hofmann, Unsere Eroberung, Darmstadt 1984, S. 77.

42 A. a. O., S. 46.

43 A. a. O., S. 109.

44 Vgl. Eckhard Francke, Saarbrücker Zeitung, 4. 9. 86, und Norbert Schachtsiek-Freitag, Frankfurter Rundschau, 26. 7. 86, sowie P. M. Lützeler, Die Zeit, 4. 7. 86.

45 Gert Hofmann, Veilchenfeld, Darmstadt 1986, S. 174.

46 A. a. O., S. 7.

47 A. a. O., S. 18.

48 A. a. O.

49 A. a. O., S. 16.

50 A. a. O., S. 137.

51 A. a. O., S. 51.

52 A. a. O., S. 181.

53 A. a. O., S. 170.

Christoph Buggert: Die dritte Rolle des Hörers

Der Hörspielautor Gert Hofmann hat eine Reihe von Techniken entwickelt, die den Hörer permanent in das Spielgeschehen einbeziehen. Das Hörspiel »Autorengespräch« beispielsweise ist nur vordergründig eine brillante Parodie auf die selbstgefällige Cleverness der Kulturfunktionäre. Neben den beiden im Text angegebenen Rollen (Großverleger, Verlagsleiter) gibt es eine dritte handelnde Person: den konsequent schweigenden, von hektischer Rede überfluteten Erfolgsautor. Und je hysterischer, je absurder die rhetorischen Kapriolen der beiden Kulturbosse klingen, desto deutlicher wird: Wir als Hörer sind aufgefordert, diese dritte Rolle zu spielen. Noch merkwürdiger: Wir *spielen* sie auch. Ohne daß der Text selbst für die Rolle »Autor« nur einen Satz oder Halbsatz vorsieht, baut sich im Verlauf des Spielgeschehens eine Art Gegenposition auf. Die beiden Redenden geraten in Panik, sie spüren, sie *hören* die Provokation, die im Schweigen ihres Gastes laut wird. Sie beknien ihn, sie flehen ihn an, sich doch endlich der »herrlichen urwüchsigen deutschen Sprache« wieder zu bedienen, sie drängen ihm Interpretationen seiner Verweigerung auf. Doch alle durch sie zur Sprache kommenden Deutungen sind nur lächerlich. Man kann es am Text überprüfen: Was das beredte Schweigen des dritten an der Szene Beteiligten wirklich ausdrückt – Verachtung des Kulturstutzertums, Protest gegen die totale Vermarktung von Literatur –, wird mit keinem Wort angesprochen. Wir, die Hörer, haben Protest und Verachtung ausformuliert, als Sprechpart *in unserem Kopf.* Mag sein, daß Argumente dieser Art zunächst gar nicht unser Interesse waren, wir haben sie im Verlauf des Hörspiels als unser Interesse entdeckt. Eine vom Hörspielautor angewendete formale Methode hat die von ihm entworfene Szene auch zu *unserem* Hörspiel werden lassen.

Eine andere Methode, den Hörer zu aktivieren, läßt sich an der »Schmährede des alten B. auf seinen Sohn« studieren. Dieses Hörspiel beginnt als szenische Ausschilderung einer historischen Situation. Doch scheint dem Autor Gert Hofmann von Anfang an daran zu liegen, daß wir uns nicht in die konkrete Szenerie verlieren. Unsere Bereitschaft mitzufühlen, die Neigung, uns mit einzelnen

Figuren zu identifizieren, wird sogleich gebremst. Überall dort, wo Emphase oder Pathos aufkommen, wird die Szene mit »Schnitt« unterbrochen. Der »Ansager« bzw. der »Sprecher« mischen sich ein, um die gerade entwickelte Argumentation in unpersönlicher Form zu Ende zu führen oder um auf einen neuen Aspekt überzuleiten. Der Hörer wird also auf Distanz gehalten. Während das »Autorengespräch« ihn permanent »ansprach«, ihm regelrecht eine Rolle zuwies, muß er sich diesmal eher ausgesperrt fühlen. Aber gerade dieser Abstand erleichtert ihm die Einsicht, daß hier im Grunde auch seine eigene, seine heutige Realität abgebildet wird. Die gegensätzlichen Prinzipien, die in dem Streitgespräch eines Vaters mit seinen Söhnen aufeinanderprallen (Utilitarismus contra Idealismus, Tradition contra »tabula rasa«, Ordnung contra Anarchie), sind auch in der Terrorismusproblematik unserer Gegenwart virulent. Indem Gert Hofmann den Konflikt in die historische Entfernung rückt, wird er literarisch handhabbarer, Grundsätzlichkeit ohne Vereinfachung wird möglich. Der Hörer entdeckt sich plötzlich als Beobachter seiner eigenen Zeit, der Abstand erzeugt Nähe, die Fernsicht ermöglicht Übersicht. Ähnlich wie in »Autorengespräch« aber verweigert der Autor auch diesmal eine auflösende Synthese. Er wolle sich, hat Gert Hofmann in einem Interview zur Theaterfassung dieses Textes gesagt, »auf das eigene Erkennen der Zuschauer oder Leser« verlassen. Die *Chance* zu erkennen wird geschaffen, den erkennenden *Schritt* aber muß der Hörer selbst tun. Der Konflikt zwischen Rationalität der Ordnung und Rationalität der Gewalt, den das Geschwätz unserer Zeit einzunebeln droht hinter Vorurteilen und Irrationalität, wird wieder sichtbar und beurteilbar. »Ohne Gemeinsinn«, sagt Pier Paolo Pasolini, »ohne konkreten Bezug gibt es keine Rationalität. Ohne beides ist Rationalität bloßer Fanatismus.« Das beispielsweise könnte das moralische Fazit sein, das der Hörer aus der »Schmährede« ziehen soll. Die Technik, dem Hörer Belehrungen zu ersparen bzw. ihn in den Stand, geradezu unter Zwang zu setzen, sein eigenes Fazit zu formulieren, wird in dem Hörspiel »Der Lange Marsch« nicht weniger virtuos ausgespielt. Gert Hofmann bedient sich der traditionsreichen Form des Lehrstücks. Das Instrumentarium dieser Gattung (z. B. die chorische Sprache, Typen als Rollenträger, der didaktisch aufgezogene Thesendisput) wird variantenreich eingesetzt. Was aber verweigert wird, ist das traditionelle Kernstück der Gattung: die Lehre selbst. Eher ist ein grundsätzlicher Zweifel an Lehren aller Art die »Lehre« dieses Lehrstücks. Der geschilderte Versuch, »eine neue Welt, neu von Grund auf und nach Plan« zu schaffen, scheint an der Welt vorbei zu zielen. Die These, daß – um tausendjährige Ausbeutung zu beenden – eben diese Ausbeutung kurzfristig noch gesteigert werden muß, daß – um den Mächtigen des Mordhandwerk für immer zu legen – für kurze Zeit das Leben des einzelnen noch weniger gelten darf, diese These wird an einem historischen Beispiel durchexerziert; und sie überzeugt dabei nicht. Die Demontage eines Mythos wird vorgeführt: Was »die Kontinente bewegen« sollte, hat keinen Platz auf dem Kontinent. Man mag eine solche Perspektive revisionistisch und undialektisch nennen, man mag Gert Hofmann (in der Kritik ist das geschehen) Positionsscheu vorwerfen, er hat gute Argumente auf seiner Seite: Es werden lediglich Fakten vorgeführt, und diese Fakten sind überliefert: Die Zweifel, die zur Sprache kommen, hat er in unserem eigenen Kopf aufgespürt; zu einem Hymnus hat er angesetzt – daß dem Hymnus am Ende der Belegstoff ausgeht, ist nicht des Autors Schuld. Ein vieldiskutiertes Lehrstück unseres Jahrhunderts, Bertolt Brechts »Die Maßnahme«, kommt zu einem grundlegend anderen Fazit: Um weiter reichender Pläne willen darf der einzelne geopfert werden. Fast hat es den Anschein, als habe Gert Hofmann bewußt gegen diese These angeschrieben. Er macht sich zum Fürsprecher derjenigen, die selten berücksichtigt werden, wenn es um die großen Hoffnungen der Menschheit geht – obwohl sie die Menschheit *sind*. Der scholastische Humanismus unserer Tage, meine ich, hat solche Zweifler bitter nötig.

Um die Unterdrückungen, die wir an uns und in uns selbst vornehmen, um das nur unzureichend »Hochgeholte«, um das in der Geschichte, *unserer* Geschichte, Beiseitegedrängte, geht es im vierten Hörspiel des Bandes: »Die Überflutung«. Gert Hofmann greift in dieser Arbeit, die inzwischen mit einem der wichtigsten internationalen Hörspielpreise, dem »Prix Italia/Prix de la RAI« ausgezeichnet wurde, auf die Technik zurück, den Hörer direkt anzusprechen. Genauer gesagt: Die monologisierende Hauptfigur mit dem vielsagenden Namen »Reizer« unterstellt, sie sei von uns *angesprochen worden*. Und das ist gegenüber »Autorengespräch«

ein entscheidender Unterschied. Nicht das Banalgeschwätz der Außenwelt überflutet uns, nicht in Abwehr dieser Zumutungen artikulieren wir unsere eigenen Interessen, vielmehr wird uns suggeriert, daß wir die im Verlauf des Hörspiels flutartig anschwellende Rede selbst wachgerufen haben. Es ist unsere Rede, die da alle Dämme bricht; die Stimme unserer Erinnerung, unseres Gewissens bedarf nur eines geringen »Reizes«, um selbsttätig weiterzulaufen. »Sind Sie Ausländer, sind Sie fremd hier?« wird der Zuhörer eingangs gefragt; er wird ausdrücklich *gewarnt* vor dem »krankhaften« Unternehmen, sich an die letzten Kriegstage zu erinnern; überall dort, wo der Bericht über den Geschichte gewordenen Wahnsinn das Unerträgliche berührt, schreibt die Regieanweisung »Stille« vor; Reizer behauptet seinem Zuhörer gegenüber: »Sie hören *gar nichts*«, er ruft ihm zu: »Lassen Sie mich allein!«, er rechnet ihn in unverhüllter Aggressivität denjenigen zu, die all die Verwüstungen in ihrem Kopf eilig zugeschüttet und mit geschichtslosen Fassaden überbaut haben. Es hat also abermals den Anschein, als solle der Hörer aus der Erinnerungsarbeit ausgesperrt werden. Aber gerade das stachelt zur Mitproduktion an. Es geht um die Wiederentdeckung des Entsetzens in jedermanns Erinnerung. Reizers »Krankheit« ist die vergessene, die ganz normale, aber allerorten unter die Erde gedrückte Schuld einer ganzen Epoche. Auffälliger als in anderen Hörspielen Hofmanns gibt es keine Rollensprache mehr, kaum noch Aufteilung in dialogisierte Rede. In einer Art Sprech- und Denksturz ergreifen verdrängte Realitäten Besitz von der monologisierenden Stimme. Der eigentümlich suggestive Satzrhythmus, eine fast beängstigend perfekte Einstimmung in die Grammatik der inneren Rede (eine Begabung, die Gert Hofmann in seinem ersten Roman »Die Fistelstimme« noch souveräner ausspielt) bewirkt, daß das Bewußtsein des Rezipienten gewissermaßen angesaugt wird, mitschwingt, mit*spricht*. Eine zunächst in den Text selbst aufgenommene, später vom Autor wieder gestrichene Notiz teilt mit, daß dieses Hörspiel »aus Anlaß des vierzigsten Jahrestages des Ausbruchs des Zweiten Weltkriegs« geschrieben wurde. Ein Anspruch, der (gerade zu dem genannten Datum) hundertfach in blasser Rhetorik gescheitert ist. Durch die Technik, daß der Text die Differenz zwischen Außen- und Innenrede aufzuheben versucht, daß er ausprobieren hilft, was *wir* zum Thema fühlen und zu sagen haben, wird der Anspruch einlösbar. Und genau diese Technik macht den fast ausschließlich monologisierenden Text auch zum Hör-Spiel: Unsere Imagination und unser Nachdenken über uns selbst *spielen mit*.

Gerade in der Bundesrepublik droht das zeitgenössische Hörspiel, da wo es sich selbst das Prädikat Avantgarde zuteilt, in eine gefährliche Isolation zu geraten. In Dauerreproduktion der jahrzehntealten Erfindungen von Dada und Konkreter Poesie wird der Form der letzte Gedanke ausgetrieben. Ein Pathos der Inhaltszertrümmerung, der synthetischen Formerzeugung macht sich breit, hinter dem – zumindest sollte man offen darüber diskutieren! – ein unbewußtes Einverständnis stehen könnte mit dem allerorten in unserer Gesellschaft zu beobachtenden Verlust an politisch-moralischem Konsens. Auch die Flucht in die reine Form kann Indiz sein für den endgültigen Utopieverzicht, Indiz für einen Leerzustand, für die Tatsache kurz, daß man nichts mehr zu sagen hat. Überall dort, wo Literatur sich lossagt von der materiellen menschlichen Existenz, wo sie zur »geschlossenen Vorstellung« wird, zum Kuraufenthalt, in dem das mentale Maschinchen sich wieder Kraft holt für das entfremdete Leben, da wird es nach meiner Meinung Zeit, Warnzeichen aufzurichten. Literaturproduktion in einem Massenmedium darf nicht zum Aussteigerspiel werden. »Denn«, sagt Reizer in der »Überflutung«, »wenn alle nichts hören, und nur ich höre etwas, so ist das natürlich kein Zustand.« Das erinnert an Bertolt Brechts Diktum, daß Rundfunkliteratur die Interessen der Hörer interessant zu machen habe. Gert Hofmanns Hörspiele, meine ich, machen »die Interessen interessant«.

III

Hedwig Rohde:
Anarchismus aus der Familienperspektive.
»Schmährede des alten B. auf seinen Sohn«.
Hörspiel von Gert Hofmann

Bakunins Vater hat die Hauptrolle. Der Sohn Michail Bakunin, berühmt-berüchtigter Anarchist und Begründer der 1. Internationale, tritt selbst nicht auf, von ihm wird innerhalb der Familie geredet. Gert Hofmann hat eine historische Figur von hinten beleuchtet. Oder von rechtsaußen. Oder von unten, von Kindheit und Jugend her. Entstanden ist der Umriß fast eines klassischen Dramas, das aber als »Theater« gleich wieder aufgehoben und verfremdet wird, indem ein Ansager und ein »Sprecher« jede einzelne Szene von der anderen trennen (auch wenn eine Rede der handelnden Personen nur weitergeht und durch zusammenfassende Sätze der beiden hörspielgerechten »Leiter« des Ganzen verkürzt wird), so daß ein strenges Gerüst sichtbar (hörbar) wird. Eine Technik, wie sie in dieser Konsequenz noch nicht angewendet wurde. Aus dem damit geschaffenen Abstand wirkt die am Sarg des Großvaters versammelte Familie Bakunin – Vater, Mutter, Bruder und Schwester – marionettenhaft. Zugleich erlebt der Hörer sie aus der Sicht des abwesenden Revolutionärs Bakunin, für den sein verlassenes Zuhause in seiner altrussischen patriarchalischen Gebundenheit vollständig zum Kostümstück oder zum Gespensterspuk geworden ist.

Wir wissen das, und wir vermissen das Fehlen des eigentlichen Helden kaum, weil anstelle von Michail der jüngere Bruder da ist. Noch Schüler, noch ganz vom Vater abhängig, tritt er bereits in des bewunderten Bruders Fußstapfen. Er gibt ihm Worte, verteidigt ihn und versucht der Mutter den radikalen Anarchismus zu erklären. Nicht dem Vater, der ihn gelegentlich anspricht. Dieser Vater ist auch von ihm längst aufgegeben. Aber die angstvoll sorgende, um den Sohn, die Söhne, zitternde Mutter verdient Antwort. Daß alle Erklärungen sie nur noch mehr verschrecken müssen, bedenkt der Jünger Bakunins nicht. Als der Vater seinen ältesten Sohn »Verbrecher« nennt, sagt der Bruder: »Glauben Sie das nicht, Maman. / In politischen Dingen / Entscheidet nur der Erfolg darüber, / was eine Großtat und was ein Verbrechen ist.« Dann und wann sei es »nur natürlich«, eine Oper anzuzünden.

Aber die Bakuninsche Wirklichkeit aus dem Rußland von 1848 spielt nur ganz am Rand hinein in diese große Schmährede und Familienabrechnung. Diese wilde, gefährliche und brutale Wirklichkeit braucht der Hörer so genau gar nicht zu kennen. Ebensowenig den Theoretiker Bakunin oder den Mitarbeiter von Marx. Es geht um zwei Generationen. Um die aus der Mitte des vorigen wie die des jetzigen Jahrhunderts. Damals wie heute kommen die jungen Fanatiker aus gutbürgerlichen Häusern. Die Parallele ist sofort gegenwärtig. Was treibt diese wohlerzogenen, gebildeten, behüteten Söhne dazu, sich der Gewalt gegen Sachen und endlich gegen Menschen zu verschreiben? Was macht sie revolutionär, da sie doch nicht zu den Erniedrigten, Beleidigten, Ausgebeuteten gehören?

Gert Hofmann läßt den Vater reden. Einen seinerseits beleidigten, nicht bloß äußerlich und wegen der Leute oder des Rufs der Familie empörten Beamten. Der Autor hat nicht simpel schwarzweiß gemalt und einen Popanz der alten Garde hingestellt. Wir hören einen Vater. Der seinen Sohn liebte – und von ihm einmal geliebt worden ist. »Die Vernunft siegt« war seine Hoffnung, als Michail anfing, aus seiner geduldeten und noch nicht ganz unüblichen Libertinage Ernst zu machen. »Ich habe die große Dummheit gemacht, / diesen jungen Mann, der von allem Anfang an / sehr gefährliche Anlagen zeigte / . . . denken und sagen zu lassen, was er wollte.« Er hat mit ihm geredet, hat ihn reden lassen. Er wollte kein Tyrann sein. Die Schwester, selten am Gespräch beteiligt, in einer heimlichen Verbitterung, die sie zur stärkeren Gegnerin macht als den jungen Bruder, wirft ein: »Sie waren zu bequem.«

Bequemlichkeit gleich Toleranz zu setzen, ist der jungen Generation natürlich. Der im Grunde nicht sehr sichere, seiner selbst und seiner Wertvorstellungen nicht mehr sichere Vater fragt jetzt, was er denn hätte tun sollen. Er konnte niemals annehmen, daß diese fixe Idee von einem neuen Anfang der Menschheit nicht eines Tages, mit dem Älterwerden, von selbst überholt würde. Da muß es schädliche Einflüsse gegeben haben. Da ist eine ältere Freundin gewesen, die den Siebzehnjährigen aufhetzte. Von dieser Frau allerdings hat man Michail Bakunin getrennt, hier war man einmal hart und unnachgiebig. Und das soll falsch gewesen sein? Der ständige Widerspruch des jüngeren Bruders ist von der gleichen Sorte wie der des älteren. »Auch wenn er nichts sagt, widerspricht er.« Die Mutter hört das nicht, aber der Vater.

Solche Stellen sind psychologisch hervorragend. Die rhythmisch in ein – gesprochen nur noch zu ahnendes – Versmaß gebundene Sprache hat ab und zu eine einfache, »klassische« Überzeugungskraft. Selbst wenn der sich ereifernde Vater Bakunin laut wird, wirklich zur »Schmähung« ansetzt, bleibt eine Form gewahrt: Dieser Mann muß unansprechbar sein für revolutionäre Thesen, bloß weil sie unordentlich sind, ungezügelt, unvernünftig. Was ihn hält, ihn erstarren läßt, aber auch tröstet, ist sein Glaube an Ordnung. Und sein Bedürfnis nach Ruhe, das seine Söhne »als ein großes Unglück« betrachten. Dieser alten Generation fehlt der Instinkt der Freiheit.

Es wird in diesem historisch-aktuellen Hörspiel alles durchdiskutiert, was die Generationen auseinanderklaffen läßt. Wir hören die harte Sprache Bakunins aus dem Mund des Bruders. Auch er verläßt am Ende das Elternhaus, um sich den anarchistischen Revolutionären anzuschließen. Wir erfahren durch einen aufgefundenen Brief, daß die einst inzestuös geliebte Schwester Bakunins sich von ihm abwandte, weil er mit dem Abschied für immer auch sie verließ. Sie glaubt nicht mehr an die Revolution. Die beiden Frauen entschwinden sozusagen im weiblichen Aus; denn Liebe zählt für den Rebellen nicht. Das eigentlich scheint die einzige nur historisch zutreffende Haltung. Gerade der Vater ist heutiger gesehen, sein Alleinbleiben ist, dem Diener-Ritual am Sarg und der letzten Anweisung zum Trotz: »Ihr habt meinen Sohn gehört. / Begrabt ihn.« Das Alleinbleiben aller Väter aller Zeiten. Ihre Schuld ist die Unfähigkeit zur Veränderung. Die unverzeihlichste Schuld gegenüber denen, die Veränderung mit allen Mitteln für die einzige Rettung halten.

Die Produktion (Regie Robert Matejka) nimmt dieses streng gebaute Sprechspiel nicht streng genug. In der Darstellung durch Hans Caninenberg, Charlotte Joeres und Matthieu Carrière wird die »Schmährede« doch zum Theaterstück. Katharina Thalbachs Schwester hatte den richtigen Ton verhärteter Enttäuschung, aber auch sie könnte viel unangestrengter und zugleich intensiver sein. Denkt man an Kunerts Kleisthörspiel, das so viel moderner realisiert wurde, tut es einem um diesen Hofmann-Text ein bißchen leid. Zumal Friedrich Scholz noch eine illustrative Musik hinzufügt, die absolut überflüssig ist.

Albert von Schirnding: Einer langen Nacht
Reise in den Jüngsten Tag.
(»Die Denunziation«)

In Klagenfurt las im Juni dieses Jahres Gert Hofmann aus seinem entstehenden Roman »Die Fistelstimme« und erhielt dafür den Ingeborg-Bachmann-Preis. Das Buch soll im nächsten Jahr erscheinen. Inzwischen legt der Residenz Verlag eine knappe Erzählung des Autors vor, der bisher nur als Verfasser von Theaterstücken (»Der Bürgermeister«) und Hörspielen bekannt geworden ist.

»Die Denunziation« überrascht durch formale Meisterschaft. In die Bewunderung mischt sich eine Spur Unbehagen. Offenbar meint die etwas altmodisch, auch prätentiös anmutende Charakterisierung des Textes als Novelle etwas ganz Bestimmtes: die konzentrierte Darstellung eines Lebenskonflikts, einer existentiellen Herzrhythmusstörung, zusammengedrängt auf den Zeitraum einer einzigen, endlos sich dehnenden Nacht. Woher aber nimmt der körperlich und seelisch ruinierte Icherzähler, der (mit dem Autor gleichaltrige) 45jährige Anwalt Karl Hecht, den Atem zur Niederschrift einer derart souveränen, in kunstvoll abreißenden Sätzen dahinstürzenden Prosa?

In einem überdimensionalen Brief an einen gewissen Flohta, dessen Identität völlig im dunkeln bleibt, gibt Hecht Rechenschaft über einer langen Nacht Reise in den jüngsten Tag – und zwar so, daß man den Eindruck gewinnen muß, die Niederschrift laufe der hektischen Geschäftigkeit des Anwalts parallel: »Lieber Flohta, können Sie meine Schrift lesen? Lieber Flohta, es geht auf zwei.« Dies geschrieben in einer zum Ersticken schwülen Luft auf der rutschenden Unterlage eines Aktendeckels, den sich Hecht, da er es vor Herzschmerzen nicht länger am Schreibtisch aushält, auf die

Knie gelegt hat. Diese massive Unwahrscheinlichkeit nimmt der Autor in Kauf, um die Einheit der Zeit zu retten. Dagegen wirkt der Kunstgriff, den Briefinhalt vom Empfänger referieren zu lassen, der Sache aufgepfropft; die Brechung ins Konjunktivische, der verfremdende Einschub, das Hinundherspringen zwischen direkter und indirekter Erzählweise erweisen sich als konventionelle, freilich virtuos gehandhabte literarische Mittel.

Da liest man also, was Hofmann schreibt, was Flohta schreibt über das, was Hecht ihm schreibt über das, was dieser wieder bei andern liest; im Nachlaß seines plötzlich in New York verstorbenen, ihm längst entfremdeten Zwillingsbruders Wilhelm und in den Akten des Falls, der am nächsten Morgen zur Gerichtsverhandlung ansteht. Dabei geht es um eine Verleumdungsklage des zugereisten Studienassessors Treterle und die auf Körperverletzung lautende Gegenklage des ortsansässigen Geschäftsbesitzers Lehmann. Lehrer Treterle, eher ein Getretener, neigt zu Verfolgungswahn und fühlt sich zu Unrecht linker Indoktrination beschuldigt; er hat Lehmann als Repräsentanten der ihn denunzierenden Bürger vor Zeugen geohrfeigt. Nachdem der Anwalt zweimal von Treterle konsultiert worden ist, entschließt er sich dann doch, die Vertretung Lehmanns zu übernehmen – eine Entscheidung, mit der er Flohta gegenüber erst am Schluß seines Schreibens herausrückt.

Der Nachlaß des Zwillingsbruders – Zettel, Briefentwürfe, ein schwarzes, Erinnerungen an die gemeinsame Kindheit enthaltendes Wachstuchheft – vermischt sich auf dem Schreibtisch des überlasteten Anwalts zu einem ununterscheidbaren Durcheinander. Aus den Blättern des Toten steigt die von Hecht verdrängte Vergangenheit herauf: die Vernichtung des halbjüdischen Nachbarehepaars, der Tod des Vaters, der auf Grund einer anonymen Anzeige in ein Strafbataillon versetzt worden ist, und der durch eine zweite Denunziation verursachte Selbstmord der Mutter.

Die verwaisten Zwillinge werden getrennt – Wilhelm, der immer wieder vergeblich versucht, den Denunzianten aus seiner Namenlosigkeit hervorzurufen, stirbt nach einem ruhelosen Wanderleben in der größten und brutalsten psychiatrischen Klinik Amerikas. Karl läßt sich in seinem Heimatort L. nieder, der einzigen Stadt, die der Krieg zwischen »Dutzenden vernichteter Städte« mit Bomben verschont hat, und bringt es im väterlichen Haus zu Beruf, Erfolg,

Familie. Er zahlt mit dem Preis des Vergessens: »Erinnerungen gewisser Art gestatte ich mir nicht!«

Wozu die Verfolger verfolgen – die Nazis waren nur eine flüchtige historische Erscheinung, das Denunziantentum ist unsterblich und lauert, eine stets sprungbereite seelische Disposition, auf die nächste Gelegenheit. Angesichts eines so grauenhaft verdorbenen, durch keine Rechtsprechung reparablen Zeitalters bleibt den Nicht-Tätern nur die Wahl zwischen Verrücktwerden und Ignorieren. Aber solches Ignorieren kommt, wie Hechts schlimmes Beispiel lehrt, teuer zu stehen: Wer einen permanenten Schmerz durch Betäubungsmittel unterdrückt, büßt eines Tages mit dem totalen Zusammenbruch.

Der Verzweiflungsakt, durch den Hecht die unerwünschte Stimme des Gewesenen zum Schweigen zu bringen versucht: das Zerreißen und Verbrennen der brüderlichen Hinterlassenschaft, bewirkt vielleicht Aufschub, gewiß nicht Rettung. Zu den gequälten Quälgeistern Wilhelm und Treterle gesellt sich im letzten Viertel der Epistel überraschend der »mit einem aufgeklappten ideologischen Rasiermesser« herumlaufende Sohn – Gegenfigur zu Treterle; der eine verkopft, fanatisch, aggressiv, der andere überempfindlich, masochistisch, voller Selbstmitleid, stellen sie gewissermaßen die späten, zukunftslos gewordenen Nachkömmlinge Rousseaus und Robespierres dar.

Was Hofmanns Parabel von der Agonie einer längst todkranken Menschheit ihre beklemmende Überzeugungskraft gibt, ist die ungewöhnliche Schärfe des Ausschnitts, der das Ganze meint. Im Fenster, durch das Hecht in die nächtliche Szenerie der ihm schrecklich vertrauten, drohend friedlichen Kleinstadt späht, erscheint dem Leser das Momento einer verlorenen Welt.

Heinrich Vormweg: Suada eines Versagers.
(»Die Fistelstimme«)

Bis dahin nur durch Theaterstücke und Hörspiele mäßig bekannt, erhielt Gert Hofmann, Jahrgang 1932, letztes Jahr in Klagenfurt den Ingeborg-Bachmann-Preis für die Lesung einer geschlossenen Passage aus einem entstehenden Roman. Seine Prosa war aufgefallen, weil sie, die Frage nach Inhalt und Grenzen menschlicher Verständigung, also nach der Bedeutung von Sprache einbeziehend, erstaunlich kunstfertig ein Bild menschlicher Isoliertheit und Ausweglosigkeit entwarf. Aus der Perspektive der einen von zwei Figuren malte sie einen sanft grotesken Tanz im Nebel nach, aus halb zufälliger Begegnung heraus einen spielerisch ernsten Pas de deux der Fremdheit und des Fatalismus, in dem die Absurdität menschlicher Existenz neu auf den Nenner gebracht zu sein schien. Neu und sogleich artistisch perfekt. Einwände ließen sich gegen diese Prosa erheben nur von ihrer fugenlosen Vollkommenheit her, der Fehlerlosigkeit des Kunststücks, die den Verdacht nahelegte, die geschlossene Bildwirkung sei durch ein zu deutliches Übergewicht einer allgemeinen, schon vorgegebenen, auch vielfach schon vorformulierten, hier nur raffiniert neu arrangierten Aussage über die konkrete Erfahrung erkauft. Literatur aus dem literarischen Vorrat an Imaginationen also. Da fällt die Kunstfertigkeit leichter.

Inzwischen ist der Roman, aus dem Gert Hofmann gelesen hatte, erschienen. Und nach der Lektüre des Romans »Die Fistelstimme« ist als erstes festzuhalten: Der genannte Verdacht war unbegründet. Der Roman ist weit komplexer dimensioniert und sucht viel direkter den Widerstand von Realität, als die Probe aus ihm belegen konnte. Nicht die allgemeine Idee von Absurden bestimmt seine Konzeption, sondern reelle, wenn auch nicht eben statistisch repräsentative Erfahrung. Er ist sicherlich eine Randerscheinung, der Mann Mitte Dreißig, der im Mittelpunkt des Romans steht, der namenlose, hektisch mit der Niederschrift seiner Erlebnisse befaßte fiktive Erzähler. Aber er ist zugleich eine exemplarische Figur. Und wenn nicht völlig zu entschlüsseln ist, wofür exemplarisch, so macht das sie eher noch faszinierender.

Ganz von außen gesehen eine ziemlich einfache Geschichte. Im jugoslawischen Ljubljana kommt ein neuer Lektor an, aus Freiburg.

Er soll an der Universität Deutsch lehren. Er bringt seine Koffer in ein noch von Deutschland aus gemietetes kleines Haus und stellt sich dann sogleich dem Dekan der philosophischen Fakultät vor. In dem deutsch geführten Gespräch deutet sich an, daß eine Verständigung kaum möglich ist, man redet aneinander vorbei. Am nächsten Tag soll der neue Lektor jedenfalls mit seiner Lehrtätigkeit beginnen. Auf dem Rückweg aus der Universität gerät er ins Gespräch mit dem von Examensängsten geplagten, offenbar suizidgefährdeten Studenten Jakob Ilz, der sich an ihn hängt, ihn in Diskussionen über die deutsche Sprache verwickelt, ihn durch die Stadt begleitet und in einem Wirtshaus mit seinen Kollegen bekanntmacht. Immer neue, das Studium, die undurchschaubaren Studien- und Lehrverhältnisse betreffende Gespräche. Dann sucht der Lektor mühsam den Weg zurück zu seiner Wohnung. Dort erwartet ihn die Besitzerin. Weil er die Miete nicht im voraus bezahlen kann und will, kündigt er unbedacht und steht in der Nacht mit seinen Koffern wieder auf der Straße. Mühsam erreicht er das Haus, in dem der Student Ilz wohnt. Dieser nimmt ihn in sein Zimmer auf. Nach einem Gespräch mit Ilz' Zimmernachbarn, einem betagten früheren Partisanen, verbringt der Lektor eine schlaflose Nacht. Am nächsten Morgen sucht er mit Ilz vergeblich den Raum, in dem er seine Vorlesung halten soll. Erneut eilt er zum Dekan, und aus Sorge, von Deutschland aus schon denunziert worden zu sein, verrät er überraschend, daß er weder promoviert ist, weil seine Dissertation zurückgewiesen wurde, noch wissenschaftliche Veröffentlichungen und Lehrerfahrung vorweisen kann. Nur mögliche Veröffentlichungen und mögliche Lehrerfahrung. Der Dekan widerruft daraufhin seine Anstellung. Der Lektor holt bei Ilz sein Gepäck und läßt sich von einem Taxi zurück zum Bahnhof bringen, um die Rückreise anzutreten.

So weit die Story. Aber Gert Hofmann trägt keineswegs die Geschichte eines kleinen Hochstaplers vor, der sich akademische Qualifikationen anmaßt und sich schlechten Gewissens auch noch selbst überführt. Unterm weitmaschigen Netz der äußeren Vorgänge passiert, so wichtig ihre präzise Mitteilung ist, mehr und anderes. Da wird ein Kampf ausgefochten um Leben und das Recht auf Leben, um Vorstellungen von Wirklichkeit, um Bedeutungen, um Wahrheit. Mit den Erinnerungen an eine fatale Mutterbindung und seine vielen Niederlagen, stets auf der Wirklichkeit seines Erlebens und seiner Ängste beharrend, stellt der Lektor gegen die Mechanik der gesellschaftlichen Auswahlprozesse, gegen die durch sie geschaffenen Fakten, damit beispielhaft gegen das Bestehende den verzweifelten Verdacht, nicht seine geplagte ärmliche Existenz mit all ihren Handikaps, sondern die allgemein anerkannte Ordnung sei absurd. Er hat nur noch eine einzige Waffe, seinen Kampf zu führen: die Niederschrift seiner Erfahrungen. In seinem Koffer schleppt er schon ganze Stapel von Niederschriften mit sich herum, wissenschaftliche Abhandlungen seiner speziellen Art, die niemand anerkennen will. Und kaum im Zug, der ihn zurückbringt, beginnt er, seine Geschichte in Ljubljana aufzuschreiben. Er verschweigt nichts. So beginnt der Roman, so nähert er sich dem Ende:

»Und dann, im Zug (ich habe mir mit meinem allerletzten Geld eine Fahrkarte nach L. gekauft, wo man mich noch nicht kennt), kaum daß ich mich in dem leeren Abteil eingerichtet und die Vorhänge zugezogen habe, habe ich dann die oberste schwarze Mappe aus dem grauen Koffer herausgenommen und habe, nicht auf dem Fenster, wie Sie wahrscheinlich denken, sondern, wenn es Ihnen auch unwahrscheinlich vorkommt, auf meinen Knien, auf meinen Knien . . . Und in allergrößter Hast alles notiert, alles aufgeschrieben. Das heißt in größter Ungeduld, auch Unruhe, auch Gereiztheit, weil alles in rasender Geschwindigkeit . . . Und schreibe, schreibt er, hinter den Dingen her, ohne sie einzuholen . . .«

Noch ein zweites Zitat, weil dessen Aussage nur zuzustimmen ist:

»Als Ihr Brief kam«, sage ich später, »und Sie mich plötzlich brauchen, irgend jemand mich plötzlich braucht, und ich damit zu Mama ging, die mich stets nur verkleinert hat, denkt sie, und das gibt sie dann auch zu: Oder sollte ich mich getäuscht haben? Hören Sie? Ich sage Ihnen das, damit Sie nicht auch in die Falle gehen und über mich zu dem naheliegenden, aber falschen Schluß kommen, daß ich einfach verrückt bin, denn so einfach ist das nicht, so einfach ist das nicht . . .«

250 Seiten lang ein hastiger, ein gehetzt und wie atemlos abgespulter ausschweifender Monolog, die Suada eines Rechtfertigung suchenden Versagers, eines Unglückswurms, eines aus den Bahnen Gerutschten. Aber er hat noch nicht aufgegeben. Mit gepreßter Stimme zeternd, auf das Geschehene und seine Richtigkeit, die eine

Ungerechtkeit ist, pochend, setzt er sich zur Wehr. Noch aus der Niederschrift ist diese Stimme herauszulesen, diese Fistelstimme, hochgetrieben durch eine Exaltation nahe der Panik, doch dieser sorgsam gerade noch ferngehalten. Er sucht weiterhin sein Recht, was immer das sei, besteht auf der Wirklichkeit. Er schreibt die Dinge auf, wie sie sind, weicht keinen Millimeter ab vom Geschehenen. Aber die anderen, sie haben die Wirklichkeit umstellt und zugestellt und sich zugleich gegen ihn verschworen. Sicher untergebracht in ihren Übereinkünften, ihren längst klappernden Konventionen tun sie einfach so, als gebe es die Windmühlen nicht, gegen die er zu kämpfen hat. Er ist ganz gewiß nicht nur einfach verrückt. In all seiner Verschrobenheit und Hilflosigkeit ist der Lektor eher so etwas wie ein Intellektueller jener Art, die in den Institutionen nicht brauchbar ist, weil diese Leute um jeden Preis der Wirklichkeit, auch der ihrer Leiden und Gefühle selbst den Absurditäten in der Wirklichkeit den Vorzug geben müssen vor all dem Institutionellen, dem ganzen fest verankerten System verbrauchter Regeln und Grundsätze, das sich längst nicht mehr durchschauen läßt.

Gert Hofmanns Roman »Die Fistelstimme« läuft mit bemerkenswerter sprachlicher Intensität ab auf dem sehr schmalen Grat zwischen dem handfest Alltäglichen und dem Absurden. Er proviziert zu Spielen mit diesen beiden Begriffen, läßt das Reale auf verschiedene Weise als absurd, das Absurde als schockierend real erscheinen. Es geht da etwas mit den Menschen vor, zeigt der Roman, so und so, und es läßt sich zwar nicht definieren, aber in seiner ganzen Widersprüchlichkeit anschaulich machen. Und obwohl niemand von ihm etwas wissen will, räsoniert, schreibt, spinnt der Lektor weiter. Keineswegs zu hoch gegriffen die Behauptung, es sei eine Dostojewski-Figur heute, die aus den Sätzen hervortritt, hin und her flatternd, gestikulierend, rechthaberisch, flehend, schlaflos getrieben und ohne jede Hoffnung standhaft. Es ist eine Herausforderung, ihr zu begegnen.

Karlheinz Dederke: Leiden und Freuden des Dichterberufs.
(»Gespräch über Balzacs Pferd«)

Die deutsche Nachkriegsliteratur hat mit der Novellenform wenig anfangen können; denn so etwas wie Einbruch des Schicksals oder blinder Gewalten, die Zerstörung von Plänen und Absichten, das Eintreten außergewöhnlicher Ereignisse war die Regel, gewohnte Gewöhnlichkeit die Ausnahme geworden. Wie sollten Novellen geschrieben und gelesen werden, wenn nicht nur Ordnung in der Welt, auch Einverständnis über Sinn und Form literarischer Erzeugnisse abhanden kamen? Im Roman hingegen hatten von jeher Gewiß- und Ungewißheiten, Formenstrenge und Unförmigkeit Platz. Es könnte dennoch eine Chance für die Novelle geben, nicht für die klassische mit ihrer Bindung an die Realität, sondern eher für eine nach dem romantischen Programm der Wirklichkeitszerstörung. Gert Hofmanns Beiträge wären dann Wegweiser zu einer »modernen« Novelle.

Als Protagonisten seiner Geschichten hat er sich Schriftstellerkollegen von ehemals ausgesucht: Jakob Michael Reinhold Lenz, Giacomo Casanova, Honoré de Balzac, Robert Walser. Die ersten drei haben wegen der Beispielhaftigkeit ihrer Künstlerexistenz schon verschiedentlich zur literarischen Gestaltung angeregt, der letzte, wohl wegen der Unscheinbarkeit des Lebenslaufes, meines Wissens noch nicht.

Büchner hat den geistigen Zusammenbruch des genialischen Sturm-und-Drang-Dichters im Elsaß nachgezeichnet; Robert Walser schilderte skizzenhaft das Fiasko des hypersensiblen Sonderlings am Weimarer Hofe und an seinem »Bruder« Goethe. Hofmann zeigt, gleichsam in Fortsetzung des Büchnerschen, einen Lenz, der nach Riga zu seiner Familie, zu seinem Vater, dem Superintendenten, zurückgekehrt ist, der seinem Dichtertum abschwört, das er als Ursache seiner Krankheit ansehen soll, der unzweckmäßige Versuche macht, sich in die Normalität einzupassen – was ihm natürlich nicht gelingt, vor allem wegen der völligen Unnahbarkeit des Vaters, aber auch wegen der eigenen Verrücktheit. Zuletzt wird er von Matrosen ermordet.

Casanova hat selbst auf Tausenden von Seiten die fünfzehn Jahre seines glanzvollen Galan- und Abenteurerdaseins erzählt, nicht aber die jämmerlichen Bettelfahrten des alternden Schmarotzers. Gerade diese aber faszinierten Autoren wie Schnitzler und Stefan Zweig. Auch Hofmann läßt seinen Casanova herumkutschieren, um zu schnorren und – allerdings immer gestenhafter – sich seiner sexuellen Potenz zu vergewissern. Überall verspottet und abgewiesen (sogar von Stallmägden), hat er eine Reihe für ihn unheimlicher, für uns amüsanter Begegnungen, die unheimlichste aber mit seiner vermeintlich längst gestorbenen Mutter als Statistin. Sie fragt ihn, was er mit seinem Leben gemacht habe.

Balzac wird uns vorgestellt am 18. August 1850, an seinem Todestage also, in der Dichterloge des »Théâtre Historique«, in Erwartung des Publikums und der Aufführung seines letzten Stükkes. Er unterhält sich mit einem Inspektor der Kloaken von Paris, Brissot, über Schriftstellersorgen: die Personen, die Schauspieler, das Publikum, die Presse, die Zensur, den Erfolg, die richtigen Wörter ... Es ist die Rede davon, die Kloake auf die Bühne zu bringen. Brissot hilft den Vorstellungen Balzacs auf, indem er seine »Arena« unter den Trottoirs, seine Darsteller, die Ratten, Pferde, Hunde, seine Kunst – die Skelettierung des Pferdes – beschreibt.

In »Der Austritt des Dichters Robert Walser aus dem Literarischen Verein« notiert ein Kaufmann, wie es zu diesem Ereignis kam, wie er, der Vorsteher des Vereins, den Dichter, für den er in der Stadt eine Lesung vorbereitet hat, trifft, dem Abgerissenen das Abendessen spendiert, ihn – widerwillig zwar – in sein Haus einlädt und die Nacht hindurch mit ihm redet. Die Unterhaltung mündet in einen Streit, weil der Geschäftsmann – selbst bedroht vom Bankrott und von der Selbstgewißheit des zerlumpten Außenseiters irritiert – ihn durch Einforderung des angeblich ausstehenden Mitgliedsbeitrages, die Mitteilung, daß er mit einem anderen vorlesen werde, und die Ablehnung der Honorarforderung aus seiner Gemütsruhe »aufscheuchen« möchte. Walser beleidigt seinen Gastgeber und geht von dannen. Am nächsten Tage erhält der Geschäftsmann die Austrittserklärung und liest die Nachricht, der Dichter habe sich das Leben genommen.

Was macht nun die Prosastücke zu Novellen, zu »unerhörten Begebenheiten«? Wer sich in den Biographien Lenzens und Walsers nicht auskennt, wird vielleicht das gewaltsame Ende beider für die novellistische Pointe halten, doch ist es erdichtet: Lenz starb zwölf

Jahre nach seiner Rückkehr in die Heimat in Moskau, wohl an den Folgen eines neuen Schubs von Schizophrenie, Walser gar 32 Jahre nach seinem Austritt aus dem (realen) Schweizer Schriftstellerverein, allerdings als Insasse eines Irrenhauses. Aber nicht nur das Ende »stimmt nicht«, der Autor geht mit den historischen Biographien derart frei um, daß wirklich ganz Unerhörtes entsteht, nämlich künstliche und doch wahre Existenzen, aus vielen beglaubigten Zitaten und Hofmanns Phantasien kollagiert. Das Talent des Verfassers, seine Sprache der jeweiligen Epoche und der seiner Helden anzupassen, unter geschickter Placierung des Quellenmaterials Vorgänge und Charaktere mitunter zu ironisieren und zu persiflieren, seine Gabe, das Ineinander von Komik und Tragik, ja ihre Identität, ahnen zu lassen, machen einem das Unglaubliche glaubhaft.

Gleichwohl wird man doch daran zweifeln dürfen, ob mit der Transformation der Lebensgeschicke eine höhere Stimmigkeit erreicht wird, ob – wie der Klappentext verheißt – der Schriftsteller sagen kann: So ist es. Überzeugender finde ich daher die gesteigerte Irrealisierung Casanovas und Balzacs. Beim ersten wird der Leser vordeutend mit immer phantastischer werdenden Begegnungen auf die ganz und gar unmögliche – also wahrhaft unerhörte – Begegnung mit der Mutter vorbereitet. Beim Überschreiten der Raumzeitlichkeit offenbart die Kreatur Casanovas ihre Einmaligkeit in Schein und Sein – Satyr und Engel zugleich. Balzacs Gespräch wiederum wird von Anfang an in der Surrealität geführt, ist er doch zugleich auf dem Totenbett und in seinem imaginären Theater, ohne Zuschauer; auf dem Spielplan stehen seine über vierzig Bände der »Comédie humaine«. Die Probe auf den Wert seines Lebenswerkes wird im Vergleich zur Szenerie der Kloake gemacht. Erst die unerhörteste Entfernung vom realen Balzac durch die Halluzinationen seiner Sterbeminuten hindurch läßt ihn in seiner Kleinheit und Größe erkennen.

Was die vier (und doch wohl den Autor) verbindet, sind Frag- und Denkwürdigkeiten, Leiden und Freuden ihres Berufs. Keiner ist sich sicher über den Wert seines Tuns. Für Lenz kann ein Gedicht plötzlich »in einem hochbedeutsamen Licht, also außer aller Proportionen« erscheinen, hinwiederum glaubt er dem Arzt, daß geistige Arbeit auf den Gang der Welt keinen Einfluß habe. Casanova war Dichter seines Lebens, wie es schon Stefan Zweig sah, dem aber, um ein Dichter zu sein, immer genügt habe, »in jedem Augenblick die Unwirklichkeit seiner Existenz ganz zu empfinden«. Balzac muß sich eingestehen, daß man seine Arbeiten wegen ihrer Künstlichkeit sich erklären lassen müsse, daß er nur »Wirklichkeitstheater« geschaffen habe. Walser allerdings ist es zufrieden, daß in der Schönen Literatur, im Gegensatz zur Wirtschaft, alles im Gleichnis, also folgenlos, bleibt.

Ob Walsers Meinung für Gert Hofmann Grund zur Beruhigung oder Beunruhigung ist, läßt er in seinen Novellen und seinen anderen Prosaarbeiten (»Die Denunziation«, 1979, und »Die Fistelstimme«, 1980) nicht durchblicken. Anders als bei seinem Debüt in den sechziger Jahren als Hör- und Schauspielautor, hält er sich nun im Hintergrund, kann nicht mit seinen fiktiven Erzählern identifiziert werden. Auch seinen vier Figuren gegenüber hält er sich in Ambivalenz. Ich finde es freundlich von ihm, daß er keine Lehre – eingewickelt in das Glanzpapier des Buchumschlages – feilbietet, denn wenn ich Novellen lese, will ich nicht unversehens Unterricht bekommen. Hoffentlich hat er in Klagenfurt und in Ljubljana schon wieder etwas Ähnliches unter der Feder; von mir aus kann er so weitermachen.

Hanspeter Brode: Mit Todesgeschmack im Mund.
(»Auf dem Turm«)

Der fünfzigjährige Theaterschreiber, Hörspielautor und Erzähler Gert Hofmann – ein literarischer Geheimtip für Insider, dem großen Publikum eher unbekannt – legt seinen zweiten Roman »Auf dem Turm« vor, sein bislang wohl eindrucksvollstes Buch, ein Werk in der Tradition einer grotesk-schauerlichen schwarzen Romantik, konsequent und rücksichtslos.

Ein Ich-Erzähler, »etwas über vierzig«, in nahezu zerrütteter Ehe lebend, Vater einer achtjährigen Tochter, befindet sich mit seiner Frau zusammen in Sizilien. Auf der Rückreise zwingt ein Fahrzeugdefekt die beiden, die bequeme Autostrada zu verlassen, um eine

Werkstatt abseits der großen Verkehrsader aufzusuchen. Unversehens verfangen sie sich in der *zona morta* Siziliens, im unwegsamen, in grenzenloser Armut dahinvegetierenden Landesinnern der Insel. Vor den zerborstenen Mauern eines heruntergekommenen Dorfes *Dikaiarchaeia*, zu deutsch »Stadt der Gerechten«, findet die Reise im maroden Gefährt ein jähes Ende. Der Tourist, verbittert über seine ewigen Zänkereien mit seiner Frau, zur Trennung schon entschlossen, ist plötzlich konfrontiert mit einer Welt unvorstellbaren Elends und äußerster Verzweiflung – was bisher schmerzlicher Exkurs ins eigene Seelenleben war, findet nun ein überraschendes Pendant in schlimmer Außensphäre.

Gert Hofmann entwirft mit sicherem Strich eine archaische Ortschaft am Rande der Welt, deren von Leiden und Verwesungsgeruch geprägtes Erscheinungsbild an die mythischen Dörfer erinnert, wie man sie aus lateinamerikanischer Literatur kennt: an das Luvina des Mexikaners Juan Rulfos oder an das phantastische Macondo von García Márquez.

Interessantester Punkt des in seiner Dekadenz unwirklich anmutenden sizilianischen Ortes ist ein »Turm«. Ihn zu besichtigen, bricht das so unvermutet ins Dorf verschlagene Ehepaar auf (das Auto ist erst am nächsten Vormittag wieder fahrbereit). Als Cicerone dient den Ankömmlingen ein »Kustode«, eine düster-zudringliche Gestalt, ein Verführer und Psychagoge von furchtgebietenddämonischer Allüre, den plastisch herausgearbeitet zu haben eine Meisterleistung des Erzählers Hofmann genannt werden darf. Jener »Kustode« läuft merkwürdig knirschend, er hinkt, beim Sitzen schiebt er sein Geschlechtsorgan mit unangenehmer Auffälligkeit von einer Seite zu anderen, also: eine Leitfigur von unübersehbar teuflischem Zuschnitt.

Vom Fenster des schäbigen Hotels aus hatte das Paar beobachten müssen, wie Kinder auf der *piazza* mit stumpfem Messer eine Ziege abschlachteten – ein blutiges Vorzeichen kommenden Unheils. Beim Gang durch den Flecken erleben die übermüdeten, ihrer Wahrnehmungsfähigkeit fast beraubten Fremden alles, was jene trostlose Region an Qualen aufzubieten hat: afrikanische Hitze, Verwesungsgestank, verkotete Straßen, Gebäude voller Fäkalien, Ungeziefer aller Art, sterbende Vegetation, kranke Alte, blut- und schmutzverkrustete Kinder. In einem niedrigen, verpesteten Raum glauben sie schwarzgekleidete Frauen zu bemerken, von denen man nicht ausmachen kann, ob ihre leichenhafte Starre Schlaf oder Tod bedeutet. In früheren Zeiten sollen Morde und Hinrichtungen vorgekommen sein; die Männer sind der sterbenden Landschaft entflohen. Ein trümmerhaftes Findelhaus wird besichtigt, mit einer Durchschuböffnung für die »überflüssigen Kinder« jener Schrekkenslandstriche.

Im »Turm« selbst, der nichts als Enttäuschung und einen Ausblick von grenzenloser Tristesse bietet, häufen sich Kadaver und Tierskelette. Indessen zielt der Kustode, jener vermeintliche Verlocker zum Abstrusen und Bösen, immer dringlicher auf eine »Veranstaltung«, die der Turmbesuch vorbereiten sollte. Das zunehmend verstörte Paar stellt fest, daß sich plötzlich das Café im Dorf mit Franzosen, Amerikanern, Schweizern, Japanern füllt, offenbar Touristen. Nach einem »Hungerzug« der Dorfbewohner erreicht die »Veranstaltung« ihren Höhepunkt, als einer der mit Ziegenblut besudelten Jugendlichen für »die Herrschaften aus den überentwickelten Ländern« spektakulär vom Turm herabspringt: eine touristisch aufgemöbelte *Todesnummer«* für jeden Besucher, denen der normale Reisekitzel nicht genügt.

Nach einer schauerlichen Nacht im verkommenen Hotel, nach sexuellen Ausbrüchen des Erzählers, der auf schwere, womöglich zu einer Fehlgeburt führende Blutungen seiner Partnerin keine Rücksicht nimmt, erwartet die Besucher am Morgen ein »pervers garnierter Todeszug« für den verunglückten, in Wahrheit der touristischen Sensationsgier geopferten Jugendlichen. Ehe das völlig demoralisierte Paar die widerwärtige Örtlichkeit fliehen kann, kommt es zu einer grotesken Enthüllung. Bei einer auf Mißverständnissen beruhenden Prügelei stürzt der Kustode zu Boden, die abgestreifte Hose läßt einen Krüppel mit hoher Beinprothese erkennen; auch er war früher »von einem Gebäude herab« ins Unglück gestürzt.

So stellt sich Hofmanns Parabel von den Schrecknissen einer unterentwickelten, im Verwesungszustand befindlichen Region einerseits als Illustration einer Ehekrise dar, von der der Erzähler und seine Frau geschüttelt sind; andererseits geht es Hofmann offenbar um Kritik am brutal ausbeutenden Reisegeschäft. Denn der Knabe, so heißt es ausdrücklich, springt aus Verzweiflung über die Aussichtslosigkeit seines Daseins in die Tiefe, er entschließt sich, »statt sein Leben lang für uns zu tanzen, lieber einmal zu springen für uns«. Hofmann verknüpft die traumatische Innenschau seines Narrators mit einer Außenwelt von schauerlichem Elend und gewinnt so gegenwartsaktuelle Gesichtspunkte: Partnerschaftskrise, Wohlstandstourismus, wirtschaftliches Gefälle zwischen Nord und Süd. Insofern handelt es sich in diesem Roman keineswegs um eine *l'art pour l'art* des Gräßlichen (etwa in der Manier von Botho Strauß), sondern um eine durchaus engagierte Stellungnahme zu Fragen, wie sie die kritische Intelligenz in den Industrieländern aufwirft. Hofmann bedient sich allerdings nicht der platten Denunziation, sondern er vermittelt seine Botschaft auf dem Weg über hochgradig ausgefeilte Erzählverfahren.

Am Ende kommt der aus seiner Alltagsnormalität herausgeschüttelte Romanerzähler zur Einsicht: »Vielleicht sollten wir uns nicht immer so viel mit uns selber beschäftigen.« Trennung und Ehescheidung werden zurückgestellt, doch der berufliche Trott zeichnet sich bereits wieder ab, ein rasches Beiseiteschieben der alptraumartigen Sizilien-Erfahrung wird sich kaum vermeiden lassen. Aber die jähen Erlebnisse haben doch »plötzlich ein Vorgefühl der Wahrheit über die Verfassung der Welt« vermittelt. Der Reisende erfährt, nach klassischem Muster, sich selbst, nachdem seine eingespielten Abschirmungshaltungen beim Eindringen in eine abenteuerlich fremde Gegend durcheinandergeraten.

Der Roman von Gert Hofmann beeindruckt durch seine handwerkliche Sorgfalt. Es herrscht exakte Realistik in Psychologie und Motivation. Zum Beispiel spricht der Kustode Deutsch, da er lange in Frankfurt lebte, von wo er abgeschoben wurde. Oder: Der Erzähler folgt einem Impuls seiner »Nachkriegsjugend«, als er dem Drang nachgibt, von der Turmplattform herabzuspucken. Den Zustand ständiger Exaltation prägt Hofmann ein, indem er seinen Erzähler kaum mehr sprechen, sondern fortwährend »rufen« läßt; eine »Kamera« hängt dieser Zentralfigur als Persönlichkeitsmerkmal und Wohlstandssymbol beständig hindernd über die Schulter. Sexuelle und Todesmotive verschränken sich unausgesetzt, mit »Todesgeschmack im Mund« wird sich der Erzähler seiner Tötungswünsche gegenüber der Partnerin bewußt.

Adorno sprach vom »geschichtsphilosophischen Takt« im Gebrauch literarischer Gattungsformen, und Hofmann bewährt eine

Qualität dieser Art, wenn er sich streng kalkulierter Erzählverfahren bedient. (Die Gattungsbezeichnung »Novelle« wäre diesem Text gewiß angemessener als der ebenso inflationäre wie nichtssagende Allerweltsbegriff »Roman«.) Der Autor legt ein sicheres Gespür an den Tag für den Sachverhalt, daß traditionelle Erzähl- und Verknüpfungstechniken dort am ehesten greifen, wo anarchistisches und vorindustrielles Bewußtsein zur Darstellung kommt, wo kommunikativ noch wenig entschleierte und aufgeschlossene Räume betreten werden. Hier, in einem Sizilien des grauenvollsten Elends, hat sicheren Bestand, was in der multimedialen Ödnis der Industriegesellschaften zum Anachronismus würde – ein an klassischen Mustern ausgerichtetes Erzählen.

Jochen Hieber: Die Schrecken der Welt am Tage Null.
(»Unsere Eroberung«)

»Unsere Eroberung«, Gert Hofmanns neues Buch, ist der dritte Roman eines Autors, der auf die Frage, ob er sich für einen Romancier halte, kurz und bündig antwortet: »Bestimmt nicht.«

War es also nur ein Mißverständnis, wenn sowohl »Die Fistelstimme« als auch »Auf dem Turm«, die beiden ersten 1980 und 1982 veröffentlichten Romane, durchaus respektable Kritiken erhielten und ihrem Verfasser überdies zwei angesehene Literaturpreise eintrugen? Oder ist Hofmanns Aussage bloß eine Harlekinade, die ein weiteres Mal zur Vorsicht mahnt beim Umgang mit den Selbstkommentaren der Schriftsteller? Gut beraten ist, wer bei diesem Autor das Paradox für den Normalfall nimmt. Denn Gert Hofmann hat schon recht: Er schreibt Romane, ohne wirklich Romancier zu sein.

Auch in seinem jüngsten Buch gelingt dieses Kunststück auf eine Weise, die wiederum Respekt verlangt. Der Roman »Unsere Eroberung« nämlich hält, spielend und spielerisch zugleich, das Niveau der beiden Vorgänger. Er beweist zudem die Fähigkeit des Verfassers, einem fast schon zu geläufigen literarischen Thema der letzten

Jahre neue und überraschende Perspektiven zu eröffnen. Und er versteht es schließlich, einen persönlichen, autobiographischen Stoff in eine poetische Parabel zu kleiden, die vor allem ästhetisch zu überzeugen weiß. Gleichwohl käme, den Roman zu rühmen, einem Mißverständnis gleich.

Gert Hofmann ist ein Spezialist des Schreckens. Was immer seinem Protagonisten widerfährt, dicht überm Abgrund spielt es sich ab, kurz vor oder gleich nach einem Zusammenbruch. Dem »neuen Lektor« aus der »Fistelstimme« begegnet man, einen Tag erst nach seiner Ankunft in Ljubljana, bereits wieder auf der Rückreise nach Deutschland, im Gepäck ein gründlich gescheiterter Berufs- und Lebensplan. Den Ich-Erzähler im Roman »Auf dem Turm« begleitet man bei seinem Weg zur dörflichen Touristenattraktion in die diversen Vorhöllen menschlicher Verkommenheiten, die nicht zuletzt als Spiegel seiner eigenen Verfassung dienen.

Was Wunder also, wenn auch die Hauptfiguren des neuen Buches sich von Anfang bis Ende in Lebensgefahr befinden, wenn sie keine Chance haben, mit heiler Haut davonzukommen. Einen Vorteil freilich nennen sie ihr eigen: sie sind Kinder noch, ein wenig altklug zwar, gleichwohl mit jenem Maß an Torheit und Naivität ausgestattet, das ihnen sogar in ausweglos erscheinenden Situationen die Tür ins Freie einen Spaltbreit öffnet. Ein ebenso unsentimentales wie entwaffnend altkluges Gerede und die mit scheinbar so leichter Hand entworfene Darstellung von Torheit und Naivität dienen dem Autor denn auch als Stilmittel, mit deren Hilfe er das Entsetzliche zugleich immer grotesk, das Grauen im Stil einer Humoreske und den Zusammenbruch wie eine Komödie zu inszenieren vermag.

Die fortgesetzten Schrecken mit skurriler Heiterkeit zu paaren ist allemal schon ein Kennzeichen des Schriftstellers Gert Hofmann gewesen. Beim Verhör im Schlachthof, dem artistischen Höhepunkt des neuen Romans, erlangt dieses Vermögen gelegentlich virtuose Qualität. Der scharf-richtende Schlachthofdirektor und sein Gehilfe haben die kindlichen Eindringlinge in ihrem Geheimnis- und Gewaltlabyrinth gefangengesetzt. Diese aber unterlaufen mit durchaus angsterfüllter Arglosigeit ein ums andere Mal die gespenstisch-brutale Szene und kehren sie schließlich um.

»Entschuldigen Sie, aber besteht denn die Gefahr, daß wir hier nicht mehr rauskommen?«, fragen die Kinder, denen als Angeklagten das Fragen verboten wurde, im Augenblick der höchsten Bedrohung. Damit ist das Schlimmste auch schon vorüber. Der in Frage gestellte Direktor verliert als Richter und Tyrann jedwede Autorität und wird seinerseits zum lächerlichen Bittsteller: »Also dann, sagt er, gestattet ihr, daß ich weiterrauche? Aber selbstverständlich, sagen wir.«

Die Kehrseite solchen Kunstgewinns ist freilich der drohende Verlust der eigenen Sprache. Eine gewisse Nähe zum Vorbild Thomas Bernhard hat Gert Hofmann nie geleugnet. Wenn er aber nun die gezielte Umständlichkeit von Bernhards Idiom zum Prinzip erhebt und, ein Beispiel nur, seine Protagonisten »statt in die von uns so geliebte Zimmerdämmerung, in die von uns so gefürchtete Zimmerdunkelheit« versetzt, dann wird aus Nähe Abhängigkeit, aus Ironie Nachahmung und aus dem Zitat die bloße Kopie. Gert Hofmann läuft ganz offenkundig Gefahr, sich zum Stimmenimitator des Stimmenimitators aus Ohlsdorf zu verkleinern.

Daß dieser Autor andererseits mit dem Vorgefundenen auf höchst originelle Weise umzugehen versteht, zeigt das Thema seines Romans. Da gab es in der letzten Zeit, von Klaus Stillers »Weihnachten« bis zu Hanna Johansens »Die Analphabetin« und von Gerd Fuchs' »Stunde Null« bis zu Monica Streits »Joschi« eine Reihe von erzählerischen Versuchen, die den Ausblick des Zusammenbruchs des Dritten Reiches, das Ende des Zweiten Weltkriegs und den Neubeginn in Trümmern als Kindheitserinnerung der Autoren und also auch mit möglichst unverstellten Kinderblicken festzuhalten suchten. Genau dies geschieht bei Hofmann auch.

Aber bereits die wohlerwogene Zweideutigkeit des Titels legt die Vermutung nahe, daß es in diesem Buch mit einer literarischen, subjektiven Chronik des Vergangenen sein Bewenden nicht hat. »Unsere Eroberung«: Bis zum Schluß bleibt in der Schwebe, was damit gemeint sein könnte. Eine Inbesitznahme, der »wir« unterworfen sind oder die »wir« selbst in Angriff nehmen? Der Beginn »unserer« Besatzungszeit durch eine der Siegermächte oder ein erstes Erproben »unserer« nun möglich scheinenden Freiheiten? Sicher ist immerhin, daß da am Tag nach dem Einmarsch der Amerikaner mehrere Kinder der mütterlichen Obhut entweichen und, von furchtsamer Neugier vor allem auf die »Schwarzen« getrieben, ihre Stadt durchstreifen.

Eines dieser Kinder besitzt sogar einen Namen, »Edgar« heißt der Junge, und nicht zuletzt der Name verleiht ihm Macht gegenüber den Begleitern. Den Begleitern? So scheint es, denn Hofmann läßt sie ja fortwährend als (namenlose) Wir-Erzähler auftreten, die mit dem besitzanzeigenden Fürwort »unser« auch alles für sich in Beschlag nehmen: von »unserem Villenkeller« bis zu »unserem Fabrikhof«, von »unseren Erkundungsgängen« über »unseren leicht angerußten Mittelgebirgsboden« bis zu »unseren Flausen im Kopf«.

Im Schlachthof waren sie schon, auf der gefahrvollen Suche nach etwas »Butterschmalz«; einige Male hat Edgar, der seit Tagen nichts gegessen, schon bedrohlich »geschwankt« und an seinem »Hungerstein« geleckt; sie haben »Frau Kohlhund« getroffen, die vogelscheuchenartige Kassandra des Ortes, haben sich im »Amselgrund« wegen einer ebenso schweren wie unaussprechlichen »Schuld« »sechs Wunden« zugefügt auf Edgars Geheiß und mit Edgars Messer. Sie werden noch in die »Kirche« gehen, und sie werden noch »Herrn Schellenberg« treffen, den Angestellten in Vaters Peitschenfabrik, der sich allerdings das Leben genommen hat, weil er ein Nazi war und im Auftrag des Vaters einen tschechischen Fremdarbeiter umgebracht hatte.

Nun aber sind sie erst mal bei »Frau Henne« angelangt. Die schenkt ihnen nach langem Hin und Her den Anzug ihres gefallenen Mannes. Nicht Edgars, nein: »unser Anzug«, sagen sie – und ziehen ihn an. Ein Anzug für zwei? Und sie sagen auch: »unsere Mütze« – und setzen sie auf. Eine halbe Mütze für jeden?

Eine rätselhafte Erzählperspektive jedenfalls. Zusammen mit der ausschließlich in der Gegenwartsform, in Präsens, geschilderten Handlung bewirkt sie indes jene kaum nachlassende Faszination, die sich beim Lesen des Buches schnell einstellt. Die Welt am Tage Null, von der Vorzeit schrecklich geprägt, bedrohlich deshalb und zugleich auf grundlose Weise heiter, hoffnungslos und ohne jeden Ernst, Schatten werfend zudem auf eine vielleicht mögliche Zukunft: dieses Panorama, diese Atmosphäre hat Gert Hofmann in seiner Geschichte über »Unsere Eroberung« festgehalten. In ihren besten Passagen wird daraus eine lakonische Parabel über die Schuld der Väter, die auf die Söhne kommt – gerade die Amoralität ist ihre Stärke.

Die Schwäche des Romans liegt im dramatischen Talent des Verfassers. Gute Sätze wolle er fabrizieren und gute Szenen zustande bringen, hat er einmal geäußert. Seine Lust an der Szene geht denn auch zu Lasten epischer Schlüssigkeit. So manches Motiv scheint allein des Effektes wegen aufgenommen. Und wenigstens ein Kapitel, das allerdings fast ein Viertel des Buchumfangs beansprucht, könnte überall spielen und zu jeder Zeit: Mit dem Thema des Romans hat es nichts zu schaffen. Daß es ausgerechnet vom Theater handelt und die Komödientragödie eines knabenliebenden Provinzschauspielers zum eher beliebigen Inhalt hat, verwundert mithin nicht.

»Frau Imbach« heißt die Mutter der rätselhaften Wir-Erzähler. Auf der vorletzten Seite des Romans gibt sich der Ort als die »Stadt L.« zu erkennen. Von geplanten, nie verwirklichten Ausflügen nach »Hohenstein-Ernstthal« ist des öfteren die Rede, der Schlachthof-Direktor gibt zu, erst vor kurzem aus »Chemnitz« gekommen zu sein.

Kaum ein kühner Schluß ist deshalb die Vermutung, daß der verschlüsselte Ort des Geschehens jenes sächsische Städtchen Limbach ist, in dem der bei Kriegsende gerade dreizehnjährige Autor geboren wurde. Sein voller Name lautet Gert Kurt Karl Hofmann. Ob hier des Rätsels Lösung liegt? Und das erzählende Wir, also die Geschichte berichtet von Gert und Kurt und Karl, von Ich und Ich und Ich? Und ob da als Vierter noch einer mit im Bunde ist – der Schriftsteller Gert Hofmann, der heute in Erding bei München lebt?

Hanno Helbling: »Unsere« Identität.
(»Unsere Eroberung«)

Ohne Eile hat sich der 1932 geborene Gert Hofmann als Erzähler (er ist auch Dramatiker, vor allem Hörspiel-Autor) an den groß angelegten Roman herangeschrieben, der nun wohl in der Nachkriegsliteratur einen Einschnitt, wenn nicht einen Abschluß markieren wird.

»Nachkrieg«, tatsächlich, noch immer. Es wird ein Tag in »unserem« Leben erzählt, und dieser Tag ist wieder einmal der 8. Mai 1945. Da sind »wir« gerade erobert worden, und nun ziehen »wir« in der Begleitung »unseres« Edgar durch »unsere« Stadt.

Wer zu lesen beginnt, stellt sich fürs erste nichts anderes vor, als daß »wir« zwei Buben sind, vielleicht elf- und zwölf- oder dreizehnjährig, Söhne eines Fabrikanten, der spät an die Front kam und nun vermißt wird, und seiner leidenden Gattin. Die beiden ziehen also los an dem Tag, und Edgar, der älter ist, armer Leute Kind und im Fabrikantenhaus knapp geduldet, geht mit.

Später sucht man nach Beweisen dafür, daß es wirklich zwei sind; und man findet sie. »Saß er«, fragt uns Edgar, »neben oder zwischen euch?« – »Wange an Wange drehen wir uns weg«; eine freilich leicht sonderbare Bewegung. »Schulter an Schulter stellen wir uns, mit Edgar in der Mitte, . . . auf.« – »Wir blinzeln einander zu«, »fassen uns wieder bei den Händen« usw.

Warum aber sucht man nach solchen Beweisen? Weil nie, auf dreihundert Seiten, »er« zu »mir« etwas sagt. Immer nur »wir«; keine Namen; »wir« sind »die kleinen Imbachs«, aber keine Rede davon, daß der eine Peter und der andere Paul hieße. »Wir« sprechen anscheinend immer im Chor, einmal auch ausdrücklich »wie aus einer gemeinsamen großen und tiefen Kehle«. Fast als wäre da nur einer.

Und auch dafür – daß da nur einer ist – findet man schließlich einen klaren Beweis. Nämlich, von der Witwe eines Gefallenen bekommen »wir« einen beinahe neuen Anzug des toten Mannes; »wir« probieren ihn an, und obwohl er »uns« viel zu groß ist, entschließen »wir uns«, ihn für den Rest unseres Streifzugs gleich anzubehalten. Zwei Buben in einem Anzug? Doch wohl nicht. Übrigens steckt dann *der* Brief, den *wir* Herrn Schellenbaum bringen sollen, in *der* Innentasche *unseres* Anzuges.

Anders gesagt: man weiß nicht, wer »wir« sind, Erzähler, Hauptperson(en), *Zeuge(n)* an diesem Tag in »unserer« Stadt: nicht zu fassen. Und wenn schon; diese Erzählerschaft, Zeugenschaft (oder wie immer), sie weiß ihrerseits auch nichts, oder nichts, was der Mühe wert wäre; gerade das nicht. Zum Beispiel auf »unserem« Schlachthof: was dort in der Halle noch liegt, welch dunkle Flüssigkeit unter der Tür herausfließt. Oder wo denn nun eigentlich das Tschechengrab ist, wenn es eines gibt; und was sich, wenn überhaupt etwas, im Bottichraum der Fabrik des Vaters zugetragen hat; und warum es Menschen gibt, die den Vater nicht mögen (und warum sich das eben jetzt herausstellt); und warum sitzt Herr Schellenbaum tot auf seinem Diwan? Weil er Gift genommen hat, aber warum hat er Gift genommen?

Wie verständlich ist es doch schon, daß ein kleiner Junge solch schwierige Dinge an diesem Tag nicht herausbekommt, und auch später nicht; und wie sollten wohl zwei kleine Jungen sie eher herausbekommen als einer; und vollends, wie könnte wohl jemand, von dem man nicht einmal weiß, ob er oder sie denn eigentlich ein kleiner Junge oder zwei kleine Jungen ist oder sind, sie herausbekommen?

»Unser Edgar«, das ist etwas anderes. Der weiß mehr; weil er älter ist, und nicht behütet lebt; so unbehütet aber andererseits, daß er achtgeben muß: ihm wird schwindlig, wenn man ihm längere Zeit nichts zu essen gibt, er hat Kopfschmerzen, seine Augen sind schwach geworden, und er ist auch schon zwei- oder dreimal in Ohnmacht gefallen. Edgar, »der unter anderen Umständen wahrscheinlich ein kleiner Querkopf mit einem festen Stiernacken geworden wäre«, ist darauf angewiesen, daß er bald wieder einmal ein Stück Brot bekommt. Was will er da sein Wissen auskramen.

Kurz und gut: es wird nicht klar, mit wem man es zu tun hat, und man erfährt nicht, was hier eigentlich los war. Zu diesem Ergebnis ist die Erzählung unterwegs, dreihundert spannende, unterhaltende Seiten lang, in einer Diktion, die der kindlichen Ahnungslosigkeit, der chronikalischen Genauigkeit, der erwartenden Haltung des Lesers und einer kollektiven Abneigung, sie zu befriedigen, gleichermaßen genug tut. Die Gattung der Rechenschaftsliteratur (»wir« nach der Sintflut) erscheint so *ad absurdum* geführt: nicht zum erstenmal, aber diesmal – endlich – mit Absicht.

Heinz F. Schafroth: Der ausgebeutete Schrei.
(»Der Blindensturz«)

Aus einem späten Bild Pieter Breughels, das den Titel der Erzählung abgibt, liest Gert Hofmann die Geschichte von sechs Blinden heraus, die bei Tagesanbruch in einer Scheune durch ein Klopfen aus einem Traum aufgeweckt werden, worin sie »halb über, halb unter der Erde in der frisch gezogenen Furche eines endlosen Ackerfeldes« lagen und vom fallenden Schnee zugedeckt wurden. »Der Klopfer« erinnert sie daran, daß sie »heute gemalt werden sollen«. Zerlumpt, entstellt, ausgehungert machen sie sich auf den Weg zum Haus des Malers und kommen, nachdem sie mehrfach in die Irre und im Kreis gegangen sind, dort an.

Erst im achten von zehn Kapiteln beginnt die Prozedur, Tortur des Gemaltwerdens: die Blinden müssen sich dabei, nach den Anweisungen der Magd und des Gärtners des Malers, »so langsam wie möglich« immer wieder über eine Brücke vorwärts tasten und am Ende straucheln und schreiend übereinander und in einen Bachgraben stürzen. Wenn der Maler fertig ist, können sie gehen. Wohin, und wie sie sich zurechtfinden, interessiert ihn und seine Domestiken nicht. »Der Klopfer« vom Anfang nimmt sich ihrer schließlich an, führt sie in die Scheune zurück und schließt sie dort ein. Es ist Nacht, »wieder Nacht«, es wird zu schneien beginnen, wie in ihrem Traum, und die formale Geschlossenheit, die die Geschichte dadurch aufweist, ist wie Hohn auf die Frage, die sie aufwirft und offenbleiben läßt.

Daß sie eine abgegriffene Thematik, die des Verhältnisses von Kunst und Leben, betreffen, läßt Hofmann durch die Wahl der Kontrahenten vergessen. Dadurch, daß er Blinde, die Leben doch nur defizitär erfahren müßten, dem Künstler als Modell dafür dienen läßt und dieser eine Kunstgattung vertritt, die ihm in besonderem Maße zu Sehen bestimmt und verpflichtet, tritt der Gegensatz Kunst – Leben in ungewohnter Schärfe hervor. Es überbrückt ihn keine klärende, versöhnende »Dichtung und Wahrheit«-Formel und vollends nicht die Thomas Mannsche Koketterie, die Leben als gesund und blauäugig, jung und schön diffamiert und des Künstlers unerfüllte Sehnsucht danach trotzdem zu einer tragischen emporstilisiert.

Hofmanns Künstler (gesundheitlich angeschlagen, in Schaffenskrisen steckend, von Todesahnungen und Sterbensvisionen heimgesucht) ist mehr ein pathologischer als ein tragischer Fall; auch in der Überzeugung, »daß er als Maler nie etwas von Bedeutung sein oder hervorbringen werde«, auch in der von Kindheit an genährten Hoffnung, »eines Tages eine überzeugende Darstellung des menschlichen Schreis zu geben«, das Bild zu malen, das endlich klarmacht, »was der Mensch ist«, und ob dem seine bisherigen Bilder, aber auch die aller andern, vergessen werden können.

Die Blinden, seine Modelle, hält er sich möglichst lang vom Leib, verkehrt nur über Gärtner und Magd und einen der Entstehung des Bildes beiwohnenden »guten Freund« mit ihnen. Erst wenn er sie zu malen beginnt, hält er ihren Anblick aus, vermag er die Distanz herzustellen, die ihn befähigt zur »Verwandlung der überflüssigen und häßlichen Blinden in ihr wahres und schönes und entsetzliches, uns alle ergreifendes Bild«. Rücksichtslos läßt er die Blinden und ihr Elend, ihren Schrei, ihr Straucheln und Stürzen immer wieder in Szene setzen, beutet sie bis zur Gewalttätigkeit mit dem Ziele dieser Verwandlung aus, entzieht sich dadurch aber ihrer Wirklichkeit und hebt sie (im doppelten Sinn des Wortes) auf für den ästhetischen Genuß.

Es sind die Fragen der Blinden, die den Ausweich-Charakter einer so verstandenen Kunst entlarven. Sie hatten die Fragen »die ganze Zeit, in der wir liefen und fielen« und schon auf dem Weg zum Haus des Malers gehabt: »Dürften wir wissen, warum er uns malt, was er, wir und die Welt davon hätten. Schaut doch, wie wir wahrscheinlich aussehen (. . .). Sollte man da nicht dankbar sein, wenn das so rasch wie möglich, und ungemalt verschwindet (. . .)? Für uns könnte er ja etwas anderes tun, uns helfen oder trösten (. . .). Warum, fragen wir, muß er uns malen, genügt es nicht, daß wir sind?

Der Maler läßt ihnen die Fragen verbieten (»sie sollen nicht fragen, sondern stürzen«). Aber sie beantworten sie sich am Ende selber; mit der Ganzheit ihrer Existenz. Das Gemaltwerden bedeutet im Rückblick nur noch eine Episode darin, von Bedeutung allenfalls deshalb, weil es den Blinden die Augen geöffnet hat für die Autonomie ihrer Welterfahrung – und deren höhere Qualität. Die Kapitel, die ihr Erwachen und den Weg zum Haus des Malers beschreiben, zeigen sie hilflos, ausgesetzt, verängstigt. Umwelt erleben sie als heimtückisch, demütigend, bestenfalls neugierig oder mitleidig.

Aber ihr endlos langer Weg (für Sehende beträgt er »keine zehn Schritte«) ist in Hofmanns Darstellung eine hinreißende intensive Selbst- und Welt- und Sprachfindung. Je ungesicherter ihnen Welt, eigene Existenz und die Sprache für beides vorkommen, desto verbissener versuchen sie, sich ihrer zu erinnern und zu vergewissern. Das Resultat davon ist nicht eines, das sich (wie das in egomanischem Schaffensrausch entstandene Meisterwerk des Malers) sehen lassen kann. Zuviel Behelfsmäßiges ist daran; zu sehr ist es etwas, das außer die Blinden selber niemanden angeht. Ihre Solidarität ist größer geworden, schließt z. B. auch einen ein, dessen sie sich früher zu entledigen gedachten.

Vor allem aber begehen, erkunden sie die Scheune, in die sie zurückgekehrt sind, wie ein Stück unbekanntes Universum, das sie sich andauernd neu erschaffen und erwerben müssen. Der Ereignisse des Tages erinnern sie sich nur mit Mühe und fragen sich zeitweise, »ob man noch lebt, wenn man sich an so wenig erinnert«. »Nun, immerhin sind wir am Leben«, stellen sie fest und brechen in dem Augenblick in ein alle erfassendes und vereinendes Gelächter aus »und spüren, wie uns über Wangen und Hals die Tränen in die Hemden laufen«. Die ungläubige Frage wenig später, im vorletzten Satz: »Ja sind wir denn gemalt?«, und die Versicherung des draußen rasch sich entfernenden »Klopfers«: »Ja, ihr seid gemalt«, sind nicht von diesem Gelächter und diesen Tränen zu trennen. Daß sie gemalt sind, ist lächerlich belanglos angesichts des größeren Kunstwerks, das ihr eigenes Leben ist. Eher ein Stück als ein Meisterwerk zwar. Aber beispielhaft im Verstehen der Welt als tagtägliche terra incognita.

Wie Breughel ein Meisterbild, hat Hofmann eine Meistererzählung geschaffen. Sie weist, ganz anders als die hier versuchte Annäherung, die Offenheit und Transparenz großer Parabeln auf, und wagt, als ihre verstörendste Dimension, den radikalen Zweifel an Meisterwerken mitzuerzählen.

Elsbeth Pulver: Der Erzähler Gert Hofmann.
(»Der Blindensturz«)

Wie bei kaum einem anderen Schriftsteller kann man bei Gert
Hofmann zwei Schaffensphasen, zwei Ausdrucksformen der literarischen Existenz unterscheiden: er war zunächst, bis 1979, Hörspielautor, als solcher bekannt und anerkannt (er erhielt 1973 den
jugoslawischen Hörspielpreis Ohried, 1983 den Hörspielpreis der
Kriegsblinden), und war nachher, von einem Tag auf den anderen,
als Erzähler präsent, erfolgreich und auch ungewöhnlich produktiv
(1979 erhielt er den Ingeborg-Bachmann-Preis, 1982 den Alfred-
Döblin-Preis). Seit 1979 sind fünf Prosawerke erschienen, darunter
umfangreiche Romane; im nächsten Herbst soll ein neuer Roman
herauskommen. Und jetzt also liegt eine längere Erzählung vor:
»Der Blindensturz«. Ein Übergangs- und Nebenwerk vielleicht,
Brücke zwischen zwei Romanen? So könnte man vermuten.
Doch das trifft nicht zu. Vielmehr erschließt sich Hofmann
mit diesem Text – bewundernswert in der Verbindung von Einfachheit und Komplexität, von konkreter Genauigkeit und hinter-
gründiger Dunkelheit – eine neue Dimension des künstlerischen Aus-
drucks.

»Der Blindensturz«: Das Gemälde von Pieter Breughel gibt dem
Buch mehr als nur den Titel: Es ist Thema, Impuls, Vorlage
zugleich. Ein Meisterwerk also, nichts Geringeres, dient als Vorlage
eines nun seinerseits meisterhaften Textes: Die Herausforderung,
der sich Hofmann stellt, ist ungewöhnlich, und ungewöhnlich die
Art, wie er damit umgeht, indem er das Bild ernst nimmt und sich
doch, der Verführung zur Beschreibung widerstehend, erzählend
davon entfernt.

Daß das Bild Breughels als Buchumschlag dient und damit
sogleich den Blick des Lesers fängt, mag anregend und bereichernd
wirken – doch sei behauptet: notwendig ist es nicht. Es wäre
möglich, das Buch zu lesen, ohne das Bild zu kennen oder genau zu
erinnern; die Erzählung erfüllt die Vorstellung des Lesers mit ihren
eigenen Bildern. Doch gerade die Eigenständigkeit, die der Text
gewinnt und wahrt, läßt einen Vergleich mit dem Bild ergiebig
erscheinen, aufschlußreich für die Beziehung zwischen bildender
Kunst und Literatur.

Breughel hält in seinem Bild einen Augenblick, einen bestimmten, einmaligen Augenblick, fest – und läßt darin, unmerklich, auch Zeit sichtbar werden. Schon ist der erste, der vermutliche Führer der seltsamen Blindenkarawane gestürzt; er liegt rücklings in einem Bach. Doch was das Ende einer Bewegung zu sein scheint, ist zugleich ihr Anfang; schon ist sichtbar, wie der Sturz sich durch die Gruppe schleicht, sich fortsetzt; wie Unsicherheit wie eine ansteckende Krankheit von einem zum anderen geht, und nur den letzten der Sechs, den mit dem ahnungslosen Gesicht des Träumers, noch nicht erreicht hat. Mehr als die mitleiderregend-grotesken Figuren ergreift das Ungreifbare einer sich ausbreitenden Angst, eines im voraus erfahrenen Untergangs den Betrachter des Bildes – und man ist zunächst überrascht, daß der Autor gerade dieses Element keineswegs betont. Man ist überrascht – und bewundert sogleich den Kunstverstand, der den Autor vom Bild wegtreibt – aber nur, um sich ihm desto sicherer zu nähern, bis es ihm seine Vergangenheit preisgibt, die des Malers und die seiner Figuren, aber beides erzählt als Einheit, aus der Perspektive der Blinden, die vielleicht zufällig und ohne ihr Wissen auf das Bild gerieten.

Zufällig und ohne ihr Wissen? Der Autor weiß und erfindet es anders. Was auf dem Bild aussieht, als hätte es sich einmal und spontan ereignet, deutet er als Ergebnis des künstlerischen Kalküls, eines bewußten Planes. Den Plan freilich läßt er nicht dem *Kopf* des Malers entspringen, sondern verwurzelt ihn in den Visionen, die ihn heimsuchen (Breughel malte das Bild in seinem letzten Lebensjahr): Er braucht die Blinden, damit ein in ihm schon vorhandenes inneres Bild äußere Gestalt erhält; er läßt sie in den Wäldern zusammensuchen, ihm vorführen, er befiehlt, daß sie, hilflose Statisten, die Szene immer wieder spielen, straucheln, stürzen – sich wieder erheben, und da die Blinden das Befohlene ohne Möglichkeit der Um-Sicht und der Voraussicht tun, ist ihr Erschrecken, auch wenn es sich wiederholt, doch jedesmal wieder echt.

Die Distanz, die Hofmann zwischen den Maler und seine Figuren legt, mutet zunächst fast unmenschlich an. Er mischt sich nicht unter sie (wie all jene erwartet hätten, die in Breughel gerne einen Bauernmaler sahen, als ließe sich so die Härte seiner Darstellung leichter ertragen), redet nicht mit ihnen; er betrachtet sie durch das Fenster seines Hauses, geborgen wie in einer schützenden Festung, ja, er weigert sich zunächst, sie, die er doch herbeibefohlen hat, überhaupt wahrzunehmen. Er schreckt vor ihnen zurück, weniger vor dem menschlichen Elend, als davor, in ihnen seine eigenen Todesahnungen und auch seine Sicht der Welt bestätigt zu sehen, davor, in der Zerstörung anderer Menschen die eigene Zerstörung zu erkennen. Aber wenn er die Blinden als seine Modelle auch herumkommandiert, wie eben ein großer Herr aus der Stadt das tut, und, kaum hat er zu malen begonnen, in ihnen nur noch ein gefügiges Instrument sieht, so versteht er sie doch so tief wie keiner sonst, so, wie man nur Verwandtes erfaßt – und aus dem gestellten Bild bricht dennoch auf dem Gemälde das Spontane und Ursprüngliche heraus, und aus beiden das Schicksalhafte, Allgemeine: Der Blindensturz wird zu einer Chiffre für das Gehen, Straucheln, Erschrecken und Fallen der Menschen in dieser Welt.

Doch ist der Maler keineswegs die Hauptfigur in diesem Buch, auch wenn er es ist, der veranlaßt, was geschieht. Hofmann erzählt aus der Sicht der Blinden (was für ein Paradoxon!), er macht ihre Blindheit zu einer Möglichkeit der Welterfahrung und Weltbesichtigung. So gesehen, ist auch sein Text ein Beitrag zum Thema *»Das Modell und sein Maler«* (unter diesem Titel stand, man erinnert sich, der Text, mit dem Erica Pedretti letzten Sommer den Ingeborg-Bachmann-Preis errang), auch er läßt das Modell lebendig werden, den Maler anreden, gegen und schließlich auch für ihn reden und auf eine bewegende und verstörende Art.

Die Distanz zwischen dem Maler und seinem Modell wird dadurch noch betont und eigenartig verzerrt, daß auch das, was der Maler tut und sagt (er befindet sich während der ganzen Zeit in Gesellschaft eines »guten Freundes«) nur durch Vermittlung der Blinden in den Text und zum Leser kommt. Diese nehmen dabei wahr, was sie gar nicht wahrnehmen können, weil es sich, beispielsweise, hinter geschlossenen Fenstern abspielt. Das ist dem Autor bewußt, ja sogar den Figuren selbst. Doch geht es nicht um meßbare Wahrscheinlichkeit, auch nicht um mikroskopisch genaue Aufzeichnung von Wahrnehmungen und Assoziationen. Hofmann versetzt sich in seine Figuren (mit einer Einfühlung in die Erfahrungswelt der Blinden, wie ich sie so noch nie gesehen habe) und leiht ihnen zugleich seine Bewußtheit; er sucht die mögliche Sprache der Blinden und macht sie zu seiner eigenen Kunstsprache; es ist, als wären die Blinden ein erweiterter Teil des Autors – und sie sind es vielleicht, sind seinesgleichen, unseresgleichen.

Nicht ohne Grund bedient sich Hofmann denn auch in diesem Werk, wie im vorhergehenden Roman *»Unsere Eroberung«*, des Personalpronomens »Wir«, um das erzählende Subjekt zu bezeichnen. Als ein »Wir« redet, vielleicht, die ganze zusammengewürfelte Gruppe von Blinden (sechs sind es, einen haben sie, ohne es recht zu bemerken, am Mittag verloren), aber wahrscheinlich sind es nur zwei, die reden, die einzigen, die keinen Namen tragen, *»Die in der Mitte«*, wie es schließlich auf der letzten Seite des Buches heißt. Ein diffuses »Wir«, keine Vokabel der Gemeinsamkeit, eher das Verlegenheitswort einer generellen Hilflosigkeit; auch kein Garant einer verläßlichen Solidarität: des »Ausgeschälten«, eines Diebes, dem zur Strafe Augen und Ohren weggeschnitten wurden, wird die Gruppe sich bei Gelegenheit einmal entledigen. Denn diese Ausgestoßenen und vom Unglück Geschlagenen sind nicht als solche geboren worden, sie haben früher, vor dem Schicksalsschlag, an den sie sich nicht richtig erinnern, *»mit Schafen und Schweinen und Honig gehandelt«*, als Menschen wie du und ich, unseresgleichen nicht nur in ihrem Vorleben, sondern auch jetzt, wo sie gehen und straucheln und stürzen und wieder aufstehen, wo sie des Morgens in einer Scheune von einem geheimnisvollen Klopfer geweckt werden, einen mühseligen Irrweg zum Haus des Malers gehen, gemalt werden – und sich am Abend in der selben Scheune befinden und nicht mehr wissen, ob sie gemalt worden sind. Die Vokabel Wir ist, so gesehen, nicht nur eine Bezeichnung für die Blindengruppe, sondern weitet sich zu einer Chiffre für den Menschen schlechthin.

Nicht zufällig aber steht die Frage der Blinden, ob sie denn wirklich gemalt worden seien, am Schluß des Buches, damit an hervorgehobener Stelle. Sie zieht sich, in abgeschwächter Variante, durch das ganze Buch, als ein dauernder angstvoller Zweifel der Blinden, ob sie von den andern wahrgenommen werden, und in welcher Art dies geschehe. Gesehen werden ohne selber zu sehen – sie fürchten sich davor und wünschen es doch. Denn der Blick der anderen ist für sie Bedrohung und Beschämung (etwa wenn sie beobachtet werden, wie sie ihre Notdurft verrichten) – und kann doch eine geradezu existentielle Bedeutung gewinnen:

Wer selber nicht sieht, ist nie sicher, ob die Welt, die ihm die andern beschreiben, wirklich da ist; sie könnte auch nur ein leerer Raum sein, aus dem unvermittelt und unbegreiflich, plötzlich ein Kind einen anspricht, ein Hund einen anfällt – und alles vorbeigeht und nicht mehr ist. Das Leben könnte ein Traum sein, eine Täuschung, das eigene Ich ein Schatten (schon sind die Blinden so weit, daß sie kaum mehr schreien), bestünde nicht die Gewißheit, daß die eigene Existenz wenigstens von anderen wahrgenommen wird.

Deshalb ist die angstvolle Frage am Schluß so wichtig, und wenn die Bestätigung kommt, dies »Ja, ihr seid gemalt«, so ist das nichts weniger als ein Lebensbeweis. Damit aber gewinnt der Künstler Bedeutung – auch für sein zufälliges, unwissendes, sein scheinbar mißbrauchtes Modell. Indem er aufzeichnet, was er wahrnimmt und im Wahrgenommenen seine eigene innere Welt, bestätigt er, daß Leben wirklich stattgefunden hat und stattfindet. Einen Sinn allerdings gibt er damit dem Leben nicht. Die Fragen, mit denen die Blinden den Maler während seiner Arbeit bedrängen – warum er sie male, wem das nützen solle, warum er sie nicht statt dessen tröste, ihnen helfe –, werden von ihm nicht beantwortet, sondern – scheinbar – überhört. Offen bleibt auch die Möglichkeit, daß, vielleicht, eine höhere Instanz da sei, die dem Leben Sinn und Halt geben könnte. Das unbestimmte Gefühl, das die Blinden auf ihrem Irrweg manchmal befällt, *»daß uns einer sieht, einer, der schweigt, von schräg oben«*, wird weder bestätigt noch bestritten. Das Dunkel wird auch für den sehenden Leser nur wenig erhellt. Es bleibt beim »Blindensturz«. Doch die Metapher redet für sich.

Leigh Hafrey: »Der Blindensturz«

Der preisgekrönte westdeutsche Dramatiker und Essayist Gert Hofmann trat 1979 im Alter von 47 Jahren mit seinem ersten Prosawerk hervor. In den USA kennt man ihn bisher als den Autor der beiden Romane *Auf dem Turm* (für den er 1982 den begehrten Alfred-Döblin-Preis erhielt) und *Unsere Eroberung* (1984). Diese zwei Romane sind lange groteske Studien über die Unmenschlichkeit des Menschen, der eine ist angesiedelt in einem öden Landstrich im modernen Sizilien, der andere in Deutschland des Frühjahrs 1945, an dem Tag, an dem das Dritte Reich zusammenbrach.

Hier, wie in seinem gesamten erzählerischen Werk, scheinen die Figuren Hofmanns, hauptsächlich die Erzähler, fast zusammenzubrechen unter der Last der entsetzlichen und oft mehrdeutigen Botschaften, die sie zu vermitteln haben. Die Handlung zeugt von Wahnsinn, selbst wenn das Motiv hierfür auf den ersten Blick nicht zu erkennen ist. Die Dialoge bestehen aus Satzgeweben, die vielfältig gebrochen und dann, mit Hintergrundgeräuschen durchsetzt, aufgefüttert werden, ähnlich der aufgezeichneten Tonspur eines Robert-Altman-Films. Wenn er die Lücken, die durch erfolglose Kommunikationsversuche aufgerissen werden, füllt, wird bei Hofmann das Erzählen zur Deutung des Unaussprechlichen. Der Roman handelt von dem Bruegel-Gemälde, das den gleichen Titel trägt.

Es ist ein Vergnügen, Hofmanns jüngstes Buch, »Der Blindensturz«, zu lesen. Es ist nicht nur kurz wie seine besten Arbeiten bisher, sondern besitzt als Stilmerkmal knappe, aber ausformulierte Sätze, die das Vertrauen des Lesers erwecken. In dem Buch »Pictures from Bruegel and Other Poems« von 1961, das den Pulitzer Preis gewann, spricht William Carlos Williams von diesem »schrecklichen, aber schönen Bild«, das ein lakonischer Kommentar zu dem ebenso lakonischen bildhaften Matthäus-Text 15:14 ist: »Lasset sie (die Pharisäer) fahren! Sie sind blinde Blindenleiter. Wenn aber ein Blinder den anderen leitet, so fallen beide in die Grube.«

Bei Bruegel waren es sechs Blinde, die durch eine öde Landschaft zogen. Diese Landschaft besitzt zwei besondere Merkmale: Eine Kirche und einen Fluß, in den die Blinden, einer nach dem anderen, stürzen. Hofmann gibt vier von ihnen Namen: Ripolus, der Anführer, der gerade noch hell und dunkel unterscheiden kann; der Ausgeschälte, dem wegen eines Diebstahls die Augen ausgestochen wurden; Bellejambe, ein ehemaliger Soldat, und Malente, der urplötzlich beginnt, das Lob Gottes zu singen, der ihn blind werden ließ. In der Mitte sind noch zwei namenlose Gestalten, das erzählerische »wir« der Geschichte, die zugleich sie selbst, alle sechs Blinden und, wie es der verallgemeinernden Art der Parabel entspricht, die gesamte Menschheit sind.

Sind die Blinden bei Bruegel einsame Gestalten in der Landschaft, so wimmelt es bei Hofmann geradezu von Menschen. Seine sechs Figuren befinden sich auf keiner abstrakten Reise: Bei ihm werden die Blinden an jenem Tag geweckt, an dem sie vom Maler gemalt werden sollen, der, wie wir gegen Ende des Romans erfahren, einen letzten Versuch machen will, »alles, was er über die Welt zu sagen hat«, in ein einziges Bild hineinzulegen. Die sechs Männer werden von dem »Klopfer« abgeholt aus der Scheune, in der sie geträumt haben; sie werden zu ihrem Frühstück geführt von »dem Kind«, nach ihrer Mahlzeit gesäubert von »der Magd« Lise und den ganzen Tag hindurch ständig beobachtet von einer Menge anderer, manche mit und andere ohne Namen, die sie zwar nicht sehen können, deren sie sich aber ständig schmerzlich bewußt sind.

Die menschliche Gemeinschaft ist für sie eine allmählich verschwindende Realität, eine Welt, die ihnen in ihrem behinderten Zustand zu viel abverlangt. Sie würden am liebsten verschwinden, wie der Erzähler bei der Beschreibung der Führungsgabe von Ripolus andeutet: »Viele von denen, die er einmal kannte, *die Wörter von früher*, wie es heißt, also sicher gut die Hälfte, hat Ripolus bereits vergessen. Kein Wunder, daß seine (und unsere) Sätze immer kürzer werden. Es sind, verglichen mit den Sätzen von früher, schon keine Sätze mehr, aber das stört ihn nicht. Er glaubt, daß, wenn erst einmal alle Wörter vergessen sind, auch über, unter, vor und in uns nichts mehr vorhanden ist. Und wenn er sich (oder wir uns) doch einmal an so ein altes Wort erinnert, oder jemand spricht so ein Wort aus, weiß er nicht, ob *das hinter dem Wort* noch da ist und wie er es sich denken soll. Eine Lärchenlichtung? Gut, doch wie? Eine Dämmerung? Schön, aber was?

Bruegel will sie malen. Ganz auf Wirklichkeitstreue versessen, fordert er sie auf, immer wieder zu dem Bach hinunterzugehen, der an seinem Haus vorbeifließt, und beim Betreten der Brücke schreiend in das vom Winter noch eisige Wasser zu stürzen. Begierig, ihre Verlassenheit, die für ihn der Inbegriff der conditio humana ist, einzufangen, läßt er sie diesen Sturz so oft ausführen, bis er selbst das Rosa ihrer verzerrten Münder genau getroffen hat.

Das Paradoxe springt hier ins Auge – und spiegelt zugleich das Paradoxe im gesamten Werk Gert Hofmanns wider. Wenn er, wie im »Blindensturz«, die Flüchtigkeit der Wahrnehmung und die Vergänglichkeit der Sprache sich zum Thema macht, so tut er dies mit einer Genauigkeit und Schärfe, die selbst des flämischen Meisters würdig wären. Das Buch hat eine Erdhaftigkeit, eine Unmittelbarkeit sinnlicher Eindrücke, die verstärkt werden durch eine Reihe von äußerst abstrakten Überlegungen über die Widersprüche der Kunst, die sich durch den ganzen Roman hinziehen. Dies wird selbst an den kleinsten Einzelheiten deutlich, dem Quieken eines Schweines, das abgestochen wird, der Beschreibung des Salpeters, wie ihn die Mauern von Bruegels Haus bei den Frühjahrsüberschwemmungen ausschwitzen.

Dies alles ist von Christopher Middleton, der auch die ersten beiden in Amerika erschienenen Romane Hofmanns übersetzt hat, flüssig ins Englische gebracht worden.

Hofmann zeigt hier die sprachliche Präzision eines Dichters, er entwickelt eine dramatische Spannung, wie sie kaum ein anderes seiner Werke hat. Wenn aber dieser kurze Roman einen Wendepunkt in seiner Prosa markiert – an einer Stelle sprechen die Blinden davon, daß sie dort stehen, wo »eine Gegend der Welt endet und in eine andere übergeht« – so handelt es sich nicht nur um einen stilistischen Wandel. Denn das vom Erzähler so oft verwendete »Wir« bezieht auch den Leser mit ein. Er bildet zusammen mit dem Künstler eine Art göttliche Instanz, die über die Grenzen des Werkes hinaus wirkt. In dieser Gemeinschaft (bei der es sich schlimmstenfalls um eine Komplizenschaft handelt) erhält das Groteske spirituelle Züge und läßt so den nur scheinbaren Widerspruch der Wendung vom »blinden Glauben« sichtbar werden.

(Aus dem Amerikanischen übersetzt von Franziska Hofmann)

Thomas Schmid: Hänsel und Gretel, 1938.
(»Veilchenfeld«)

Den Normalitäten, aus denen das Dritte Reich sich tagtäglich zusammensetzte, ist man seit geraumer Zeit auf der Spur, zahlreiche Bücher neuerer Zeit gehen – nicht selten das Gruseln des Lesers einkalkulierend – der Frage nach, wie solche Barbarei und normalster Alltag zusammengehen konnten. Die soziologische Literatur hat dabei in der Regel eine bemerkenswerte Schwäche bewiesen: Je näher sie an ihren Gegenstand heranrückte, desto weniger Erhellendes wußte sie über ihn zu sagen, die nationalsozialistische Barbarei löste sich in lauter Alltag auf. Das ist – zumindest einen großen Teil dieser Literatur betreffend – nicht denunziatorisch gemeint, es steht ein Problem dahinter: Die Banalität des Bösen entzieht sich hartnäckig der Deutung – so hartnäckig, wie sie sich nach 1945 der Justiz erfolgreich entzog.

Die erfindende Literatur hat es da leichter, ist aber auch gefährdeter; sie kann Bilder entwerfen – sich aber auch in ihnen verlieren. Wie oft in der Literatur, scheint auch hier der Kinderblick besonders geeignet: wenn einer, dann ist er unverstellt; er kennt weniger Trübungen, weniger Aussichten, ist ›naiv‹ und darum genau, verläßlich; es gibt hier keine Schnörkel, keine Ausrede, nichts Abgeleitetes. Oskar Matzerath wurde in der deutschen Nachkriegsliteratur zum Markenartikel solcher Unbestechlichkeit.

Gert Hofmann hat nun eine Erzählung veröffentlicht (in den Prospekten des Verlages wird sie freilich noch als Roman angekündigt!), die den Alltag des sich gerade festigenden Nationalsozialismus zum Gegenstand und ein Kind als Protagonisten (oder Guckloch in die Zeit) hat. Die Geschichte spielt 1938 im sächsischen Limbach (welches zugleich der Geburtsort von Gert Hofmann ist) nahe Chemnitz. Hans oder genauer: er und seine Schwester Margarete, Kinder eines rührigen Arztes, dessen Frau ständig kränkelt, und beide gerade ins schulpflichtige Alter gekommen, erleben den Zuzug eines seltsamen Nachbarn – des ehemaligen Leipziger Professors Veilchenfeld. Der ist ein gebrochener alter Mann, dem die Fama des großen Philosophen vorauseilt und der sich nun – völlig allein – auf seine letzten Jahre in diesem Ort zurückgezogen hat. Während die Arztfamilie vorsichtige, von Sympathie und Respekt getragene

Versuche unternimmt, dem alternden, zu menschlichem Kontakt kaum noch fähigen Gelehrten entgegenzugehen, ihn sogar einmal ins eigene Haus einzuladen, wird er von der übrigen Gesellschaft auf unerklärliche Weise geschnitten, gemieden; später wird er im Ort tätlich angegriffen, und es beginnt eine Kette von behördlichen und sonstigen Demütigungen, junge Leute greifen sein Haus an und verschleppen und zerstören seine Bücher; schließlich erwarten alle im Ort, er werde nun bald »verlegt«, dazu kommt es aber nicht mehr, am Tag eines großen Volksfestes bittet der in seinem winzigen Garten nur noch schemenhaft sichtbare Professor den kleinen Hans, ihm in der Apotheke ein Mittel gegen Ungeziefer zu besorgen, das dieses Jahr besonders zahlreich sei: »Gegen Ungeziefer, etwas Starkes, das nicht bloß betäubt, sondern gleich totmacht.« Am nächsten Morgen ist der alte Mann tot. Mit diesem Tod endet die Erzählung, und sie beginnt auch mit ihm; die ersten Sätze des Buches lauten: »Unser Philosoph ist plötzlich gestorben, unser Leichenwagen hat ihn abgeholt. Lautlos, nämlich auf Gummirädern, sind die Leichenkutscher – keiner weiß, wer sie kommen ließ – am Montagmorgen bei ihm vorgefahren und von ihrem Bock gesprungen, wir haben es selbst gesehen.« Der Leser, der erst sehr spät im Buch die Vornamen des Professors – Bernhard Israel – erfährt, weiß sehr schnell, daß hier vom Alltag der Judenausgrenzung und -verfolgung während der Prosperitätszeit des Dritten Reiches die Rede ist. Das Ungewöhnliche der Erzählung besteht nun darin, daß sie aus kindlicher Sichtweise erzählt ist: Die Ereignisse erscheinen als zwar verworrene, aber auch ›natürliche‹. Es ist eine Stärke des Buches, daß das, worin man oft das Charakteristische des Nationalsozialismus ausmacht, hier überhaupt nicht vorkommt oder benannt wird. Vom Hakenkreuz bis zum ›deutschen Gruß‹ fehlen alle NS-Insignien, Funktionsträger – sofern sie überhaupt auftauchen – sind nie als Nazis kenntlich, sondern eben nur schlichte Funktionsträger. Der kindliche Blick entwirft gewissermaßen ein naturalisiertes Bild nationalsozialistischer Herrschaft. Das nimmt dem Ganzen auf kluge Weise alles Dämonische. Es ist erstaunlich, wie konsequent das Buch den Ton der Verhaltenheit, der sich geradezu mimetisch den beschriebenen Verhältnissen anpaßt, durchhält.

Kein Mißverständnis: Demütigungen, Quälereien, Brutalitäten kommen sehr wohl vor – den Akteuren scheint aber (fast) aller Furor zu fehlen, selten hat man das Gefühl, hier tobe sich ›gesundes‹ Menschenempfinden, hier tobe sich antisemitischer Haß aus. Doch auch von Alltag in dem Sinne, daß sich hier Gewalt als der Normalfall durchgesetzt habe, kann nicht die Rede sein: Ständig spürt man, daß hier ein Umbruch passiert, daß Verrohung Platz greift – sie tut das aber ganz unauffällig, beiläufig, fast ist man geneigt zu sagen: In den kindlichen Augen erscheinen antisemitische Umtriebe und die Aufputzung und Aufrüstung des gesellschaftlichen Lebens nicht als Einbrüche, nicht als politische Verhärtungen, die dem Alltag ein neues und starrendes Gesicht geben, sondern eher als – zwar seltsame – Erweiterungen der Spielregeln. Ein altes Spiel wird neu gespielt: Es gibt da zwar etwas Neues, aber es bleibt alles beim alten. Wie in einem zeitlosen Märchenland gehen die Menschen – in enge Verhältnisse widerspruchslos eingeschlossen – ihren überschaubaren Geschäften nach. Erlösend senken sich die Abende über den Ort.

Gert Hofmann hat kein Entlarvungsbuch geschrieben. Die Naivität der Kinder ist hier kein ruhender, den Verhältnissen ausgelagerter Pol, von dem aus das häßliche Treiben der anderen um so klarer zu erkennen wäre. Auch die Naivität steckt mitten im Treiben: Von der üblichen unterscheidet sich die der Kinder nicht durch Rücksicht, sondern durch Rücksichtslosigkeit, Unverblümtheit und Konsequenz. Der Unterton des Buches ist aus den böseren Märchen bekannt. Je weiter man in diesem Buch vordringt, desto deutlicher wird, daß diese kindliche Stimme – die die Redeweise des Kommentars kaum kennt – die Stimme eines mitleidlosen Chronisten ist. Es spricht nicht das Kind, durch es hindurch spricht der ganze Ort. Die Erzählung läßt sich auch als vielstimmige Suada all derer lesen, die die letzten Jahre des Bernhard Israel Veilchenfeld begleitet und verfolgt haben – nicht selten nur starren Blicks hinter Gardinen hervorsehend. Niemand spricht ein böses Wort, etliche mögen sogar den alten Gelehrten; ihnen sind nicht die Hände gebunden, sie empfinden auch keine Abscheu gegenüber diesem Fremden. Aber – weil er ein Fremder ist – machen sie ihn von Beginn an zum Objekt ihrer Beobachtungen, die sie sich gegenseitig still mitteilen. Sie stricken am Netz einer anfangs fürsorglichen Ausgrenzung, schmieden – ohne es vielleicht zu wollen – eine Front faktischer Ablehnung. Die Guten wie die Bösen sind daran beteiligt. Und das Verblüffendste: Je weiter diese wispernde Volksrede sich fortfrißt, desto klarer scheint es allen Beteiligten, daß irgendwie der alte Mann an seiner Isolation und seinem Verfall selbst schuld sein müsse. Niemand spricht das aus, alle denken es aber: Es müsse, was sie da treiben, ja doch seinen Grund haben, es müsse wohl recht so sein. Das Todesurteil über Veilchenfeld ist früh gefällt, die vagierenden Räsonnements der Umstehenden bereden es, erklären es, rechtfertigen es. Und am Ende begrüßen sie es. Dann – nachdem dieses gesellschaftliche Vakuum verschwunden ist – gehen alle wieder ihren Angelegenheiten nach. Es ist nichts geschehen: Ein Nichts hat sich aufgelöst.

Gert Hofmann setzt in dieser Erzählung alles auf eine Karte: auf die der Selbstentstellung des bösen Märchens. Dabei ist er von einer Konsequenz getrieben, die sich zuweilen verrennt und zum Hybriden neigt. Zuletzt wirkt es doch affektiert, daß das Wort ›Jude‹ im ganzen Text nicht ein einziges Mal vorkommt. Gewiß, die Eltern nahmen es nicht in den Mund, und die Leute mieden es; es war aber bekanntlich keineswegs aus der Sprache gestrichen, zur Stigmatisierung und Ausgrenzung wurde es tagtäglich benötigt. Gert Hofmann scheint es zu meiden, weil es – in seiner Direktheit – der Erzählung etwas vom Charakter des grausigen Possenspiels, der bösartigen Heimatgeschichte genommen hätte. So aber rückt er die Geschichte in einen zeitlosen deutschen Märchenraum, er lockert die Brücken in die konkrete Zeit. So sehr er sich auch Mühe gibt, die Erzählung mit Realien anzufüllen (die Gaststätte Deutscher Peter fehlt so wenig wie der frühe deutsche Rausch der Motorisierung), zuletzt bleibt sie zumeist ins Märchenhafte entrückt. Und der Autor betreibt das mit einer Radikalität, die auch zuweilen vor gröberen Schlägen nicht zurückschreckt. So heißen die Geschwister, aus deren Blickwinkel die Geschichte erzählt ist, Hans und Margarete, vulgo: Hänsel und Gretel! Und auch andere – aus hochfliegendster deutscher Olympiertradition kommende – Erinnerungen an den Namen ›Margarete‹ bleiben nicht ungenutzt. Da wird dann die Luft auf überaus artifizielle Weise dünn.

Die Leute in diesem Buch heißen Laube, Pietsch, Obermüller, Lohmann, Tante Ilse, Herr Schmittchen, Rösch, Raabe, Thiele –

wenn es hoch kommt: Frau Abfalter. Da bleibt Gert Hofmann dann ganz sachlich. In Heinrich Bölls ›Frauen vor Flußlandschaft‹ – ein Buch, das nicht minder von deutschen Verhältnissen handelt – geht es anders zu, da heißen die Leute: Wubler, Stützling, Heulbuck, Grüff, Blaukrämer, Klunsch, Schnidhubel, von Kreyll, Gröbentöckler, Hussper, Plint, Plodenhövel – und auch mal Schmitz. Ich denke, es liegt nicht nur an den Namen, daß Gert Hofmanns umsichtig und mit bedrückender Präzision geschriebene Erzählung am Ende so stumm bleibt, daß sie thematisch wie stilistisch den Weg der *self-fulfilling prophecy* nimmt.

Verena Auffermann: Wenn Wände Ohren haben.
(»Veilchenfeld«)

Man hat Gert Hofmann Lob vor die Füße geworfen, von dem viele seiner Kollegen träumen. Man hat ihm bescheinigt, daß er sein Handwerk aufs beste beherrsche, nicht vom Weg abkomme, unbestechlich sei. Alles wäre tadellos, hat man gesagt, bliebe da nicht die eine Frage: Wo ist der Autor? Erkennt man eine Person oder nur ein Konzept? Ist alles ohne persönliches Risiko kalkuliert? Macht Gert Hofmann deshalb um die persönliche Rede so schamvoll einen Bogen?

Kann man ihn wirklich nicht finden? War er nicht in seiner letzten Erzählung »Der Blindensturz«? Ließ sich aus dieser Geschichte um Pieter Bruegels gleichnamiges Bild nicht vieles von der ichbezogenen, der eigenen Vorstellungswelt verfallenen Künstlernatur erfahren? Die Ziele des Malers Bruegel mit denen des Schriftstellers Hofmann zu vergleichen, ist gewiß nicht falsch.

Gert Hofmann erzählt die Vergangenheit. Das war im »Blindensturz« (1985) und in dem Roman »Unsere Eroberung« (1984) so. Das setzt sich in »Veilchenfeld« fort. Man kann sagen, »Veilchenfeld« ist der Prolog zu »Unsere Eroberung«. Eine mikroskopische Studie. Ein intimer Bericht. Die Szene ist präzisiert, der Schauplatz bekannt.

Nicht »wir«, die Kinder, sondern »ich«, das Kind, ich der Junge, der Sohn des Arztes, der ältere Bruder von Grete, tritt als Beobachter an die verantwortliche Stelle, wenn auch nicht er allein das Zeitbild beschreiben muß. Genügend weitere Personen stellen sich vor. Anders als die Hauptfigur in Thomas Bernhards autobiographischer Aufzeichnung »Ein Kind« (1982) – Hofmann wird an Bernhard gemessen und mißt sich selber gern an ihm – ist dieser Junge nicht geschaffen, rührend-traurigen Kindheitserinnerungen ein endgültiges Andenken zu geben.

Er ist zwischen August und September 1938 Zeuge einer Menschenhetze geworden: der Verfolgung des jüdischen Philosophen Bernhard Israel Veilchenfeld, der sich, weil seine Frau gestorben und er ohne Familie allein zurückgeblieben ist, in die sächsische Kleinstadt, in ein Haus mit einem winzigen Garten mit einem Fliederbusch und Bohnenstangen, in sein Bücherkabinett zurückgezogen hat, um sein »Werk« fortzusetzen, an dem er schon so viele Jahre geschrieben hat.

Gert Hofmann ist ein Meister der unheimlichen Begegnung. Damit ist nicht der Leichenwagen gemeint, der gleich auf der ersten Seite des Buches auf Gummireifen lautlos über das Kopfsteinpflaster rollt. Weil in der Stadt Wände Ohren haben, muß jede Begegnung eine unheimliche sein. Der Autor macht die Atmosphäre des Mißtrauens spürbar. Nicht, indem er Charaktere beschreibt. Er beschreibt Handbewegungen, ein Kopfnicken und Blinzeln, einen Ruf, ein Türzuschlagen, er verwickelt die Personen auf Spaziergängen um den See ins Gespräch. Er schildert das Haus des Arztes, in dem Veilchenfeld einmal zu Abend essen darf. Der Kauf einer Wärmeflasche, die Ermahnungen der Kinder, die Koliken, der Reinlichkeitstrieb; mehr muß Hofmann über die Frau des Arztes nicht sagen. Das Haus, und das ist durchaus symbolisch gemeint, ist den Blicken aus den hohen umstehenden Neubauten ausgesetzt. Niemand ist jemals allein.

Der Vater, der Mann mit einem Bein, unermüdlich tätig, mutig, ein Freund Veilchenfelds und doch nicht sein Retter, ist eine gütige und respektable Person.

Von Veilchenfeld, der Projektionsfigur, ist wenig zu erfahren. Er ist hilflos und naiv. Ein argloser Deutscher. Wie, fragt er, als man ihm seinen Paß zerreißt, was bin ich, wenn ich kein Deutscher mehr bin? Veilchenfeld, der intellektuelle Jude, der seine Bücher kennt, aber nicht die Menschen, wehrt sich mit Schweigen, provoziert durch seine Arglosigkeit. Das reizt die, die ihn, wie der Landarbeiter Lansky, hassen. »Und was, fragt der Vater (. . .) ist dir an ihm zuwider? Lansky, ohne nachzudenken: Der Name. Warum? Er stinkt. Nanu, sagt der Vater. Und was noch? Die Nase. Und warum die? Sie ist zu groß.«

Gert Hofmann beschreibt die kollektive Schuld, und wie sie zustande kommt. Aus Neugier und Langeweile, aus der Lust am gemeinsamen Thema, aus Freude, einen Sündenbock zu haben, zudem einen, der sich nicht wehrt.

Das Kind, das anfangs noch Zeichenunterricht bei Veilchenfeld nehmen darf, interessiert sich für den dreiundsechzigjährigen sonderbaren Mann auch aus Neugier und keineswegs aus einer übertriebenen Herzensneigung – derartige Sentimentalitäten kommen bei Hofmann nicht vor –, auch weil es das Abenteuer reizt, das Veilchenfelds Person umgibt. Mag der Autor sich, was anzunehmen ist, in dem Kind wiedererkennen, er vergißt sich nicht in Erinnerungen. Er ordnet die Begegnung in die Welt des Kindes ein. Neben die Schule, neben das Leben mit der kränkelnden Mutter und dem Berufsalltag des Vaters. Hofmann interpretiert nicht.

Die Erzählung »Veilchenfeld« ist schmuckloser und präziser als die ihr vorausgegangenen Arbeiten, vergleichbar am ehesten mit den Kurzerzählungen, beispielsweise »Empfindungen auf dem Lande«. Phantastische Elemente gibt es nicht mehr. Es wird berichtet, wie es gewesen ist, in Limbach 1938, der Stadt, in der Gert Hofmann 1932 geboren wurde. Von den Empfindungen des Jungen, von Schuldgefühlen und Angst ist nicht die Rede. Über seine Ahnungslosigkeit, über das Milieu, in dem er aufwächst, sagt der Satz: »Wir lehnen an Höhlers Gartenzaun und machen uns nicht schmutzig« viel mehr. Es ist der Moment, in dem der Leichenwagen lautlos vorbeirollt. Das Kind ist mit sich selbst und seinen Regeln beschäftigt. Wie soll es begreifen, was da Ungeheuerliches vor sich geht?

Gert Hofmann beschreibt nicht die Gefühle, sondern das Gefühl. Er beschreibt seine Stadt, ohne sie zu beschreiben. Wir kennen uns aus, obwohl er keine genauen Erklärungen gibt. Wir kennen das Klima der Stadt. Es wird nicht moralisiert, und niemand entschuldigt sich. Es gibt keinen Helden, nur einen Toten. Alles Notwendige ist gesagt. Wir sind im Bild. Vergangenheit wird nicht mit Worten bewältigt, sondern erst einmal vorgestellt. Vergangenheit ist keine Fiktion. Es ist die Wahrheit. Ihr ist Gert Hofmann nachgegangen. Der Wirklichkeitsdruck ist spürbar. Die Personen sind lebendig, ihre moralischen Grundsätze geben sich in wenigen, scheinbar nichtigen Bemerkungen deutlich zu erkennen. Hofmann lenkt unsere Aufmerksamkeit auf die empfindlichen Stellen. Daß er sich im Hintergrund hält, bedeutet nicht, daß er nicht anwesend sei. Seine Kunst ist es, das Schwierigste sehr einfach und sehr einprägsam zu sagen.

BIBLIOGRAPHIE

Primärliteratur

Buchausgaben

Der Bürgermeister. Frankfurt/M. (S. Fischer) 1963.
Die Denunziation. Novelle. Salzburg und Wien (Residenz) 1979.
Taschenbuchausgabe: Reinbek bei Hamburg (Rowohlt) 1983.
Die Fistelstimme. Roman. Salzburg und Wien (Residenz) 1980.
Taschenbuchausgabe: Reinbek bei Hamburg (Rowohlt) 1983.
Fuhlrotts Vergeßlichkeit. Portrait eines uns bekannten Kopfes.
Erzählungen. Graz (Droschl) 1981.
Die Überflutung. 4 Hörspiele. Frankfurt/M. (S. Fischer) 1981.
Taschenbuch Nr. 7059 (Enthält »Autorengespräch«,
»Schmährede des alten B. auf seinen Sohn«, »Der lange
Marsch« und »Die Überflutung«).
Gespräch über Balzacs Pferd. Vier Novellen. Salzburg und Wien
(Residenz) 1981. Taschenbuchausgabe: München (dtv) 1984.
(Enthält: »Die Rückkehr des verlorenen Jakob Michael Rein-
hold Lenz nach Riga«, »Casanova und die Figurantin«, »Ge-
spräch über Balzacs Pferd«, »Der Austritt des Dichters Robert
Walser aus dem Literarischen Verein«).
*Die Rückkehr des verlorenen Jakob Michael Reinhold Lenz nach
Riga.* Neu-Isenburg 1984 (Edition Tiessen).
Auf dem Turm. Roman. Darmstadt und Neuwied (Luchterhand)
1982. Taschenbuchausgabe: Darmstadt und Neuwied (Luch-
terhand) 1984; Berlin und Weimar (Aufbau) 1984.
Unsere Eroberung. Roman. Darmstadt und Neuwied (Luchter-
hand). Taschenbuchausgabe Luchterhand 1986; Berlin und
Weimar (Aufbau) 1985.
Der Blindensturz. Erzählung. Darmstadt und Neuwied (Luchter-
hand) 1985. Taschenbuchausgabe Luchterhand 1986; Berlin
und Weimar (Aufbau) 1986.
Die Weltmaschine. Erzählung. Mit Originalgraphiken von Horst
Gläsker. Berlin 1986 (Eremiten-Presse).

Veilchenfeld. Erzählung. Darmstadt und Neuwied (Luchterhand) 1986.

Unsere Vergeßlichkeit. Roman. Darmstadt und Neuwied (Luchterhand) 1987.

Einzelveröffentlichungen

Bemerkungen über den Snob. In: Über den Snob. München (Piper) 1962.

Unser Mann in Madras. In: Neue Rundschau, 1967, H. 78, S. 22–34.

Der Selbstmörder. In: Mitternachtsgeschichten. Hrsg. v. Wolfgang A. Peters. München (Ehrenwirth) 1969.

Bericht über die Pest in London, erstattet von den Bürgern der Stadt, die im Jahre 1665, zwischen Mai und November, daran zugrunde gingen. Ein Stück für Chöre und Einzelstimmen. In: Neue Rundschau, 1970, H. 80, S. 63–135.

Brautnacht. In: Neue Rundschau, 1970, H. 81, S. 238–272.

Von der englischen public school. In: Neue Rundschau, 1970, H. 81, S. 618–628.

Vorschläge zur Selbsterhaltung. Drei Versuche, über Hörspielarbeit zu schreiben. In: Die Literatur und ihre Medien. Düsseldorf 1972, S. 201–211.

On Vacation. In: The Best Short Plays 1974. Hrsg. v. Stanley Richards. Radnor, PA. und Ontario, Canada (Chilton) 1974. Übers. v. Eva Hofmann.

Der Eingriff. In: Kurzhörspiele. Von Ilse Aichinger u. a. Hrsg. v. Franz Hiesel. St. Pölten (Niederösterreichisches Pressehaus) 1979, S. 19–27.

Die Überflutung. Hörspiel. In: Literatur und Kritik, H. 146/147, 1980.

Unsere Vergeßlichkeit. In: Merkur, 1981, H. 35, S. 389–396.

Hörspiel und Literatur. In: Neue Rundschau, 1983, H. 4.

Empfindungen auf dem Lande. Erzählung. In: Literaturmagazin, Reinbek bei Hamburg (Rowohlt) 1985.

Die Enge. Erzählung. In: Neue Rundschau, 1986, H. 2/3.

*Unterhaltung, an Bord der Titanic, aus Anlaß ihres Untergangs,
zwischen John Jacob Astor und seinem Friseur.* In: Unterhaltung an Bord der Titanic. Short Stories großer Erzähler. Hrsg.
v. Dieter E. Zimmer. Hamburg (Hoffmann und Campe) 1985.
Arno schreibt Herrn Quasener einen Nachruf. Erzählung. In:
Geistige Welt, 4. 4. 1987.

Theaterstücke

»Advokat Patelin«. 1959/60.
»Der Bürgermeister«. 1963.
»Der Sohn«. 1964.
»Unser Mann in Madras«. 1967.
»On Vacation«. 1968.
»Tod in Miami«. 1969.
»Brautnacht«. 1970.
»Bakunins Leiche«. 1980.
»Der Austritt des Dichters Robert Walser aus dem Literarischen
    Verein. Komödie«. 1982.

Hörspiele

»Die Beiden aus Verona«. Bayerischer Rundfunk 1960.
»Der Eingriff«. Norddeutscher Rundfunk 1961.
»Leute in Violett«. Süddeutscher Rundfunk 1961.
»Der Stein«. Studio Zürich SRG 1962.
»Bartleby«. Südwestfunk 1963.
»Der Bürgermeister«. Westdeutscher Rundfunk 1964.
»Der Sohn«. Bayerischer Rundfunk 1965.
»Unser Mann in Madras«. Südwestfunk 1967.
»Bericht über die Pest in London, erstattet von Bürgern der Stadt,
    die im Jahre 1665, zwischen Mai und November, daran
    zugrunde gingen«. Norddeutscher Rundfunk 1968.
»Ferien in Florida«. Norddeutscher Rundfunk 1968.
»Tod in Miami«. Norddeutscher Rundfunk/Südwestfunk/Bayeri-
    scher Rundfunk 1968.

»Die Brautnacht«. Südwestfunk 1969.

»Autorengespräch«. Westdeutscher Rundfunk 1970.

»Orfila«. Westdeutscher Rundfunk 1970.

»Kinderreime«. Norddeutscher Rundfunk/Rias Berlin 1971.

»Kleine Satzzeichenlehre«. Norddeutscher Rundfunk 1971.

»Verluste«. Westdeutscher Rundfunk 1972.

»Vorschläge zur Selbsterhaltung«. Rias Berlin 1972.

»John Jacob Astors letzte Fahrt«. Rias Berlin 1973.

»Der Lange Marsch«. Saarländischer Rundfunk 1974. Int. Hörspielpreis Wien.

»Der Mann in den gelben Galoschen«. Norddeutscher Rundfunk 1974.

»Einladung zum Besuch unseres Münsters«. Süddeutscher Rundfunk 1974.

»Wie Kaiser Wilhelm auszog, das Fürchten zu lernen«. Westdeutscher Rundfunk 1974.

»Das Mangobaumwunder«. Hessischer Rundfunk 1974.

»Der Fall des fehlenden Billets«. Norddeutscher Rundfunk 1977.

»Balzacs Pferd«. Bayerischer Rundfunk 1978. ORF Landesstudio Wien 1978.

»Die Rückkehr des verlorenen Jakob Michael Reinhold Lenz nach Riga«. Westdeutscher Rundfunk 1978.

»Schmährede des alten B. auf seinen Sohn«. Sender Freies Berlin 1978.

»Die Überflutung«. ORF Landesstudio Wien 1979. Prix Italia 1980. Rias Berlin 1980.

»Richthofen«. Hessischer Rundfunk 1979.

»Selbstgespräch eines alternden Partisanen vor der Geschichte«. Süddeutscher Rundfunk 1979.

»Casanova und die Figurantin«. Hessischer Rundfunk 1981.

»Der Austritt des Dichters Robert Walser aus dem literarischen Verein«. Hessischer Rundfunk 1981.

»Die Brautschau des Dichters Robert Walser im Hof der Anstaltswäscherei von Bellelay, Kanton Bern«. Norddeutscher Rundfunk 1982.

»Zwiegespräch, zum Opernolymp empor«. Sender Freies Berlin 1983.

»Peter und Edgar und der Wolf«. Westdeutscher Rundfunk 1984.

»Unser Schlachthof«. Norddeutscher Rundfunk 1985.
»Der Blindensturz«. Bayerischer Rundfunk 1985.

Fernsehspiel

»Hochzeitsnacht«. 1967. SDR. Regie: Ludwig Cremer.

Übersetzungen

»Autorengespräch«. Hörspiel (Rozmowa z autorem). Ins Polnische
von Klemens Bialek. In »Dialog« 10 Warschau. 1972.

»Die Überflutung« (Inundation) ins Englische übersetzt für den
Prix Italia von Michael Hofmann. ORF Wien. 1979

»Lenz«. Ins Holländische von Paul Beers, in »De Revisor« 5/1982.
Querido. Amsterdam.

»Die Rückkehr des verlorenen Jacob Michael Reinhold Lenz nach
Riga«. Ins Englische von Michael Hofmann. In »Poetry Nation Review« Manchester. 1986.

»Die Fistelstimme« (Lektor v ljubljani). Ins Slowenische Katarina
Bogataj-Gradisnik. Ljubljana (Drzavna zalozba Slovenije)
Ljubljana. 1982.

»Die Denunziation« (Ovadba). Ins Slowenische von Katarina Bogataj-Gradisnik. Ljubljana (Mladinska Knjiga). 1983.

»Gespräch über Balzacs Pferd«. Ins Französische von Martine
Keyser (Le cheval de Balzac) (Editions Robert Laffont) Paris.
1983. – Ins Tschechische von Ruzena Grebenickova (Rozho-
vor o Balzacove koni) Prag. 1986.

»Auf dem Turm«. Ins Englische von Christopher Middleton. (The
Spectacle at the Tower). New York (Fromm International).
1984. – Manchester (Carcanet) 1985.

»Unsere Eroberung«. Ins Englische von Christopher Middleton.
(Our Conquest) New York (Fromm International) 1985.
Manchester (Carcanet) 1987. Ins Französische von Martine
Keyser (Notre conquête). Paris (Editions Robert Laffont).
1986.

»Der Blindensturz«. Ins Englische von Christopher Middleton. New York (Fromm International) (The Parable of the Blind). 1986. – Ins Französische von Martine Keyser (La chute des aveugles). Paris (Editions Robert Laffont). 1987. – Ins Holländische von Theodor Duqvesnoy (De parabel von de blinden). Utrecht/Antwerpen (Veen). 1986.

Sekundärliteratur (Auswahl)

(Die mit * gekennzeichneten Artikel wurden in diesen Band aufgenommen.)

»Die Denunziation«

Frederiksen, Jens: »Verwirrendes Seelenprotokoll«. In: Rheinische Post, 9. 2. 1980.

Jaretzky, Reinhold: »Geschichte eines Verrats«. In: Die Tat, 26. 10. 1979.

Jessen, Jens: »Erinnerungen nicht gestattet«. In: FAZ, 20. 10. 1979.

Ogris, Horst: »Kleine Nachtmusik für gewöhnliches Unglück«. In: Kleine Zeitung, 9. 9. 1979.

Riedmann, Gerhard: »Unterschlagener Lebenslauf«. In: Tiroler Tageszeitung, 10. 10. 1979.

Rohde, Hedwig: »Verdrängte Hilfe aus dem Nachlaß«. In: Deutsches Allgemeines Sonntagsblatt, 14. 10. 1979.

*Schirnding, Albert von: »Einer langen Nacht Reise in den Jüngsten Tag«. In: Süddeutsche Zeitung, 10. 10. 1979.

Schmidt, Alfred Paul: »Anatomie eines Erfolgsbürgers«. In: Profil, Wien, 19. 11. 1979.

m. v.: »Début eines Preisträgers«. In: Neue Zürcher Zeitung, 20. 10. 1979.

Widner, Alexander: »Kein Verlangen nach Erinnerung«. In: Kurier, Wien, 29. 9. 1979.

Ayren, Armin: »Wahrscheinlich nicht nur ein Sonderling«. In: Badische Zeitung, 4. 5. 1980.

Falk, Thomas H.: »Die Fistelstimme«. In: World Literature today, Oklahoma, Frühjahr 1981.

Hartung, Rudolf: »Verwirrung in Ljubljana«. In: Frankfurter Allgemeine Zeitung, 1. 4. 1980.

Jaesrich, Hellmut: »Im Zugabteil verfaßt«. In: Die Welt, 22. 3. 1980.

Kahl, Kurt: »Nichts als Doppelgänger«. In: Kurier, 5. 4. 1980.

Löffler, Sigrid: »Wahn-Witz in Ljubljana«. In: Profil, Wien, 8. 4. 1980.

Mantler, Anton: »Über eine sehr seltsame Begegnung in Ljubljana«. In: Tiroler Tageszeitung, 8. 4. 1980.

Pohl, Ingrid: »Gert Hofmann: ›Die Fistelstimme‹«. In: Neue Deutsche Hefte, Juli 1980, S. 378–382.

Rohde, Hedwig: »Verstörungen im dichten Nebel«. In: Deutsches Allgemeines Sonntagsblatt, 6. 4. 1980.

Schafroth, Heinz F.: »Aufgebaute Weltkulissen«. In: Weltwoche, 17. 9. 1980.

Schirnding, Albert von: »Sprachsturz«. In: Süddeutsche Zeitung, 19. 4. 1980.

Schlodder, Holger: »Die Leiden des neuen Lektors«. In: Darmstädter Echo, 27. 9. 1980.

Tauber, Reinhold: »Der Spiegelfechter«. In: Oberösterreichische Nachrichten, 9. 4. 1980.

Wallmann, Jürgen F.: »Bekenntnisse eines Versagers«. In: Nürnberger Nachrichten, 10. 9. 1980.

»Gespräch über Balzacs Pferd«

F. A.: »Le cheval de Balzac«. In: La Liberté, Fribourg (CH), 14. 1. 1984.

Brees, Stephan: »Novellen-Parodie«. In: Nürnberger Zeitung, 18. 6. 1981.

Brode, Hanspeter: »Stillvergnügte Künstlernovellen«. In: FAZ, 14. 4. 1981.

Buch, Hans Christoph: »Aneignung der Vergangenheit«. In: Süddeutsche Zeitung, 18. 4. 1981.

★Dederke, Karlheinz: »Leiden und Freuden des Dichterberufs«. In: Tagesspiegel, 7. 6. 1981.

Frankfurter, Johannes: »Literatur in«. In: Neue Zeit, 15. 5. 1981.

Hartl, Edwin: »Literarisches Steckenpferd«. In: Salzburger Nachrichten, 21. 11. 1981.

Knüsel, Pius: »Von der unerwünschten Heimkehr des Künstlers«. In: Luzerner Neueste Nachrichten, 1. 6. 1981.

A. L.: »Le cheval de Balzac«. In: Editions de la dernière heure«, Brüssel, 6. 2. 1984.

Löffler, Sigrid: »Nacktes Elend«. In: Profil, 7/1981.

Lorenz, Thorsten: »Was ist ein Autor?« In: Mannheimer Morgen, 30. 4. 1981.

Mertens, Pierre: »Les Aveux les plus brefs«. In: Le Soir, 31. 12. 1983/1. 1. 1984.

Pelletier, Mario: »La machine littérature et le cheval de Balzac«. In: Le Devoir, Montréal, 10. 3. 1984.

De Rambures, J.-L.: »Deux écrivains à découvrir: Gert Jonke et Gert Hofmann«. In: Le Monde, 9. 3. 1984.

Ringger, Kurt: »Balzacs happening. Zu Gert Hofmanns Novelle »Gespräch über Balzacs Pferd«. In: Neue Zürcher Zeitung, 18. 6. 1981.

Schreiner, L.: »Endgeschichten«. In: Falter, Wien, 21. 5. 1981.

Ulrich, Jörg: »Balzacs Phantasien in der Todesnacht«. In: Münchner Merkur«, 8. 8. 1981.

»Auf dem Turm«

Ackermann, P. K.: »Auf dem Turm«. In: World Literature today, USA, Sommer 1983.

Anonym: »Alpträume auf dem Turm«. In: Scala, Frankfurt, Nr. 1/2 1983.

Anonym: »Auf dem Turm«. In: Der Bund, Bern, 28. 7. 1984.

★Brode, Hanspeter: »Mit Todesgeschmack im Mund«. In: Frankfurter Allgemeine Zeitung, 5. 10. 1982.

Burger, Hermann: »Klimatische Verwandtschaft«. In: Die Weltwoche, Zürich, 15. 12. 1982.

Cunningham, Valentine: »Return of the native«. In: Observer, Sept. 1985.

Eder, Richard: »A Swiftian parable of the third world«. In: Los Angeles Times, 28. 3. 1984.

Haubrich, Joachim: »Der Schatten des Todes«. In: Wiesbadener Kurier, 6. 4. 1984.

Helbling, Hanno: ». . . zum Schauen wie bestellt . . .«. In: Neue Zürcher Zeitung, 31. 12. 1982.

★Hoffer, Klaus: »Stätte des Gerichts«. In: Die Zeit, 8. 10. 1982.

Ingoldby, Grace: »The Spectacle at the tower«. In: New Statesman and Nation, September 1985.

Jaesrich, Hellmut: »Sizilianisches Happening«. In: Die Welt, 9. 10. 1982.

Janko, Anton: »Na stolpu pomeni: na tleh«. In: Delo, Ljubljana, 2. 12. 1982.

Kirsch, Ulrich: »Die Todesshow für Lebenstouristen«. In: Scarabaeus, Freiburg i. Br., Herbst 1982.

Kraft, Martin: Ehekonflikt in phantastischer Überhöhung«. In: Luzerner Neueste Nachrichten, 29. 12. 1982.

Lerch, Gisela: »Gewalttätige Resonanzen«. In: Süddeutsche Zeitung, 10. 11. 1982.

Lindenberger, Herbert: »Wo der Pferdefuß wirklich steckt«. In: Stuttgarter Zeitung, 30. 4. 1983.

Löffler, Sigrid: »Vorgefühl der Wahrheit«. In: Profil, Wien 8. 12. 1982.

Meidinger-Geise, Inge: »Auf dem Turm«. In: Die Welt der Bücher, Frühjahr 1983.

Rohde, Hedwig: »Auf Sizilien droht der Tod«. In: Deutsches Allgemeines Sonntagsblatt, 10. 10. 1982.

Ruckdäschel, Erika: »Der Tod des Gefühls«. In: Nürnberger Nachrichten, 13. 12. 1982.

Seiler, Manfred: »Ein Mann, eine Frau unter glühender Sonne«. In: Basler Zeitung, 4. 12. 1982.

Taylor, Robert: »Sicilian village of the damned«. In: Boston Globe, 18. 4. 1984.

Teplan, Stefan: »Not und Kot und Tod«. In: Süddeutsche Zeitung, 6./7. 11. 1982.

Thuswaldner, Anton: »Der nicht mehr schöne Süden«. In: Salzburger Nachrichten, 23. 10. 1982.

Tieges, Wouter Donath: »Alles is een warboel«. In: Vrij Nederland, 11. 12. 1982.

Vogel, Walter: »Die Zwangsläufigkeit des Scheiterns«. In: Die Presse, Wien, 21. 3. 1983.

Watts, Harriet: »Filling the day with death«. In: The New York Times Book Review, 15. 5. 1984.

»Unsere Eroberung«

Alphant, Marianne: »Les troubles contes de Gert Hofmann«. In: Liberation, 27. 5. 1986.

Anonym: »Our Conquest«. In: Publisher's Weekly, New York, 8. 2. 1985.

Anonym: »Our Conquest«. In: The New Yorker, 20. 5. 1985.

Auffermann, Verena: »Keiner soll glauben, er sei nicht dabeigewesen«. In: Süddeutsche Zeitung, 7. 7. 1984.

Brunsdale, Mitzi M.: »Learning the lessons of war«. In: The Houston Post, 6. 6. 1985.

Cramer, Sibylle: »Roman über das deutsche Grauen«. In: Frankfurter Rundschau, 29. 9. 1984.

Feinstein, Elaine: »Secret Peace«. In: The Guardian, 20. 3. 1987.

Haubrich, Joachim: »Der Schatten des Todes«. In: Wiesbadener Kurier, 6. 4. 1984.

*Hg. (= Hanno Helbling): »›Unsere‹ Identität«. In: Neue Zürcher Zeitung, 11. 5. 1984.

*Hieber, Jochen: »Der Schrecken der Welt am Tage Null«. In: Frankfurter Allgemeine Zeitung, 17. 4. 1984.

Jaesrich, Hellmut: »Viel Mitleid, aber kein Brot für Edgar«. In: Die Welt, 26. 5. 1984.

Kubaczek, Martin: »Nebel im Kopf . . .« In: Falter, Wien, Nr. 11 1984.

Mazenauer, Beat: »Erzählung an der Zeitenwende«. In: St. Galler Tagblatt, 22. 9. 1984.

Moser, Samuel: »Unsere Eroberung«. In: Schweizer Monatshefte, Mai 1984.

Naaijkens, Ton: »Apocalyps in kinderogen«, In: Handelsblad, Niederlande, 27. 7. 1984.

Pizzini, Duglore: »Wir Wunderkinder«. In: Wochenpresse, Wien, 17. 7. 1984.

De Rambures, J.-L.: »Les mauvais rêves de Gert Hofmann«. In: Le Monde, 10. 12. 1986.

Rechsteiner, Justin: »Geschichte wird apokalyptisch gegenwärtig«. In: Vaterland, Luzern, 15. 9. 1984.

rmb.: »Apokalypse in der Perspektive der Kindheit«. In: Der Bund, Bern, 30. 6. 1984.

Rohde, Hedwig: »Kriegsende als Kinder-Krimi«. In: Der Tagesspiegel, 20. 5. 1984.

Scheibner, Eberhard: »Als die Kinder auszogen, die Eroberer zu sehen«. In Tribüne, Berlin 26. 7. 1985.

Schlodder, Holger: »Kindermund tut Wahrheit kund«. In: Darmstädter Echo, 23. 6. 1984.

Schulze-Reimpell, Werner: »Tag des Friedens«. In: Nürnberger Nachrichten, 20. 7. 1984.

Snead, James A.: »Our Conquest«. In: New York Times Book Review, 14. 4. 1985.

Thuswaldner, Anton: »Die Eroberung der Kinder«. In: Salzburger Nachrichten, 2. 6. 1984.

Vormweg, Heinrich: »Unsere Eroberung«. In: Hessischer Rundfunk, 19. 8. 1984.

W.: »Am Tag nach der Eroberung«. In: Mitteldeutsche Neueste Nachrichten, Leipzig, 19. 7. 1985.

»Fuhlrotts Vergeßlichkeit«

Harig, Ludwig: »Galoppierendes Pferd auf einer Tomate«. In: Die Zeit, 9. 9. 1983.

Anonym: »Holterdipolter«. In: Wochenpresse, Wien, 23. 4. 1985.

Anonym: »The Parable of the Blind«. In: Kirkus Reviews, New York, 18. 5. 1985.

Arend-Bernstein, Jutta: »Blind leading the blind«. In: Sunday Telegram, Worcester, Mass. 16. 2. 1986.

Auffermann, Verena: »Sehen, was unsichtbar ist«. In: Süddeutsche Zeitung, 28. 3. 1986.

Baumgart, Reinhard: »Der Blindensturz«. In: Frankfurter Allgemeine Zeitung, 11. 5. 1985.

Bugmann, Urs: »Unser Vertrauen auf die Augenscheinlichkeit«. In: Luzerner Neueste Nachrichten, 4. 4. 1985.

Conzelmann, Peter: »Symbolik des Untergangs«. In: Thurgauer Volksfreund, 13. 5. 1985.

Dattenberger, S.: »Orientierung verlieren«. In: Münchner Merkur, 12. 8. 1985.

Enright, D. J.: »Special subjects«. In: The New York Review of Books, 14. 8. 1986.

Filius-Jehne, Chr.: »Blindlings«. In: Südwest Presse, 27. 11. 1985.

Gibson, Sharan: »Bruegel come to life«. In: The Houston Chronicle, 9. 3. 1986.

★Hafrey, Leigh: »The Parable of the Blind«. In: The New York Times, 21. 1. 1986.

Hagestedt, Lutz: »Unter den Blinden«. In: Münchner Buch-Magazin, Oktober 1985.

Haubrich, Joachim: »Damit man Blindheit auch sehe«. In: Wiesbadener Kurier, 29. 3. 1985.

H. Hn.: »Der Blindensturz«. In: Der Bund, Bern, 21. 9. 1985.

Jaesrich, Hellmut: »Sechs Blinde am Abgrund«. In: Die Welt, 15. 5. 1985.

Kahl, Kurt: »Die Blinden als Modellfall«. In: Kurier Wien, 14. bis 20. 9. 1985.

Kruchten, M.: »Bereuen, daß wir hier sind«. In: Saarbrücker Zeitung, 12./13. 10. 1985.

Lenz, Eva-Maria: »Farben der Verzweiflung«, FAZ, 20. 12. 1985.

Leu, Al.: »Der Blindensturz«. In: Freiämter Woche, Zürich, 12. 9. 1986.

Löffler, Sigrid: »Arme Menschen«. In: Profil, Wien, 13. 5. 1985.

Love, Frederick R.: »Der Blindensturz«. In: World Literature Today, Oklahoma, Spring 1986.

McAulay, Sarah: »A Parable of parallels«. In: San Francisco Examiner-Chronicle, 16. 3. 1986.

Meier, Peter: »Wenn ein Gemälde zur Erzählung wird«. In: Tagesanzeiger Zürich, 15. 6. 1985.

Nowak, Reinhard: »Vom Versuch, sich an die Dinge heranzutasten«. In: Schaffhauser Nachrichten, 16. 7. 1985.

Plath, Jörg: »Kunst und Leben«. In: Falter, Wien, 8. bis 21. 8. 1985.

Pulver, Elsbeth: »Der Blick des Modells«. In: St. Galler Tagblatt, 27. 6. 1986.

*Pulver, Elsbeth: »Der Erzähler Gert Hofmann. ›Der Blindensturz‹«. In: Schweizer Monatshefte, Mai 1985.

Reinacher, Pia: »›Blindensturz‹ von Pieter Bruegel als Erzählung«. In: Vaterland, Luzern, 30. 9. 1985.

Rieger, Manfred: »Um Breughel herum«. In: Rheinische Post, 2. 11. 1985.

Rodgers, Joan S.: »An author goes inside a painting«. In: Winston-Salem, N. C. Journal, 2. 3. 1986.

Rohde, Hedwig: »Das unerblickbare Entsetzen«. In: Tagesspiegel Berlin, 16. 6. 1985.

E. S.: »Die Ohnmacht der Existenz«. In: Neue Ruhr Zeitung, 9. 7. 1985.

*Schafroth, Heinz F.: »Der ausgebeutete Schrei«. In: Frankfurter Rundschau, 26. 10. 1985.

Schlodder, Holger: »Künstler des Elends, Elend des Künstlers«. In: Darmstädter Echo, 12. 10. 1985.

Schwartz, Leonore: »Ein Gleichnis von der Kunst und den Menschen«. In: General Anzeiger Bonn, 18./19. 5. 1985.

Solcher, Lilo: »Bild einer mitleidlosen Welt«. In: Augsburger Allgemeine, 20./21. 7. 1985.

Stadelmeier, Gerhard: »Bilder riechen und Düfte malen«. In: Stuttgarter Zeitung, 13. 4. 1985.

Thuswaldner, Anton: »Die arrangierte Wirklichkeit«. In: Salzburger Nachrichten, 1. 6. 1985.

Urban-Halle, Peter: »Der ›Klopfer‹ reißt sie aus dem Schlaf«. In: Deutsches Allgemeines Sonntagsblatt, 19. 5. 1985.

Vogel, Peter: »Liebesdienst an einem Bild«. In: Hessische-Nieder-
    sächsische Allgemeine, Kassel, 26. 10. 1985.
Wilke, Christian Hartwig: »Wir in der Mitte«. In: Nürnberger
    Zeitung, 22. 6. 1985.
Zeltner, Gerda: »Bilder der Ohnmacht«. In: Neue Zürcher Zeitung,
    3. 5. 1985.

»Veilchenfeld«

Adax, Elisabeth: »Kinderaugen als Spiegel für den Haß der Gro-
    ßen«. In: Kurier, Wien, 2. bis 8. 9. 1986.
Anonym: »Veilchenfeld«. In: Fachdienst Germanistik. München,
    September 1986.
★ Auffermann, Verena: »Wenn Wände Ohren haben«. In: Süddeut-
    sche Zeitung, 1. 5. 1986.
Ayren, Armin: »Milchglasscheibe«. In: Badische Zeitung, 10./
    11. 5. 1986.
Bugmann, Urs: ». . . und wir machen uns nicht schmutzig«. In:
    Luzerner Neueste Nachrichten, 18. 4. 1986.
Dattenberger, Simone: »Mechanik der Menschenverachtung«. In:
    Münchner Merkur, 10./11. 5. 1986.
Etten, Manfred: »Töne des Schweigens«. In: Allgemeine Zeitung,
    17. 5. 1986.
Franke, Eckhard: »Bürger, die nicht sehen wollen«. In: Saarbrücker
    Zeitung, 4. 9. 1986.
Fritschi, Hansruedi: »Wie eine Tragödie sich langsam einschleicht«.
    In: Tagesanzeiger Zürich, 24. 5. 1986.
Helbling, Hanno: »Kindermund«. In: Neue Zürcher Zeitung,
    11. 4. 1986.
Hinck, Walter: »Der Tod des ›Großen Ohrs‹«, In: FAZ, 25. 3.
    1986.
Hug, Heinz: »Veilchenfeld«. In: Zürichsee-Zeitung, 6. 12. 1986.
Hunt, Irmgard: »Auf der Suche nach Antworten«. In: Aufbau,
    New York, 20. 6. 1986.
Jaesrich, Hellmut: »Des Professors Demütigung«. In: Die Welt,
    19. 4. 1986.
Käge, Otmar: »›Taktloser‹ Jude«. In: Westermann's, Juli 1986.

Nawe, Günter: »Der Tod des Philosophen«. In: Kölnische Rundschau, 19./20. 11. 1986.

Pulver, Elsbeth: »Die Zerstörung der Überwelt«. In: Schweizer Monatshefte, Juni 1986, S. 527–529.

rb.: »Leben mit Veilchenfeld«. In: Osnabrücker Zeitung, 12. 8. 1986.

Rohde, Hedwig: »Kinderblick in die Vorhölle«. In: Tagesspiegel, 15. 6. 1986.

Rudle, Ditta: »Schleichendes Ungeheuer«. In: Wochenpresse Wien, 27. 5. 1986.

Schachtsiek-Freitag, Norbert: »Vom Pogrom in den Freitod getrieben«. In: Frankfurter Rundschau, 26. 7. 1986.

Schlodder, Holger: »Entlarvung durch Sprache«. In: Darmstädter Echo, 22. 11. 1986.

*Schmid, Thomas: »Hänsel und Gretel, 1938«. In: Lesezeichen, Frühjahr 1986.

Schmidt-Dengler, Wendelin: »Von der verwehrten Unschuld des Erzählens«. In: Falter, Wien, 11. 9. bis 24. 9. 1986.

Solcher, Lilo: »Eine beschämende Lektion aus deutscher Vergangenheit«. In: Augsburger Allgemeine, 10. 5. 1986.

Steuhl, Wolfgang: »Der Schuljunge Hans in einer Kleinstadt«. In: Deutsche Tagespost, 27. 12. 1986.

Stuber, Manfred: »Hänsel und Gretel im Faschismus«. In: Mittelbayerische Zeitung, Regensburg, 3./4. 5. 1986.

Thuswaldner, Anton: »Der unheimliche Tod des Philosophen«. In: Salzburger Nachrichten, 5./6. 7. 1986.

Weyh, Siegfried: »Was Kinderaugen sehen«. In: Hessische-niedersächsische Allgemeine, Kassel, 13. 9. 1986.

Willems, Sophie: »Blinde stürzen und Herr Veilchen fällt«. In: Westdeutsche Zeitung, Düsseldorf, 22. 4. 1986.

Zeltner, Gerda: »Genau beobachtende Kinderaugen«. In: Aargauer Tagblatt, 12. 7. 1986.

Unsere Vergeßlichkeit

*Auffermann, Verena: »Fuhlrotts Höllenfahrt«. In: Süddeutsche Zeitung, 18./19./20. 4. 1987.

Jokostra, Peter: »Leben im Erinnerungsloch«. In: Rheinische Post, 21. 3. 1987.

★Lützeler, Paul Michael: »Ein Roman des Romans«. In: Neue Zürcher Zeitung, 3. 4. 1987.

Miehe, Renate: »Wiedersehen mit alten Bekannten«. In: FAZ, 14. 4. 1987.

Rohde, Hedwig: »Gehirnlandschaften und Fundgruben«. In: Tagesspiegel, 15. 3. 1987.

Thuswaldner, Anton: »Sturz ins ›Vergessensloch‹«. In: Salzburger Nachrichten, 21. 3. 1987.

Winters, Hans-Christian: »Brüche in den Lebenslinien«. In: Göttinger Tagblatt, 21./22. 3. 1987.

★Zeltner, Gerda: »Vom Staubwedel und vom Massengrab«. In: Schweizer Monatshefte, April 1987.

Allgemeines

Haider, Hans: »Versessen auf gute Sätze. Gert Hofmann, Bachmann-Preisträger und Residenz-Autor im Gespräch«. In: Die Presse, 2. 2. 1980.

Laemmle, Peter: »Immer auf des Messers Schneide. Beobachtungen bei der Lektüre von Büchern des Döblin-Preisträgers 1982 Gert Hofmann«. In: Die Zeit, 2. 4. 1982.

Löffler, Sigrid: »Hofmanns Verstörungen«. In: Profil, Wien, 13. 10. 1980.

Lützeler, Paul Michael: »Der verstoßene Sohn«. In: Die Zeit, 4. 7. 1986.

Michael, Wolfgang: »Horror vor Verfestigungen. Gert Hofmann führt ein ›experimentierendes Leben‹«. In: Vorwärts, 4. 6. 1963.

Painter, Kirsten: »Writer lives in imagination«. In: The Oberlin Review, 20. 4. 1984.

Schwartz, Leonore: »Korrekte Verzweiflung. Zu Gert Hofmanns Romanen und Novellen«. In: Merkur 1983. H. 1, S. 108–112.

Weyergans, Francois: »Qui est Gert Hofmann?« In: Les Nouvelles Littéraires, 11. 5. 1984.

Gert Hofmann

1932 in Limbach geboren, Vater Sachse, Mutter Wienerin. Studium der Neueren Sprachen und Literatur, Germanistik, Philosophie und Soziologie in Leipzig, Freiburg im Breisgau und Paris. Promotion mit einer Arbeit über Thomas Mann und Henry James an der Universität Freiburg 1957. Von 1957 bis 1981 als Germanistikdozent an in- und ausländischen Universitäten (Freiburg, Toulouse, Bristol, Edinburgh, Yale, Berkeley, Ljubljana). Nebenher, oder vielmehr schon immer als Hauptgeschäft, gingen schriftstellerische Arbeiten, in den fünfziger Jahren zunächst für den Schulfunk, 1959 das erste Hörspiel, das der Bayerische Rundfunk produzierte. Gert Hofmann hat bisher mindestens 50 Hörspiele geschrieben. Seit 1979 veröffentlicht er jedes Jahr einen Prosaband. Seit 1981 lebt er als freier Schriftsteller in der Nähe von München. Gert Hofmann ist seit 1955 mit Eva Thomas verheiratet und hat vier Kinder.

Preise: Harkness Award (1965); Internationaler Hörspielpreis Radio Prag (1968); Internationaler Hörspielpreis Ohrid (1973); Ingeborg-Bachmann-Preis (1979); Prix Italia/Prix de la RAI (1980); Alfred-Döblin-Preis (1982); Hörspielpreis der Kriegsblinden (1983); Das rote Tuch. Medienpreis (1986).

Nachweise